Albert Biesinger / Gerhard Braun · Gott in Farben sehen

Albert Biesinger / Gerhard Braun

Gott in Farben sehen

Die symbolische und religiöse Bedeutung der Farben

Kösel

Wir danken unserem »Farben-Team«: Für die kreative und kritische Durchsicht des Manuskriptes Herrn Dipl.-theol. Joachim Haas, für die präzise und unabdingbare Arbeit am Computer Frau Monika Häck und Herrn Wolfgang Franz. Ein Team, das auch zu den außergewöhnlichsten Zeiten stets einsatzbereit war.

Bildnachweis (Bild Nr. 1 - 26):

1: 24 a Matthias Grünewald (um 1460-1528), Ausschnitt aus dem Gemälde »Stuppacher Madonna«, 1519. Pfarrkirche, Stuppach. Foto: Artothek, Peißenberg – **2, 3, 4: 29, 30** Graphik G. Braun – **5, 6: 54** Ausschnitte aus Bild S. 55 – **7: 55** Rembrandt, eigentlich R. Harmensz van Rijn (1606-1669), Christus und die Jünger auf dem Ölberg, 1634. Farbig, lavierte Feder-/Kreidezeichnung, 35,7 x 47,8 cm. Teylers Museum, Haarlem – **8: 80 a** Sr. Katharina Kraus, Gottes Nähe und Größe erfahren, aus: Die Massai-Bibel. Belser Verlag 1985, Tafel 16 – **9: 88 a** G. Braun, Blau, 1994 – **10: 104 a** Marc Chagall (1887-1985), Das Opfer des Isaak, 1979. Glasfenster in St. Stephan, Mainz. (c) VG Bild-Kunst, Bonn. Foto: ars liturgica, Kunstverlag Maria Laach – **11: 104 b** Ausschnitt aus Bild S. 104 a – **12: 112 a** Vincent van Gogh (1853-1890), Sämann bei untergehender Sonne, Arles, Juni 1888. Öl auf Leinwand, 64 x 80,5 cm. Rijksmuseum Kröller-Müller, Otterlo. Foto: Archiv für Kunst und Geschichte, Berlin – **13: 112 b** Ausschnitt aus Bild S. 112 a – **14: 120 a** Emil Nolde (1867-1956), Christus und die Kinder, 1910. Ölfarben auf Leinwand, 86,5 x 106,5 cm, signiert unten links Emil Nolde. Museum of Modern Art, New York. Urban 350. (c) Nolde Stiftung, Seebüll – **15: 120 b** Auschnitt aus Bild S. 120 a – **16: 136 a** Claude Monet (1840-1926), Brücke über den Seerosenteich, 1899. Öl auf Leinwand, 92,7 x 73,7 cm, signiert, datiert unten rechts Claude Monet 99. The Metropolitan Museum of Art, New York. The H.O. Havemeyer Collection. Nachlaß H.O. Havemeyer – **17: 152 a** Roger Bissière (1888-1964), Grün, 1960. Öl auf Leinwand, 116 x 89 cm. Galerie Jeanne Bucher, Paris. (c) VG Bild-Kunst, Bonn 1995 – **18: 160 a:** G. Braun, Violett, 1994 – **19: 168 a** G. Braun/D. Skorupa, Morgenorange, 1994 – **20: 168 b** G. Braun, Strahlender Neubeginn, 1994 – **21: 184 a** Die Frauen am Grabe (Die Myrrohn-Trägerinnen). Russische Ikone, Schule A. Rubliov, 15. Jh. Dreifaltigkeitskloster St. Sergius, Moskau – **22: 192 a** G. Braun/D. Skorupa, Rot, Blau und Gelb werden Grau, 1994 – **23, 24: 198** Graphiken G. Braun – **25: 206/207** Pablo Picasso (1881-1973), Guernica, 1937. Öl auf Leinwand, 349,3 x 776,6 cm. Museo del Prado, Madrid. (c) VG Bild-Kunst, Bonn 1995 – **26: 209** Ausschnitt aus Bild S. 206/207

ISBN 3-466-36424-8

© 1995 by Kösel-Verlag GmbH & Co., München
Printed in Germany. Alle Rechte vorbehalten
Druck und Bindung: Kösel, Kempten
Umschlag: Kaselow Design, München, unter Verwendung eines Ausschnitts aus Vincent van Gogh, Sämann bei untergehender Sonne, Arles, Juli 1888. Rijksmuseum Kröller-Müller, Otterloh. Foto: Archiv für Kunst und Geschichte, Berlin

2 3 4 5 · 99 98

Inhalt

Regenbogen –
Statt einer Einleitung

»SCHAU DEN REGENBOGEN AN, UND PREISE SEINEN SCHÖPFER,
DENN ÜBERAUS SCHÖN UND HERRLICH IST ER.
ÜBER DEN HIMMEL ERSTRECKT SICH SEINE PRACHT,
GOTTES HAND HAT IHN MACHTVOLL AUSGESPANNT.«
Jesus Sirach 43,11.12.

Der Bogen – zwischen Himmel und Erde

Der Regenbogen symbolisiert die Verbindung zwischen Gott und den Menschen, zwischen dem Schöpfer und seiner Schöpfung: »Das ist das Zeichen des Bundes, den ich stifte zwischen mir und euch« (Genesis 9,11). Das Naturereignis »Regenbogen« wird in den biblischen Texten als pracht- und machtvoll gepriesen. Dennoch ist dieses Zeichen Gottes, gespannt aus dem Bogen der Spektralfarben, im Bewußtsein der Menschen eher ein Ereignis des flüchtigen Augenblicks und nicht des zeichenhaften Sinns. Zu Unrecht, wie wir meinen.

Die Bibel verweist uns ausdrücklich auf dieses Ereignis, das in seiner farbigen Pracht nicht allein den Menschen erfreuen soll, sondern als Zeichen Gottes zu verstehen ist. Ein Zeichen, das zunächst für die Schöpfung in ihrer Ganzheit steht und dem Menschen Achtung abverlangt, das die Verbindung Gottes mit uns symbolisiert. »Verbindung« bezeichnet man heute als »Kommunikation«. So zeigt dieser biblische Text ein Mittel der Kommunikation zwischen Himmel und Erde: die Farben in der Gestalt des Regenbogens.

In der Pracht der Farben Gott zu verstehen, ist eine Herausforderung, auf die wir uns in diesem Buch einlassen wollen: *Gott in Farben sehen. Mit Farben über Gott zu sprechen.*

Farben einen Sinn zu verleihen, setzt jedoch voraus, die Sinne für Farben zu öffnen, empfindsam für Farben zu sein, ihre Wirkung bei uns und unseren Mitmenschen zu beobachten und ihre Bedeutung zu beurteilen. Die Wirksamkeit und Bedeutung von Farben zu beurteilen, heißt aber auch, bestehende Vorurteile gegenüber verschiedenen Farben zu erkennen.

Zunächst zum sinnlichen Ereignis Regenbogen: Suchen wir nach der Reinheit der Spektralfarben, so finden wir diese mit den Worten der Bibel gesprochen »überaus schön und herrlich« im Naturereignis des Regenbogens – verursacht durch die Brechung des farblosen Sonnenlichts in einer Regenwand. Ein solches Ereignis geschieht nicht häufig, und noch seltener lassen wir uns mit Muße darauf ein.
Wenn uns der Anblick seiner Farbenpracht Freude macht, dann können wir den Regenbogen bei sonnigem Sommerwetter selbst inszenieren. Sprühen wir mit dem Gartenschlauch einen feinen, breiten Wasserstrahl – mit dem Rücken zur Sonne – erzeugen wir das Naturphänomen. Ein Bogen strahlender Farbigkeit breitet sich vor uns aus, vom Rot über Orange, Gelb, Grün, Blau bis sich das Spektrum beim Violett vollendet. Die feinen Wassertropfen entfalten die Farben aus der hellen Farblosigkeit des Lichts. Die Sonne offenbart etwas von geheimnisvoller Kraft, die sich in ihren Strahlen verbirgt.
Zur Sinnstiftung des Ereignisses »Regenbogen«: Der Anblick des Regenbogens, als ein prachtvolles Ereignis der Schöpfung, mag die Preisung seines Schöpfers fordern. Darüber hinaus verweist uns die Bibel auf den symbolischen Sinngehalt dieses Phänomens der Natur.
Insofern eröffnet uns das Sehen von Farben eine Deutungsdimension, die zwar unsere sinnliche Erfahrung der Mitwelt voraussetzt, jedoch über diese hinausweist. Man kann auch sagen, daß die Farbigkeit, mit der wir die Schöpfung erfassen, Schlüsse auf den Schöpfer zuläßt. Hierbei werden keine meßbaren Werte dienlich sein, sondern nur ein aufnahmebereiter Wahrnehmungssinn, der die Ganzheit seiner Erfahrung einbringt.

Wie im Alten Testament die Farbigkeit des Regenbogens das Symbol des Bundes Gottes mit den Menschen und seiner Schöpfung ist, so verwendet Jesus Farben für seine Reich-Gottes-Botschaft. Farben sind nach der Aussage der Bibel Zeichen für die Gottesbeziehung. Die ursprüngliche Befähigung des Menschen, die Welt in Farben wahrzunehmen, und dies als einen Akt der Schöpfungsgeschichte zu verstehen, ist in der derzeitigen Verkündigung wenig ernst genommen. Predigten sind in der Regel Wortpredigten, keine Farbpredigten.

Die Betonung bildlicher Zeichen – und das nicht nur zur Verkündigung in der Kirche – richtet sich selbstverständlich nicht gegen die Nutzung von Wortzeichen. Dennoch muß kritisch zum Gebrauch unserer Sprache angemerkt werden, daß sie in der heutigen Zeit überwiegend auf zweckorientiertes Denken und Handeln ausgerichtet ist, verarmt an sinnlich erfaßbarer Schönheit des Ausdrucks, an Poesie und Fähigkeit zur Symbolbildung. Hört man den melodiösen Klang der französischen Sprache oder den Vokalreichtum der italienischen, dann wird der Mangel an ›Farbe‹ und sinnlicher Wirklichkeit unseres deutschen Sprachgebrauchs bewußt.

Dabei sind Farben für unsere physiologischen Sehprozesse ebenso unerläßlich wie die Verarbeitung der Lichtwahrnehmung durch unseren Sehsinn – zur Auslösung von Gefühlen, von Assoziationen und zur Deutung der Umwelt. Schwarz ist z.B. verbunden mit dem Gefühl der Trauer, der Dunkelheit, der Enge, der Not. Hell ist verbunden mit Sich-orientieren-können, Sich-wahrnehmen-können, Zukunft und Hoffnung zu haben.

Licht ist im psychotherapeutischen Bereich ein zentrales Mittel gegen Depression, also gegen das Erlebnis von Dunkelheit. Und nicht zuletzt steht die Farbe für menschliche Urerfahrungen der Schöpfung: das Blau des Himmels, das Rot des Blutes und des Lebens, das Gelb der Sonne, das Grün der sich immer wieder erneuernden Vegetation.

Sehen wir die Farben so als ein notwendiges Mittel der menschlichen Kommunikation, dann ist der Regenbogen nicht nur ein Symbol der Verbindung vom Himmel zur Erde, sondern auch in umgekehrter Richtung eine Brücke der Verständigung zwischen Erde und Himmel.

Ich stelle meinen Bogen in die Wolken

Die Glasmalerei Chagalls hilft uns, das zu veranschaulichen: das Bild »Im Anfang schuf Gott – Adam«, ein Fenster zu St. Stephan in Mainz, bezieht sich offensichtlich auf das Wort der Schrift »Ich stelle meinen Bogen in die Wolken« (Genesis 9,13).

Chagall läßt einen Engel den ersten Menschen tragen, der noch unbelebt erscheint; der Engel erreicht schwebend die Erde, auf der bereits Tiere und Pflanzen von der Schöpfung zeugen, in deren Mittelpunkt jetzt der Mensch erschaffen wird, und ein Regenbogen greift von der rechten Bildseite in das Zentrum der Szene.

Würde man Chagalls Bild in einer naturalistischen Betrachtungsweise deuten, besagte der Regenbogen, daß es beim Schöpfungsakt geregnet hat, die Wolken zum Horizont abziehen und daß der Betrachter der Szene der aufkommenden Sonne den Rücken zukehrt. Gegen eine solche naturalistische Deutung des Bildes spricht die zeichenhaft reduzierte Darstellung des Regenbogens, die keinesfalls darauf aus ist, diesen allein als ein prächtiges Farbereignis vorzuführen.

Vielmehr gibt Chagall dem Regenbogen, wie den anderen Erscheinungen dieser Glasmalerei, einen symbolischen Gehalt, in Annäherung zum biblischen Wort, wenn auch der Regenbogen als Brücke zwischen Himmel und Erde, zwischen dem Schöpfer und der Schöpfung, erst später dem Noah als Zeichen des göttlichen Bundes geoffenbart wird (Genesis 9,12).

Versteht man den von Gott mit Noah geschlossenen Bund mit allen lebenden Wesen auch als einen erneuten Beginn des Menschens, so liegt es nahe, daß Chagall den Neuanfang der Menschen unter dem ausdrücklichen Zeichen des himmlischen Bogens auf den Akt der Erschaffung des Menschen vorgreifend überträgt. So ruft Chagall dem Betrachter ins Gedächtnis: der »Regenbogen« ist ein göttliches Zeichen des Bundes Gottes mit dem Menschen als seinem »Abbild«.

Die Betrachtung des Bildes Chagalls will uns aber auch sagen, daß mit der Schöpfungsgeschichte dem Menschen Zeichen gegeben sind von »herrlicher« Farbigkeit. Denn bereits mit dem »Es werde Licht« (Genesis 1,3) und der Erschaffung der Sonne (Genesis 1,16) sind die Farben in die Welt gekommen. Dem Menschen ist mit den Augen ein Organ gegeben, die Farben zu empfinden und mit ihrer Hilfe eine farbige Umwelt wahrzunehmen.

»DIE GANZE NATUR OFFENBARE SICH
DURCH DIE FARBE DEM SINNE DES AUGES...
WÄR NICHT DAS AUGE SONNENHAFT,
WIE KÖNNTEN WIR DAS LICHT ERBLICKEN?
LEBT NICHT IN UNS DES GOTTES EIGNE KRAFT,
WIE KÖNNT UNS GÖTTLICHES ENTZÜCKEN?«[1]

Der Regenbogen in religiöser Bedeutung

Im Buch Ezechiel wird der Regenbogen nochmals erwähnt. Er wird als Analogie zur Erscheinung Gottes eingeführt. Da Ezechiel seine Begegnung mit Gott nicht beschreiben kann – die Menschensprache hat keine Worte dafür – drückt er das, was er sieht, in Bildern aus, die der Gottesvorstellung entsprechen. Er schaut Gottes Herrlichkeit:

»Wie der Anblick des Regenbogens,
der sich an einem Regentag in den Wolken zeigt,
war der helle Schein ringsum.
So etwa schaut die Herrlichkeit des Herrn aus.«
(Ezechiel 1,28)

Das Neue Testament nimmt dieses Zeichen der Herrlichkeit in der Offenbarung des Johannes wieder auf und stellt es in der Huldigung vor dem Thron Gottes dar:

»Und über dem Thron wölbte sich ein Regenbogen, der wie ein Smaragd aussah.« (Offenbarung 4,3).

Die herrliche Erscheinung des farbigen Bogens, Himmel und Erde für Augenblicke miteinander verbindend, ist für die Menschen das sichtbare Zeichen des göttlichen Bundes:

»Ein anderer gewaltiger Engel kam aus dem Himmel herab,
er war von einer Wolke umhüllt,
und der Regenbogen stand über seinem Haupt.
Sein Gesicht war wie die Sonne
und seine Beine waren wie Feuersäulen.« (Offenbarung 10,1).

Der religionsgeschichtliche Vergleich ist interessant: Die altgriechische Sage erzählt von Iris, der jungfräulichen Regenbogengöttin, die als ein Flügelwesen vom Olymp herabfliegend, der Erde die Botschaften von Zeus und Hera übermittelt. Sie trägt ein »irisierendes« Gewand aus glitzernden Tautropfen und einen Heroldsstab, vergleichbar mit dem des römischen Gottes Merkur. Also auch hier wird das Naturerlebnis des Regenbogens benutzt, um ihn zum symbolischen Zeichen für die Verbindung der Götterwelt mit dem irdischen Leben aufzuwerten.
Im alten Ägypten wird in den Farben des Regenbogens die Heilkraft verehrt. Wie auch heute die Farben – etwa in der Psychoanalyse – als elementarer

Ausdruck der Seele des Kranken verstanden und gedeutet werden. Das Malen des Patienten wird da benutzt, wo dessen Worte über seinen seelischen Zustand keine ausreichende Auskunft geben.

Die symbolische Funktion des »Regenbogens«, die Verbindung zwischen Gott und Mensch darzustellen, finden wir auch in anderen Kulturen. So wird im Inkareich der Regenbogen mit der »heiligen Sonne« in Verbindung gebracht, und die Inka-Könige sollen ihn als Wappen und Abzeichen getragen haben. Altchina hingegen betrachtet den Regenbogen als ein Symbol der Vereinigung des weiblichen Prinzips »Yin« mit dem männlichen »Yang«.

»In der christlichen Symbolik des Mittelalters werden die drei Hauptfarben des Regenbogens als Bilder von Sintflut (Blau), Weltenbrand (Rot) und neue Erde (Grün) aufgefaßt,… oder die sieben Farben als Bilder der sieben Sakramente und als Gaben des Heiligen Geistes oder auch als Himmel und Erde versöhnendes Mariensymbol.«[2]

Sehr viel profaner geht der Volksglaube, wohl besser »Aberglaube« genannt, mit dem Regenbogen als einem Indiz um: Er wird als Ankündigung künftigen Reichtums betrachtet oder auch mit dem Entdecken eines Schatzes in Verbindung gebracht, gerade an der Stelle, wo der Regenbogen die Erde berührt.

Der vermarktete Regenbogen

In unserer Zeit bedient sich die eine oder andere Institution des Regenbogens als Zeichen, als Erkennungsmerkmal, etwa einer Kunstgalerie oder eines Museums. Hier ist es offensichtlich die Urfassung von Form und Farbe, die dem Anliegen der Kunststätte entgegenkommt. Darüber hinaus läßt sich mit dem Zeichen des Regenbogens »Umfassenheit« assoziieren und das im zweifachen Wortsinn: Seine Bogenform signalisiert sie im »umgreifenden« und sein Farbspektrum im »vielfältigen« Sinn.

Schließlich ist die Konsumwerbung zu nennen; so benutzt ein Hersteller von Waschmitteln dieses Zeichen, um damit die Bewahrung der Reinheit und Intensität der Wäschefarben zu demonstrieren; oder ein Farbenhersteller, der mit dem Regenbogen als Firmenmarke signalisiert, daß er eine umfangreiche Palette schönster Farben produziert.

Ist man erst einmal disponiert, Regenbogen-Zeichen zu suchen, entdeckt man sie allenthalben als Markierung aller möglichen Waren und Dienstleistungen, die mit »Farben« im allgemeinen nichts zu tun haben. Die Zeichen, weitgehend von der Bogenform gelöst, zeigen waagrecht, senkrecht oder diagonal angeordnete Streifen des Farbspektrums. Ihre sogenannte »Buntheit« soll vermutlich Aufmerksamkeit erregen und Lebensbejahung, Reinheit und Vielfältigkeit des jeweiligen Angebots demonstrieren. Verallgemeinernd kann über die Wirkung derartiger Zeichen gesagt werden, daß sie durch ihre Farbenfreude an die Gefühle und Sehnsüchte der Menschen appellieren.

Darüber hinaus hat der »Regenbogen« in den Alltagsbereich der Sprache kaum Eingang gefunden, im Gegensatz zu den einzelnen Farben seines Spektrums. Im Straßburger Europaparlament existiert eine politische Gruppierung von Abgeordneten, die verschiedenen kleineren Parteien angehören, die jeweils unter einem Farbnamen bekannt sind; so wird diese »bunte« Gruppe von Abgeordneten salopp die »Regenbogenfraktion« genannt.

In der Bezeichnung »Regenbogenpresse« wird die sogenannte »Buntheit« der kraftvollen Farben des Bogens auf sehr lautstarke Presseerzeugnisse übertragen. Spätestens an dieser Stelle erhebt sich die Frage, was denn den von Ästheten negativ verstandenen Ausdruck des »Bunten« von »kraftvoller Farbigkeit« unterscheidet.

Selbst Goethe hatte da schon seine Schwierigkeiten, eine überzeugende Definition zu geben. In einem kleinen Kapitel »Das Bunte« heißt es u.a.: »Bunt kann ein Gemälde leicht werden, in welchem man bloß empirisch, nach unsicheren Eindrücken, die Farben in ihrer ganzen Kraft nebeneinander stellen wollte.«[3]

Goethe und der Regenbogen

Die Harmonie der Farben sieht Goethe, um die Frage von der positiven Seite anzugehen, in deren Streben nach »Totalität«. Das heißt, die Farben suchen im Kontrast nach Ganzheit und damit nach Gleichgewicht: »Gelb fordert Rotblau, Blau fordert Rotgelb, Purpur fordert Grün und umgekehrt.«[4] Als Lichtfarben ergänzen sich diese Kontrastpaare zur farblosen Helligkeit des Lichts. Und genau das geschieht mit dem Farbspektrum des Regenbogens; werden seine Farben vereinigt, sind sie wieder das, was sie zuvor waren, Licht. Diese Tatsache stört Goethes Harmonielehre von der Totalität der Farben:

»Indem wir also aussprechen können, daß der Farbenkreis, wie wir ihn angeben, auch schon dem Stoff nach eine angenehme Empfindung hervorbringe, ist es der Ort zu gedenken, daß man bisher den Regenbogen mit Unrecht als ein Beispiel der Farbentotalität angenommen: denn es fehlt demselben die Hauptfarbe, das reine Rot, der Purpur.«[5]

Bereitet auch die Erscheinung des Regenbogens beim Betrachter freudige Aufmerksamkeit, haben doch die Farbtheoretiker ihn zum Anlaß genommen, heftig miteinander zu streiten.

Isaak Newton hat beispielsweise die Anzahl der Streifen des Regenbogens mit sieben konstatiert und diese sieben Farben als die unteilbaren Grundfarben des menschlichen Sehens bezeichnet. Der Wahrnehmungspsychologe Richard L. Gregory sieht das wiederum kritisch:

»Newton benannte in seinem Spektrum sieben Farben: Rot, Orange, Gelb, Grün, Blau, Indigo und Violett. Indigo wird nicht als getrennte Farbe gesehen, und Orange ist zweifelhaft. Vermutlich liebte Newton die Zahl Sieben und fügte Orange und Indigo hinzu, um die magische Sieben zu erreichen.«[6]

Man kann zwar nicht sagen, daß die Elementarisierung der Farben des Regenbogens durch Newton alleiniger Anlaß sei, daß Goethe sich so heftig, polemisch und ausdauernd mit dessen Farbentheorie auseinandersetzt. Dennoch ist es der Regenbogen, den er immer wieder gegen Newton ins Feld führt. Nicht nur, daß die sieben Spektralfarben nicht in das chromatische Konzept Goethes von den drei Grundfarben passen, sondern daß Newton diese Spektralfarben wiederum zum Weiß bzw. zur Farblosigkeit des Lichts zurückzuführen vermag, weist Goethe – sogar in Spottversen – zurück. (Zu Unrecht, wie wir heute wissen.)

Man bedenke, daß Goethe mit den vorbereitenden Arbeiten zu seiner Farbenlehre 1790 beginnt, das umfängliche Werk erst zwanzig Jahre später erschien und ihn noch bis zu seinem Tode beschäftigen sollte – ohne daß das Thema »Regenbogen« von ihm befriedigend abgeschlossen werden kann. In einem später geschriebenen Nachtrag zur »Geschichte der Farbenlehre« mit dem Titel »Regenbogen« läßt sich einige Bitternis erahnen, welche ihm dieses Phänomen bereitet, das sich scheinbar seinen theoretischen Vorstellungen verschließt.

Man mag meinen, dieser Streit um die wahre Farbenlehre sei inzwischen zur geschichtlichen Marginalie geworden. Dem ist jedoch entgegenzuhalten, daß sich hinter diesem Streit zwei kulturhistorische Positionen verbergen, die uns auch heute noch nicht ausgesöhnt erscheinen: wissenschaftlicher Rationalismus und sinnliche Erkenntnis.

16

Um die Schöpfung »begreifen« zu lernen, sind wir zunächst auf die sinnliche Erfahrung unserer Umwelt verwiesen. Unsere Sinne zu schärfen für die unmittelbare Begegnung mit der Schöpfung Gottes, heißt auch dem Mißtrauen gegen sinnliche Erkenntnis, das seit Demokrit wirksam ist, zu begegnen.

Das gerade macht die mahnenden Worte des Physikers Werner Heisenberg so gewichtig:

»Der Kampf Goethes gegen die physikalische Lehre... muß auch heute noch ausgetragen werden. Wenn Helmholtz von Goethe sagt, daß seine Farbenlehre als der Versuch betrachtet werden muß, die unmittelbare Wahrheit des sinnlichen Eindrucks gegen die Angriffe der Wissenschaft zu retten, so stellt sich uns heute diese Aufgabe dringender denn je...«[7]

Versteht man diesen Appell eines hervorragenden Naturwissenschaftlers so, daß es Newton war, der das Phänomen Farbe mathematisierbar machte und damit späteren Technologien und einer Farbenmetrik zum Erfolg verhalf, so hat Goethe versucht, die menschlichen Sinne für diesen Akt der Schöpfung zu sensibilisieren und eine Farbenästhetik zu schaffen.[8] Nach über 60 Jahren haben Heisenbergs Worte – 1932 vorgetragen – nichts an Aktualität verloren.

Der Regenbogen – physikalisch-physiologisch

Sowohl die modellhafte als auch die symbolische Nutzung des »Regenbogens« wird uns noch beschäftigen. Jetzt scheint es sinnvoll, sich zunächst auf die Beobachtung und Deutung seiner natürlichen Erscheinung einzulassen. So erfahren wir aus geschichtlicher Sicht, daß sich von der Antike bis hin in die Neuzeit die Meinung hielt, im Regenbogen spiegele sich die Sonne wider.

Seneca faßt diese Vorstellung in die einprägsame Formulierung von der »unendlichen Wiederholung des Sonnenbildes«. Erst im 17. Jahrhundert ist es der Naturforscher Antonius de Dominis, der untersucht, was mit dem Licht im einzelnen Wassertropfen vor sich geht. »Daß die Farben aus dem Licht entspringen, daran habe ich keinen Zweifel, ja sie sind nichts anderes als das Licht selbst.«[9]

Über die physikalischen Daten des Regenbogens läßt sich kurzgefaßt sagen, daß das Sonnenlicht durch Brechung, Spiegelung und Reflexion in den Tropfen einer Regenwand die Erscheinung eines konzentrischen Kreisbogens zeigt, deren Mittelpunkt im Gegenpunkt der Sonne liegt. Der Bogen ist in sechs bzw. sieben farbige Streifen gegliedert, innen violett und außen rot, und wird vom Betrachter in einem Winkel von 42° gesehen. Die Spektralfarben lassen sich durch ihre Wellenlängen beschreiben. Das Maß der Wellenlängen ist der Nanometer = 1/1000000mm, hier für die jeweilige Farbe:

Rot	650-700
Orange	590-640
Gelb	550-580
Grün	490-530
Blau	440-480
Violett	390-430

Da die Farbstreifen des Regenbogens fließend ineinander übergehen, kann man in diesen Übergangsbereichen auch eine weitere Farbe ausmachen. So wird des öfteren zwischen Blau und Violett das Indigo als siebter Streifen genannt. Doch ist das nur eine Frage der Definition. Die Erscheinung des Regenbogens wird von einem zweiten, aber sehr viel schwächer ausgeprägten Bogen begleitet.

Die lexikalische Auskunft zum Wort Regenbogen sagt zwar etwas über die Konditionen seiner Erscheinung, aber noch nichts über die Bedeutung, die wir einer solchen Erscheinung entnehmen können. Die physikalischen Daten allein erhellen nicht das wundervoll Anmutende dieses Schöpfungsereignisses.

Der für uns farblose Sonnenstrahl trifft auf den ebenfalls farblosen Wassertropfen und erzeugt die ganze Palette des Farbspektrums. Das Sonnenlicht erkennt das Auge direkt einfallend als gleißende Helligkeit oder als reflektierendes Licht in der Farbe der Gegenstände, die von ihm beleuchtet werden. Der Regenbogen hingegen ist eine Lichterscheinung von einem Gegenstand, der Regenwand, der eine Vielfarbigkeit erzeugend weitergibt, die er selbst nicht besitzt. Insofern erweist sich der Regentropfen als wundersamer Öffner der im Sonnenlicht verborgenen Farben.

Dieser Prozeß der visuellen Wahrnehmung kann kommunikationsmethodisch so ausgedrückt werden: Eine Energiequelle (die Sonne) strahlt elektromagnetische Signale (das Licht) aus, die von einem Sender (hier die Regentropfen) zu einer Botschaft (»Regenbogen«) verschlüsselt werden (durch Brechung und Reflexion des Lichts), das vom Sender reflektierte Licht wird schließlich vom Empfänger (dem Auge des Menschen) dekodiert (als Farbempfindung entschlüsselt) und als Botschaft »Regenbogen« verstanden. Diese knappe wie nüchterne Beschreibung eines von uns so geschätzten Naturereignisses hat den Vorteil, einen bedenkenswerten Tatbestand dieses Wahrnehmungsprozesses verdeutlichen zu helfen: Die Erscheinung des Regenbogens ist kein vom Menschen unabhängiger Sachverhalt, sondern wird erst subjektiv durch das menschliche Auge »verwirklicht«. Denn das für uns farblose Licht wird zwar von den Regentropfen mit farbigen Daten versorgt, aber keinesfalls wird es dadurch zu farbigem Licht; erst das lichtempfangende Sehsystem läßt aus den spezifischen Wellenlängen des reflektierten Lichts Empfindungen entstehen, die wir als »rot«, »gelb«, »blau« usw. bezeichnen.

Diese so für uns im Regenbogen sichtbar werdende Farbskala gibt uns nicht nur Auskunft über die dem Sonnenlicht innewohnenden Kräfte, sondern auch über die Kapazität des Auges. Denn die Farbrezeptoren der Netzhaut sind dem Spektrum des Bogens insofern verwandt, daß sie sich als ein Vierfarbsystem darstellen; sie sind auf den Empfang der farbigen Elemente von Rot, Gelb, Blau und Grün eingestellt. Die diesem System gegenüber den Spektralfarben fehlenden Farben Orange und Violett erzeugt die Netzhaut durch Mischung. Eine solche Beziehung der Farbordnung des Lichtspektrums zum System der Farbrezeptoren der Netzhaut kommt sicher nicht von ungefähr.

Daß die Iris, die Haut, die den Einfall des Lichts ins Auge regelt, eine »Regenbogenhaut« ist, mag noch als eine Marginalie der Beziehungen von Sonnenlicht, Regenbogen und unserem Sehsystem behandelt werden. Doch versucht man etwas von der Evolution des Auges zu erahnen, kann es nicht bei der Erwähnung von Namensgleichheiten bleiben. Dahinter verbirgt sich doch der eigentlich ursprüngliche Zusammenhang, den Goethe in dem knappen Satz ausdrückt: »Das Auge hat sein Dasein dem Licht zu verdanken.«[10]

So hindert auch eine naturwissenschaftliche Betrachtung des Phänomens »Regenbogen« nicht, ihn auch in einer symbolischen Funktion zu sehen: als Brücke zwischen der Sonne, der Quelle des Lichts, und dem menschlichen Auge, dem Interpreten des Lichts.

Für die visuelle Wahrnehmung ist demnach Farbe nicht etwas Materielles, sondern vielmehr eine Sinnesempfindung. Der Prozeß der Farberfahrung beginnt also mit dem Licht, das eine Empfindung auslöst, die wiederum mit Unterstützung des visuellen Gedächtnisses eine Farbe erkennen läßt. Am Anfang ist das Licht.

Wir Menschen in unserem Drang nach letzten Erkenntnissen versuchen, in die Geheimnisse des Mikro- und Makrokosmos einzudringen. Wiederum ist es das Licht, das uns beispielsweise Signale von fernen Himmelskörpern über Zeiten und Räume vermittelt, deren Dimensionen für unser irdisches Verständnis schwer faßbar sind. Auch hierbei geben uns Differenzierungen der Wellenlängen des Lichts, die als Farben empfangen bzw. gemessen werden, Auskünfte über das Universum.

In diesem Zusammenhang sprechen die Astrophysiker von »schwarzen Löchern«, Regionen der Raumzeit, aus denen nichts, nicht einmal Licht entkommen kann, weil die Gravitation zu stark ist oder sie sprechen von der »Rotverschiebung«, der Rotfärbung des Lichts von Sternen, die sich von der Erde fortbewegen und der »Blauverschiebung« des Lichts von Sternen, die sich ihr nähern.[11]

Je weiter jedoch menschlicher Erkenntnisdrang mit Hilfe physikalischer Messungen in das Universum vorstößt, desto abstrakter werden für uns die Daten, die aus derartigen Messungen gewonnen werden. Das Mysterium der Schöpfung wird nicht mit Daten zu entschlüsseln sein.

Der Regenbogen findet erst im Kopf statt

Die Einsicht, daß unsere »Regenbogenfarben« das Ergebnis eines biologischen Prozesses sind, heißt doch, daß sie im physikalischen Raum bestimmte Wellenlängen des Lichts sind und auf diese die Bezeichnung »Farbe« unzutreffend ist.

Wie gesagt, das Sonnenlicht ist farblos, die Wassertropfen, die den Wellenlängenbereich des einfallenden Lichts auffächern, sind selbst auch farblos und das von ihnen reflektierte Licht ist ebenfalls farblos; erst in unserem Kopf findet das Ereignis »Regenbogen« statt. Unsere Sprache geht nicht konkret auf diese Erkenntnisse ein, sondern symbolisiert sie: Wir sprechen nach wie vor von »Regenbogenfarben«, von »Spektralfarben«, weil wir meinen, uns so am besten verständlich zu machen.

Am Beispiel der »Farben« des Regenbogens werden die genannten unterschiedlichen Betrachtungsebenen deutlich. Wenn wir, wie zuvor gesagt, einen Querschnitt der sechs Farbstreifen des Bogens zu einem Farbkreis formen, verbinden wir gewissermaßen an der Nahtstelle das Rot mit dem Violett. So wie das Orange nach der gelben Seite des Farbkreises ist das Violett nach der blauen Seite der »natürliche« Nachbar des Rots. Aber gemessen an ihren Wellenlängen sind Rot und Violett extrem voneinander entfernt.

Den sechsgliedrigen Farbkreis hat Johannes Itten, Maler, Farbtheoretiker und Meister am Bauhaus, aus sehr einleuchtenden praktischen Gründen durch Mischung der jeweilig benachbarten Farben auf einen zwölfteiligen erweitert. Itten sagt mit Recht, daß man 12 auf diese Grundordnung gebrachte Farben jederzeit erinnern, benennen und bestimmen kann.

So läßt sich beispielsweise in der bildhaften Vorstellung des zwölfteiligen Farbkreises zwischen der Primärfarbe Blau und dem sekundären Grün die tertiäre Farbe Blaugrün (Türkis) einordnen. Jeder darüber hinaus erweiterte Farbkreis, etwa auf 24 oder 48 Farben ist dagegen ohne praktischen Wert, denn die so differenzierten Farbtöne lassen sich nicht ohne weitere Hilfsmittel vom visuellen Gedächtnis erfassen.

Der rational-analytische Geist, der sich mit der Systematik einer Farbenlehre befaßt, steht in einem polaren Verhältnis zum Gemüt des Menschen, der Farbe erlebt. Was Itten so ausdrückt: »Das Wort und sein Laut, die Form und ihre Farbe sind Gefäße des Jenseitigen, das wir ahnend schauen. So wie der Laut dem gesprochenen Wort farbigen Glanz verleiht, so verleiht die Farbe einer Form den seelisch erfüllten Klang. Das urtümliche Wesen der Farbe ist ein traumhaftes Klingen, ist Musik gewordenes Licht. In dem Augenblick, da ich über Farbe nachdenke, Begriffe bilde, Sätze setze, zerfällt ihr Duft, und ich halte nur ihren Körper in den Händen.«[12]

So ruft er seine Mitmenschen, insbesondere seine Schüler dazu auf, gegenüber den Ereignissen der Natur offenen Sinnes zu sein: »Wie viele Wunder wurden im Laufe der Zeit durch den menschlichen Verstand in ihrem Wesen oder ihrer Gesetzmäßigkeit erkannt! Trotzdem wurden sie nicht weniger wunderbar – Regenbogen, Blitz, Donner, Gravitation usw... Blitz und Donner erschrecken uns, aber die Farben des Regenbogens oder des Nordlichts besänftigen und erheben unsere Seele. Der Regenbogen gilt als ein Zeichen des Friedens.«[13]

Folgt man Ittens Worten, erscheint uns der »Regenbogen« ein drittes Mal in der symbolischen Funktion als »Brücke«; als Brücke zwischen dem unmittelbaren Erlebnis einer wundersamen Farbigkeit und dem sondierenden Geist, der nach der Gesetzmäßigkeit dieser Erscheinung forscht oder anders ausgedrückt, eine Brücke der Vereinigung der Sinne mit dem Verstand: »Der Verstand vermag nichts anzuschauen und die Sinne nichts zu denken. Nur daraus, daß sie sich vereinigen, kann Erkenntnis entspringen« (Kant).[14]

War es die Idee der Versöhnung des Verstandes mit den Sinnen, die Goethe ein halbes Leben lang zu intensivster Beschäftigung mit den Farben trieb und die ihn veranlaßte, seine Farbenlehre höher einzuschätzen als die Werke seiner Dichtkunst? Goethes Worte einer Lebensbilanz besagen – nach Eckermann: »Auf alles, was ich als Poet geleistet habe, bilde ich mir gar nichts ein.« Voll Stolz und unbeirrter Überzeugung verweist der 80jährige auf seine »Farbenlehre« und daß er »unter Millionen der einzige sei, der in diesem großen Naturgegenstande allein das Rechte wisse«.

»Es gereut mich auch keineswegs, obgleich ich die Mühe eines halben Lebens hineingesteckt habe. Ich hätte vielleicht ein halb Dutzend Trauerspiele mehr geschrieben, das ist alles, und dazu werden sich noch Leute genug nach mir finden.«[15]

»Um 7 Uhr, am Todesmorgen«, so berichtet die Malerin Luise Seidler, ließ er sich von Ottilie »eine Mappe bringen und wollte Farbphänomene mit ihr versuchen, erklärte auch mancherlei darüber.«[16] Und nach Eckermann spricht Goethe in seinen letzten Tagen von der Sonne – dem Ursprung aller Farben: »Ich anbete in ihr das Licht und die zeugende Kraft Gottes, wodurch wir allein leben, weben und sind.«[17]

Nach Goethe hat ein anderer großer Gestalter des Wortes, der indische Dichter und Philosoph Rabindranath Tagore, die Brücke zu Form und Farbe geschlagen. Erst im höheren Lebensalter kommt er zur Malerei und gibt dieser dann den Vorzug gegenüber der poetischen Arbeit. Er vollzieht damit einen Schritt zurück in die Geschichte des Wortes – einmal entstanden aus Zeichen von Form und Farbe. Der Nobelpreisträger für Literatur von 1913 sieht im Brückenschlag von der Schrift zum Bild den Weg zu einer Verständigung – über alle Sprachgrenzen hinweg.[18]

Geht es uns um Zeugnisse des Bogenschlages zwischen Wort und Bild, mit der Absicht, über Gott sprechen zu können, ist an dieser Stelle die Aussage des Begründers der modernen Semiotik, des nordamerikanischen Philosophen Charles Sanders Peirce (1839-1914) zu zitieren: »Was Gott betrifft, öffne Deine Augen – und Dein Herz, das ebenso ein Organ der Wahrnehmung ist – und Du siehst ihn.«[19]

Grünewalds Regenbogen – ein Strahlenkranz

Eine Synthese von farbenfroher Sinnlichkeit und streng gedanklicher Disposition begegnet uns in der Geschichte der Malerei im Werk von Matthias Grünewald, der sogenannten »Stuppacher Madonna« (1518) – hier ein Bildausschnitt (*Bild 1*, S. 24a). Die Vorgeschichte zu diesem Bild ist in den 1370 aufgezeichneten Visionen der Hl. Birgitta von Schweden zu finden, in denen das Haupt der Madonna im Strahlenkranz eines Regenbogens beschrieben wird. Grünewald, der das Motiv aufnimmt, weiß seine offensichtlich große Neigung zur Reinheit der Farbe, die sich bereits zuvor in dem berühmten Bild der »Auferstehung Christi« auf dem rechten Flügel des »Isenheimer Altars« (1512-1516) nachhaltig ausgedrückt hat, nach eingehendem Naturstudium in das Madonnenbild einzubringen. Der farbprächtige Halbkranz des Regenbogens, der Mutter und Kind wie ein himmlischer Schutz umspannt, ist sowohl am Erlebnis des Naturereignisses orientiert wie an seiner christlichen Symbolik.

»Der mittelalterlichen Tradition verpflichtet, vermochte Grünewald wie kein anderer deutscher Maler, mit der Farbe als Ausdrucksträger, das irdische sowie die göttlichen Mysterien in so eindringlicher Weise darzustellen.«[20] Der farbige Bogen in Grünewalds Madonnenbild ist voller Sinngehalte: Krönt er doch nicht nur das Haupt der Maria und verleiht ihr damit den göttlichen Glanz als »Gottesmutter«; sicher nicht von ungefähr ist der Bogen vom Haus der Kirche zu den Heimstätten der Menschen gespannt, Kirche und Welt miteinander verbindend und aus kunstgeschichtlicher Sicht haben wir es auch hier mit einem bemerkenswerten Brückenschlag zu tun: Grünewald bildet mit diesem Madonnenbild eine Synthese von mittelalterlichem Symbolismus und neuzeitlicher Naturbeobachtung.

Dieser Ausschnitt des bekannten Bildes von Grünewald ist von uns nicht unter dem Aspekt der Marienverehrung ausgewählt; vielmehr läßt die Symbolik des Regenbogens mit seinen Farbverläufen die Brückenfunktion auf Anhieb erkennen. Es ist Gott, der seinen Bundesbogen zu den Menschen hin und von den Menschen her spannt und in dieser Umfassungserfahrung wird das Heil für die Menschen verdeutlicht. Je nachdem wie man es sieht: Der Regenbogen geht von den Häusern der Menschen mit ihrem Leid und mit ihrer Freude hin zur Kirche, die Gottes Reich symbolisiert, das ewige Jerusalem, Heil und Vollendung auf immer.

Sieht man es von der anderen Seite, dann ist das Reich Gottes, die Vollendung des Menschen und seine endgültige Heilung gerade durch die Pforten des

Todes hindurch die große Zusage auf die Häuser der Menschen hin – mit ihrem Leid und mit ihrer Freude. Die Deutlichkeit des gelben Lichtes, das aus dem Regenbogen heraus den gesamten Bildausschnitt durchflutet, signalisiert diese neue Beziehung und die Durchdrungenheit der Welt von diesem Licht und der Dynamik des Bundes Gottes mit seinen Menschen.

Das Gelb in den Haaren des Jesuskindes ist das Gelb des Regenbogens, das seinen Kopf wie einen Heiligenschein umfaßt. Auch in den Haaren der Maria, seiner Mutter, glänzt dieses Gelb.

Wenn dieses Bild auch zunächst traditionell erscheint, es spricht dennoch seine eigene Sprache, indem es von den Farben her Durchflutung, Durchdringung, Anteilhabe und Anteilgabe am Lichtspektrum des Bundes Gottes ist. Wer sich in diesen Bundesbogen hineinmalen, sich hineinversetzen kann in diese Umfassungserfahrung, dem geht Wesentliches für die Sinngebung des Menschseins auf: Gott ist Zuwendung, er hält uns umfaßt wie der Regenbogen; herausfallen können wir nicht, obgleich die unverständlich erscheinenden Dunkelheiten zerstörter menschlicher Existenz Fragen aufgeben.

Sich diesem Bild auszusetzen, gerade dem Spektrum der Regenbogenfarben, kann eine visuelle Hinführung zum Anliegen dieses Bandes ermöglichen.

Zu den Farben des Regenbogens

Kein geringerer als Leonardo da Vinci geht in seiner Lehre der Farbharmonie von der Erscheinung des Regenbogens aus. In dem Kanon der Farben des Regenbogens sieht er eine Offenbarung der Schöpfung. So will er in der Nachbarschaft einer Farbe diejenigen Farben zugeordnet sehen, die innerhalb des Regenbogens ebenfalls benachbart sind. Leonardo geht hierbei von acht Farben aus: »Und mehr natürliche Farben gibt es nicht«, schreibt er in seinem Buch der Malerei.[21]

Entflechten wir das gebündelte Farbereignis des Regenbogens in die sechs genannten Farben des Spektrums und bedenken wir sein Entstehen aus der Helligkeit des Lichts vor der Dunkelheit eines wolkenverhangenen Himmels, so erhalten wir eine Palette der Farben, die von den Menschen bevorzugt mit Bedeutungen belegt werden, die in vielfältiger Weise in den Sprachgebrauch eingegangen sind. Wir werden sie uns – Farbe für Farbe – ansehen, um zu untersuchen, wieweit sie uns als Mittler für die Verständigung über den Schöpfer und seine Schöpfung dienlich sind.

So werden die Farben in mehrfacher Hinsicht zu »beleuchten« sein:

☐ Zuerst einmal auf ihre substantielle Erscheinung als Anteil des Lichtspektrums, als Lichtfarbe, als Mal- oder Objektfarbe, als physiologisch
vom Auge eigens produzierte Farbe, in ihrer Beziehung zu anderen
Farben, ihrer Position innerhalb eines Farbsystems und ihrer Verarbeitung
im menschlichen Sehsystem zu Farbempfindungen *(Syntax der Farbe).*

☐ Zum anderen wird auf die Beziehung eingegangen zu dem, was die
Farbe sinnhaft vergegenwärtigt, was sie als Gegenstand oder als Begriff
durch farbliche Übereinstimmung charakterisiert, was sie durch Ähnlichkeit in Bild und Wort zu symbolisieren vermag *(Semantik der Farbe).*

☐ Schließlich geht es um die Beziehung der Farbe zu denen, die sie
benutzen als Sender und Empfänger ihrer Botschaft – in Liturgie, Kunst,
Design, Literatur, in der Alltagssprache, in Zeichen- und Orientierungs-
systemen, in der Therapie *(Pragmatik der Farbe).*

Und – um noch einmal auf den Regenbogen zu kommen – es sei erinnert,
daß all seine farbige Pracht eingerahmt ist vom Licht, seiner Verursachung,
und von der Dunkelheit, vor der sich kontrastreich der Bogen abhebt. So
werden wir unsere Überlegungen mit diesem Paar beginnen: Mit der
Helligkeit des Lichts – vom Auge als Weiß verstanden – und der tiefen
Dunkelheit – dem Schwarz.

Schwarz und Weiß

»GOTT SPRACH: ES WERDE LICHT.
UND ES WURDE LICHT.
GOTT SAH, DAẞ DAS LICHT GUT WAR.
GOTT SCHIED DAS LICHT VON DER FINSTERNIS,
UND GOTT NANNTE DAS LICHT TAG,
UND DIE FINSTERNIS NANNTE ER NACHT.«
Genesis 1,3-5

Licht gegen Finsternis?

Der Schöpfungsbericht spricht von der Scheidung des Lichts von der Finsternis – also der Bildung eines Kontrastes. Er spricht auch von »Tag« und »Nacht«, nennt »Abend« und »Morgen« als Zeitmaß des ersten Schöpfungstages – also die Zeiten des allmählichen Überganges von Hell zu Dunkel, von Dunkel zu Hell.

Mit dieser Darstellung der Erschaffung des Lichts und seiner Stellung zur Finsternis – Gott hat die Finsternis nicht beseitigt – zeigt uns die Bibel einen schöpferischen Akt der Polarität: Bei stärkstem Kontrast stehen sich Licht und Dunkelheit in wechselseitiger Abhängigkeit gegenüber.

Keine Farbe ist heller als Weiß, keine dunkler als Schwarz. Somit ist kein Helligkeitskontrast stärker als der von Schwarz und Weiß, von Licht und Finsternis. Auch kein Farbenpaar steht in so bindender Abhängigkeit zueinander wie Schwarz und Weiß. In ihren Höhepunkten – am Tage, in der Nacht – scheinen sich Licht und Finsternis gegenseitig auszuschalten, doch morgens und abends gehen sie versöhnlich mit einer Vielzahl von Zwischentönen ineinander über.

Das Polaritätsprinzip sei auf Licht und Finsternis nicht anzuwenden, da diese keine polare Zweiheit darstellten, sondern nur zwei Zustände ein und desselben Ursprungs seien: Licht und Abwesenheit von Licht. Das entspricht aristotelischer Philosophie und ist, wenn man so will, ein physikalischer Tatbestand.[22] Doch kommt die Ablehnung des Polaritäts-prinzips der menschlichen Wahrnehmungspraxis entgegen? Sicher nicht. Es ist eine Urerfahrung des Menschen, Tag und Nacht als eine Polarität zu erleben. Ja, ihr Wechsel bestimmt seinen Lebensrhythmus. Die Schöpfungs-geschichte läßt das für uns anschaulich werden: »Die Erde aber war wüst und wirr, Finsternis lag über der Urflut« (Genesis 1,2).

Für die Endlichkeit unserer Vorstellungskraft sind dies Metaphern von Unendlichkeit. Die sinnliche Erfahrung des Menschen reicht nicht aus, diese in ihrer Tragweite zu entschlüsseln, zu fassen. Erst mit der Er-schaffung des Lichts erhält die Finsternis einen Kontrahenten und Partner und wird im Kontrast von Hell und Dunkel, von Schwarz und Weiß für uns begreifbar.

Kontrahent und Partner in gegenseitiger Abhängigkeit, das ist ein Verhältnis, welches modellhaft zu veranschaulichen ist: Die 32 weißen und ebenso vielen schwarzen Quadratfelder eines Schachbretts, waagrecht und senk-recht im Wechsel und diagonal nebeneinander gekoppelt, ergeben ein Muster, das wegen seines starken Kontrastes im Wechsel bewegt und wegen seiner statischen Verknüpfung stabil erscheint. Ohne die weißen Quadrate keine schwarzen, ohne die schwarzen keine weißen Quadrate, sie bedingen gegenseitig ihre Existenz und ergeben so ein Ganzes. Das Fehlen nur einer der 64 Quadratflächen würde Rhythmus und Stabilität des Musters aufheben. Ihre wechselseitige Abhängigkeit läßt keinen Platz für etwas Drittes.

Das königliche Schachspiel ist auf unversöhnliche Gegnerschaft aus: Schwarz und Weiß kämpfen bis zum »Matt« des einen von ihnen, bis zum Tode des schwarzen oder weißen Königs.

Es ist die Schöpfungsgeschichte selbst, die uns die Argumente für die Polarität von Licht und Finsternis aufzeigt: »Gott nannte das Licht Tag, und die Finsternis nannte er Nacht. Es wurde Abend, und es wurde Morgen: erster Tag« (Genesis 1,5). Das Wort »Tag« macht somit zweierlei Sinn: Einmal steht es diametral der »Nacht« gegenüber, zum anderen vereint es beide zu einem Ganzen.[23] Und darin finden sich menschliche Grunderfahrungen wieder: Die Harmonie des Wechsels von Hell und Dunkel, von Tag und Nacht, bestimmt den Lauf des menschlichen All-Tags.

Schwarz oder Weiß – total

Wenn wir also davon ausgehen, daß sich, unserer sinnlichen Erfahrung nach, beide Farben gegenseitig bedingen, wie reagiert dann das Auge auf totale Helligkeit oder totale Finsternis? In beiden Situationen ist das Auge blind. Denn im Extremfall der alleinigen Herrschaft von Licht oder Finsternis findet der Sehsinn keinerlei sichtbare Hinweise auf die Umwelt.

Die Blindheit des Auges bei totaler, oder fast totaler Dunkelheit, ist wohl jedem geläufig. Orientierungslosigkeit bzw. ein Zurückgeworfensein auf den Tastsinn ist die Folge. Ein Zustand von ausschließlicher Helligkeit gehört nicht unbedingt zu unserem Erlebnisbereich, ist aber dennoch erfahrbar – etwa in einer schattenlosen Schneelandschaft: Weiß, nur Weiß, kein Haus, kein Baum, kein Strauch, nicht einmal der Horizont gibt dem Auge einen Halt. Denn wo die Schneefelder an den bedeckten aber hellen Himmel stoßen, ist keine Trennungslinie, kein Horizont erkennbar. Der Sehsinn ist so auf eine gleichbleibende Helligkeitsempfindung einge-schränkt; er ist irritiert und das wiederum führt zur Verunsicherung des Gleichgewichtssinnes. Wer einen solchen Verlust an räumlicher Orientie-rung in schattenlosem Schnee erlebt hat, weiß gewiß, was mit »schneeblind« gemeint ist.

Unsere Augen sind nicht auf den Extremfall eingerichtet, vielmehr auf die gegenseitige Unterstützung von Hell und Dunkel. So wirken sie beispiels-weise »kontrastverstärkend« – helle Kanten von Flächen im Sichtfeld werden noch heller und dunkle noch dunkler, um durch diese verstärkte Trenn-schärfe das räumliche Orientieren zu erleichtern.

Unser Auge selbst produziert also Schwarz und Weiß. Wir wollen das erproben:

Wir fixieren die schwarze Kreisfläche *(Bild 2, S. 29)*, indem wir etwa bis zu 20 Sekunden konzentriert auf die Mitte dieser schwarzen Fläche sehen. Danach wird der Blick auf den kleinen Punkt darunter gerichtet. Zu sehen ist jetzt eine weiße Kreisfläche, die noch heller leuchtet als das Weiß der Buchseite. Wie ist ein solches Phänomen, allgemein als »Nachbild« be-zeichnet, zu erklären?

Zunächst spürt man bei diesem Versuch, daß die Augen sich nur widerwillig auf einen Punkt konzentrieren lassen. Unser Blick ist auf Wandern einge-stellt; die Rezeptoren der Netzhaut wollen unaufhaltsam beschäftigt sein. Das hat in unserem Fall zur Folge, daß die in der Zeit der Blickfixierung

ungenutzte Kapazität der Weißempfindung gespeichert und dann erfahren wird, wenn sich schließlich die Blickrichtung ändert.

Die ungewöhnlich einseitige Reizung des Auges durch eine dunkle Fläche und der daraus resultierende Kontrast einer leuchtenden Helligkeit ist der Eigenproduktion des Auges zu verdanken. Das Auge ist auf Ausgleich der Spannung zwischen Hell und Dunkel gerichtet.

»Es ist die ewige Formel des Lebens, die sich auch hier äußert. Wie dem Auge das Dunkle geboten wird, so fordert es das Helle; es fordert Dunkel, wenn man ihm Hell entgegen bringt, und zeigt eben dadurch seine Lebendigkeit, sein Recht, das Objekt zu fassen, indem es etwas, das dem Objekt entgegengesetzt ist, aus sich selbst hervorbringt.« (Goethe)[24]

Das erlebte weiß leuchtende Nachbild setzt das Auge mit aller Kraft durch: Auf weißem Papier erscheint ein noch helleres Weiß – hell wie eine Lichtquelle. Um das zu erreichen, agiert das Auge mit einer weiteren, ihm eigenen Fähigkeit: der auch an anderer Stelle erwähnten »Maskierung des Umfeldes«. Das Weiß des Papieres wird als Empfindung gedämpft, um somit das produzierte Weiß des Nachbildes eine Zeitlang hell aufleuchten zu lassen. Man entdeckt auf diese Weise die Kraft des Auges als die einer Lichtquelle.

Sorgt auch unser Sinnesorgan für einen Ausgleich zwischen Schwarz und Weiß, wenn ihm das erforderlich scheint, so schließt das nicht aus, daß es spezifische Eigenschaften der beiden Farben in ihrer Gegensätzlichkeit unterstützt. Unsere Augen demonstrieren, daß Schwarz die Eigenschaft besitzt, sich zusammenzuziehen und Weiß umgekehrt zu expandieren.

»Ein dunkler Gegenstand erscheint kleiner als ein heller von derselben Größe. Man sehe zugleich eine weiße Rundung auf schwarzem, eine schwarze auf weißem Grund, welche nach einerlei Zirkelschlag ausgeschnitten sind, in einiger Entfernung an, und wir werden die letztere etwa um ein Fünftel kleiner als die erste halten.« (Goethe)[25] (*Bild 3* und *4*)

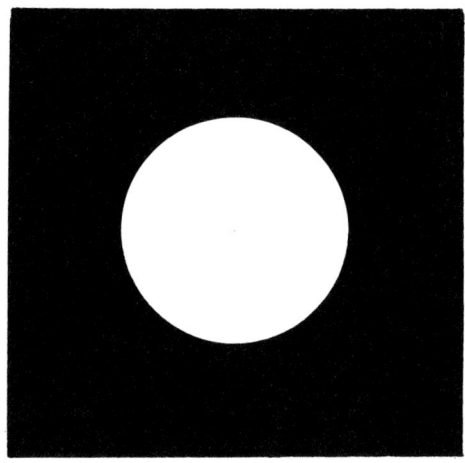

Die Kraft zur Ausweitung nimmt das weiße Rund aus seinem starken Reflektionsvermögen, mit dem es das einfallende Licht weitergibt. Insoweit verhält sich das Schwarz kraftlos passiv. Man kann das aber auch so deuten, daß das Schwarz in partnerschaftlicher Weise die Lichtkraft des Weißen, wie keine andere Farbe, unterstützt. Später werden wir bei der Besprechung einer Rembrandt-Grafik auf die vom Schwarz unterstützte Lichtkraft des Weißen näher eingehen.

Wer aber das Phänomen der »weißen Expansion« als eine »optische Täuschung« bezeichnet, beurteilt das Gesehene mit dem Zentimetermaß, während für die visuelle Wahrnehmung allein das Augenmaß gilt.

»Das Auge täuscht sich nicht, es handelt gesetzlich.« (Goethe)[26]

Wir können hinzufügen: Die Gesetzmäßigkeit des Sehprozesses bestimmt die Gesetze der Ästhetik. Wer also mit Hilfe der Farben kommunizieren will, ist gefordert, sich der Fähigkeiten seiner Augen bewußt zu werden.

Dennoch: Die sinnliche Erfahrung reicht nicht aus, uns das »absolute Schwarz«, das »absolute Weiß« vorzustellen. Die Voraussetzung fehlt: Das Sehen ist nicht dafür eingerichtet. So bleibt für uns das astrophysikalische »schwarze Loch« im All, aus dem keinerlei Lichtsignale zu uns entweichen, eine Metapher; so auch das Weiß als »ein Nichts, welches vor dem Anfang, vor der Geburt ist« – wie es Kandinsky sagt.

Farbempfindung und Wahrnehmung

Schwarz und Weiß, Licht und Schatten treten in unserem Auge als Mitglieder eines Ensembles gewöhnlich miteinander auf, ergänzen sich zu einem Bild von einer Umwelt von Dingen. So auch von Dingen, deren Eigenschaft es ist, schwarz oder weiß zu sein. Das ist der Alltag unser visuellen Wahrnehmung.

Es muß zunächst irritieren, wenn dennoch ein schwarzer Gegenstand auch weiße Empfindungen auslösen kann, wie umgekehrt ein weißer dunkle Empfindungen. Der scheinbare Widerspruch löst sich auf, wenn wir dafür ein Beispiel inszenieren: Ein matter, weißer Wollpullover liegt auf der blanken Oberfläche eines schwarzen Marmortisches. Beide werden von kräftigem Sonnenlicht erfaßt. Die Marmorplatte reflektiert – wenigstens teilweise – die blendende Helle des Lichtes. Die matte und genoppte Oberfläche des Textils hingegen kann trotz ihrer Weiße das Sonnenlicht nicht im gleichen Maße zurückgeben. So wird die blanke schwarze

Oberfläche des Marmors an den Stellen, die das Sonnenlicht reflektierend an das Auge des Beobachters fast ohne Einbußen weitergeben, blendend hell erscheinen – heller als das matte Weiß des Textils.

Ein weiteres Beispiel: Ein weißer undurchsichtiger und ein schwarzer lichtdurchlässiger Gegenstand, etwa schwarzer Tüll, werden gleichermaßen nebeneinander gegen das Sonnenlicht gehalten. So wird der undurchsichtige Gegenstand trotz seiner weißen Farbe zur dunklen Silhouette. Der lichtdurchlässige Tüll hingegen läßt die Kraft der gleißenden Sonne dem Betrachter sichtbar werden. Somit wirkt das transparente Schwarz in dieser Szene verhältnismäßig hell gegenüber der weißen Fläche im Schatten des Gegenlichts.

Wir unterliegen hier keiner sogenannten »optischen Täuschung«, wie dies gerne und vorschnell in populärwissenschaftlichen Veröffentlichungen von ähnlichen visuellen Phänomenen behauptet wird. Vielmehr enthält ein solch scheinbarer Widersinn ein gutes Maß an visuellen Informationen, die über die farbigen Eigenschaften der beobachteten Gegenstände hinausgehen.

Wir kennen die Erscheinung eines Gegenstandes an seinen charakteristischen visuellen Merkmalen – etwa an Form, Größe, Textur, Körperhaftigkeit – nicht zuletzt an Farbe und Helligkeit. Die Farbe, das Helle und dessen Gegenpol, das Dunkle, sind die Reize, welche unser Auge als Lichtsignale der gegenständlichen Umwelt empfängt und mit denen wir die anderen Merkmale interpretieren. Es sind die visuellen Elementarien, aus denen das Sehen entsteht.

Und ob wir nun »schwarz oder weiß«, »hell oder dunkel«, »Licht oder Finsternis« sagen, der Netzhaut unseres Auges sind diese Unterschiede fremd. Sie empfängt hellere oder dunklere Lichtreize.

»Nunmehr behaupten wir, wenn es auch einigermaßen sonderbar klingen mag, daß das Auge keine Form sehe, indem Hell, Dunkel und Farbe zusammen allein dasjenige ausmachen, was den Gegenstand vom Gegenstand, die Teile des Gegenstandes voneinander fürs Auge unterscheidet. Und so erbauen wir aus diesen dreien die sichtbare Welt…« (Goethe)[27]

Das soll heißen: Die millionenfachen Rezeptoren der Netzhaut können von der Außenwelt weiter nichts empfangen und weitergeben als Helligkeits- und Farbreize – in sich fortwährend verändernden Anordnungen. Diese Helligkeits- und Farbanordnungen deutet die Sehregion auf wundersame Weise als die sichtbaren Dinge um uns, als deren Formen, Größe, Oberflächenbeschaffenheit, Körperhaftigkeit, als deren räumliche Position und natürlich auch als deren Farbe und Helligkeit.

Das menschliche Sehen ist die Fähigkeit, aus dem Chaos einer Unmenge von sich fortwährend verändernden Elementen die Ordnung eines ganzheitlichen Blickraumes herzustellen. Es ist die Fähigkeit eines »intelligenten Systems«.[28]

Die genannten visuellen Merkmale der Gegenstände, die uns deren Wiedererkennung, deren Beschreibung und Darstellung ermöglichen, sind voneinander unabhängig. Dennoch kann die Wahrnehmung eines der Objektmerkmale auch eine zusätzliche Information über ein weiteres Merkmal vermitteln.

Die Veränderung der Farbe des Gegenstandes ist in den oben demonstrierten Beispielen genau der Tatbestand, der zusätzliche Informationen über den jeweiligen Gegenstand zu vermitteln vermag: So besagt die gleißende Helligkeit auf dem Marmortisch des ersten Beispiels, daß der Marmor zum einen schwarz, zum anderen von einer extrem glatten Oberfläche ist. In diesem Zusammenhang fragt Ludwig Wittgenstein: »Könnten nicht auch glänzendes Schwarz und mattes Schwarz verschiedene Farbnamen haben?«[29]

Im zweiten Beispiel läßt der helle Teil des schwarzen Tülls erkennen, daß dieser Stoff sehr lichtdurchlässig ist. So wird auch hier durch die Veränderung der Farbe eine weitere Information über den Gegenstand gegeben, über seine Materialität: die Transparenz.

Wir haben es also in beiden Fällen nicht mit einer Augentäuschung zu tun. Im Gegenteil, das Sehsystem kann aus der veränderten Erscheinung einer Körperfarbe einen Nutzen ziehen.

Goethe hat sich bei vergleichbaren Farberscheinungen, auf die an anderer Stelle noch einzugehen ist, gegen die Verwendung von Begriffen wie »Scheinfarben«, »Augentäuschungen« und »Gesichtsbetrug« gewehrt: »… weil sie dem gesunden Auge angehören, weil wir sie als die notwendigen Bedingungen des Sehens betrachten, auf dessen lebendiges Wechselwirken in sich selbst und nach außen sie hindeuten.«[30]

So können wir sagen, daß die Sehempfindung durch den Empfang der Außendaten ausgelöst wird, die eigentliche Wahrnehmung aber erst nach Verarbeitung dieser Daten im Gehirn vollzogen wird. Da dies ein ganzheitlicher Prozeß ist, werden die Empfindungen gewöhnlich nicht reflektiert. Ist jedoch dieser ganzheitliche Prozeß unterbunden, können Farbempfindungen bewußt gemacht werden.

Ein drittes Beispiel: Wir haben vor uns einen weißen Würfelkubus. Dessen eine Seite wird vom Sonnenlicht erfaßt, eine zweite befindet sich im Halbschatten und die dritte einsehbare Seite wird vom einfallenden Licht nicht erreicht und liegt im Schatten. Kein Zweifel, drei unterschiedlich helle Flächen werden nicht als solche wahrgenommen. Wahrgenommen wird ein weißer Würfel.

Anders ergeht es dem Betrachter, der durch die Sehschlitze eines Wandschirms immer nur Teile einer Seite dieses Würfels zu sehen bekommt. Er bestimmt seine Farbempfindungen: Weiß, Hellgrau und Dunkelgrau. Eine derartige Einschränkung des natürlichen Blickraumes verhindert visuelle Wahrnehmung, die normalerweise eine Wahrnehmung im Kontext des ganzen Blickraumes ist.[31] Dennoch, das sollte man anmerken, ein solcher Versuch schärft das sinnliche Empfindungsvermögen.

Das Beispiel verdeutlicht, daß es gerade die Veränderung der Körperfarbe durch die jeweilige Beleuchtung ist, welche die Körperhaftigkeit des Würfels unterstützt. Das Spiel von Licht und Schatten, von Weiß, Schwarz und ihren Zwischentönen ist mithin Voraussetzung für unser räumliches Sehen.

Hinsichtlich der bereits erwähnten Urphänomene Schwarz und Weiß, welche die drei Grundfarben erzeugen, hat Goethe, im philosophischen Kern seiner Farbenlehre, so argumentiert: »Das höchstenergetische Licht, wie das der Sonne, des Phosphors in Lebensluft verbrennend, ist blendend und farblos... Dieses Licht aber durch ein auch nur wenig trübes Mittel gesehen, erscheint uns gelb. Nimmt die Trübe eines solchen Mittels zu oder wird seine Tiefe vermehrt, so sehen wir das Licht nach und nach eine gelbrote Farbe annehmen, die sich endlich bis zum Rubinrot steigert.«[32] »Wird hingegen durch ein trübes, von einem darauffallenden Lichte erleuchtetes Mittel die Finsternis gesehen, so erscheint uns eine blaue Farbe.«[33]

Nach Goethe entstehen die Farben somit aus Schwarz und Weiß. Wenn auch diese Philosophie Goethes den physikalischen Einsichten nicht standhält (vgl. Kapitel »Blau«), so findet doch unser Bemühen, einen Grundkonsens über die Wahrnehmung von Farben zu suchen, in Goethes Überlegungen zu seinen jahrzehntelangen Beobachtungen farbiger Phänomene reichhaltige Anregung.

Leuchtende und beleuchtete Helligkeit

Für die Helligkeit der Farben gilt unserer Erfahrung nach: Weiß wirkt in der Regel heller als Gelb, Gelb heller als Rot, Rot heller als Blau und Blau heller als Schwarz. Dennoch erleben wir Situationen, in denen beispielsweise ein Gelb heller erscheint als Weiß: Bei winterlich strahlendem Sonnenlicht wirkt das vor uns liegende Schneefeld derart blendend, daß wir trotz schützender Sonnenbrille diese Helligkeit nur blinzelnd ertragen. Doch ein Blick in das gelbe Licht der Sonne beweist schlagartig, daß dieses gleißende Gelb noch um einiges heller ist als das Weiß des Schnees.

Wie verarbeitet das Sehsystem die Diskrepanz des helleren Gelbs zum weniger hellen Weiß? Der Versuch, trotz starker Belastung der Augen, diese Diskrepanz zu kontrollieren, führt dazu, daß der Schnee in Relation zum überaus hellen Gelb des Sonnenrunds hellgrau-violett erscheint. Das Schneeweiß wirkt also in diesem direkten Vergleich dunkler und kälter als das Gelb.

Wir können aus gutem Grund vom »weißesten Weiß« der Schneekristalle sprechen, denn ihre Kraft, einfallendes Licht weiterzugeben ist so groß, daß sich die Augen von seiner Helligkeit überaus belastet fühlen. Dennoch wird der Blick in die Lichtquelle, in das Gelb der Sonne, von noch stärkerer Helligkeit geblendet. Da nun Lichtintensität als ein Grad der Helligkeit empfunden wird, läßt das Auge im Umfeld des blendend hellen Gelbs die benachbarten Farben zurücktreten, so auch das Weiß des Schnees. Man spricht von »Maskierung« des Umfeldes. Aber das Weiß wird nicht nur zum Hellgrau gemindert, es wird auch im komplementären Kontrast zum Gelb violett »abgekühlt«. Das Schneeweiß wirkt also in diesem direkten Vergleich dunkler und kälter als das Gelb.

Ein Maler, der eine wie im Beispiel geschilderte winterliche Landschaft zum Motiv wählt und versucht, das Phänomen »Gelb ist heller als Weiß« möglichst naturgetreu ins Bild zu bringen, wird das, was er sieht, sehr genau studieren. Das Sonnengelb wird demzufolge als hellster Fleck auf seinem Bilde hervorgehoben sein und als Farbe des Schnees wählt er wahrscheinlich einen Ton zwischen Hellgrau und Blauviolett.

Der Betrachter des Bildes, wie auch der Maler selbst, ausgestattet mit der sinnlichen Erfahrung von blendender Helligkeit, die das Umfeld dunkler erscheinen läßt, wird im Ton des gemalten Hellgrau-Blauviolett den weißen Schnee erkennen. Das Phänomen der »Maskierung« im Anblick gleißenden

Lichts findet somit in der Malerei seine eigene Gestalt. Der Künstler verfügt nicht über die Helligkeit einer Lichtquelle.

Der erfahrbare Unterschied zwischen der gleißenden Helligkeit der Lichtquelle Sonne und gegenüber dem reflektierten Sonnenlicht eines weißen Gegenstandes ermöglicht mitunter auch ein differenziertes Verständnis gegenüber Texten. Wenn beispielsweise Jesus, nach Matthäus, verwandelt vor einigen seiner Jünger steht: »Sein Gesicht erstrahlte wie die Sonne, seine Gewänder wurden weiß wie das Licht« (Matthäus 17,2), so ist das »weiße Gewand« nicht zu verstehen, als wäre es von superweißer Qualität. Denn es handelt sich in diesem Kontext nicht um einen beleuchteten Gegenstand, vielmehr um ein Weiß von innen, um eine Lichtquelle.

Assoziationen

Die unmittelbare Erfahrung von Licht und Finsternis, von Weiß und Schwarz ist die Voraussetzung, um in bildlichen oder konventionellen Zeichen darüber zu kommunizieren. Doch ist es nicht nur die Erfahrung visueller Wahrnehmung einer hellen oder dunklen Mitwelt, weißer und/oder schwarzer Gegenstände und Bilder, die sich uns einprägen. Es sind auch Assoziationen, die uns begleiten, die geweckt werden, wenn wir dem »Hellen« und dem »Dunklen« sprachlich begegnen. Bildhafte wie verbale Vorstellungen stellen sich ein und lassen sich einander zuordnen. So weiß unsere sinnliche Erfahrung sehr wohl zu differenzieren, wie die beiden folgenden Gruppen von Worten belegen, die jeweils als Kontrastpaare erkannt werden:

Licht/Hell/Weiß	Finsternis/Dunkel/Schwarz
leuchtend	düster
leicht	schwer
strahlend	matt
heiter	traurig
Tag	Nacht
rein	getrübt
Geburt	Tod
plus	minus
schnee-weiß	tief-schwarz
Sonne	Schatten

Gegen diese Zuordnung der beiden Kolumnen, jeweils zu den Farben Weiß und Schwarz, werden sich kaum Einwände erheben. Denn teilweise bezeichnen sie erfahrene Eigenschaften der beiden Farben. Doch auch Eigenschaften aus anderen Sinnesbereichen – wie »leicht« und »schwer« – lassen sich über das Sehen erfahren, und wiederum andere Kontrastpaare – wie »Geburt« und »Tod« – sind kulturell-symbolisch mit den beiden Farben verbunden.

Sehr viel komplexer werden derartige Zuordnungen, wenn es sich darum handelt, Farben – wie hier Schwarz und Weiß – auf persönliche Gefühle und daraus folgernde Urteile zu beziehen. Farbpsychologische Befragungen und die statistische Mittlung der Ergebnisse sind Bemühungen, aus der Vielfalt der individuellen Antworten zu verallgemeinernden Aussagen zu kommen.

Aus der Fülle solcher Untersuchungsergebnisse zeigen wir eine Reihe von Assoziationen, die von den Befragten bevorzugt werden. Sie äußern mehrheitlich – in spontaner Weise – zur Farbe *Weiß*: Helligkeit, Licht, Sonne, Schnee, Wolken, Edelweiß, Milch, Zucker, Mehl, Salz, die eine oder andere weiße Blume – soweit es sich um Dinge der sinnlichen Erfahrung handelt. Als abstrakte Begriffe werden genannt: Reinheit, Sauberkeit, Unschuld, Vollkommenheit, schlichtweg das Gute und als konventionelles Zeichen, das der Neutralität.

Schwarz hingegen wird assoziiert mit: Finsternis, Tod, Trauer, Leere, Schwere, Enge, Bedrohung, Schwermut, Unglück – also mit Begriffen, die weniger der Beobachtung der Umwelt zuzuordnen sind, die vielmehr als seelische Zustände erfahren werden.[34]

Diese Beispiele der Verknüpfung von Weiß und Schwarz mit der seelischen und geistigen Verfassung eines Menschen zeigen bereits überdeutlich, daß bei Weiß und Schwarz getrennt wird zwischen positiven und negativen Befindlichkeiten. Von der Partnerschaft der beiden Farben, die im Physiologischen, in der Arbeit des Auges, zu beobachten war, scheint im Psychologischen nichts mehr auffindbar.

Auf die Frage nach der Lieblingsfarbe, bleiben Weiß und Schwarz abgeschlagen im hinteren Feld der statistischen Mittlung. Was in Bezug auf Weiß verwundert, denn es läßt ja fast nur positive Werte assoziieren. Hier ist zu vermuten, daß allgemein Weiß nicht als Farbe verstanden wird und die im Fachjargon übliche Bezeichnung »unbunte Farbe« trägt auch nicht zu deren Ansehen bei.

Es bleibt zu überlegen, wie man derartige Assoziationstests bewertet. Eine unterschiedliche Art der Befragung erzeugt auch unterschiedliche Ergebnisse. So wurde bei der Vorlage der Farbe – statt der alleinigen mündlichen oder schriftlichen Formulierung – bei den Befragten sehr viel stärker die sinnliche Erfahrung aktiviert. Es werden im Anblick der betreffenden Farbe vor allem andere Farben genannt, die mit der Vorgelegten in Beziehung stünden.

Auch wird immer wieder bestätigt, daß Tests zur Erkundung der jeweils bevorzugten Lieblingsfarben der Befragten nicht im Ergebnis übereinstimmen mit den ästhetischen Entscheidungen, welche die Betreffenden in ihrem Alltag treffen – etwa die Auswahl der Farben ihrer Kleidung oder der Einrichtung ihrer Wohnung.

»Schwarz-Weiß-Malerei«

Hiermit ist selbstverständlich nicht die Malerei gemeint, die sich auf die Farben Schwarz und Weiß beschränkt, auch nicht die Grafik, sondern die sinnbildliche Zuordnung der beiden extremen Positionen. Hier spielt Schwarz die Rolle des Bösen, Weiß die des Guten – um es vereinfacht auszudrücken.

Beginnen wir mit einigen Beispielen aus Mythologien und Religionen: Düster gemalt sind die Figuren der Unterwelt, Hades und Pluto mit dem dreiköpfigen Höllenhund Zerberus, des Charon, der als Fährmann die Schatten der Toten über den Fluß der Unterwelt fährt und der Hekate, der Göttin des Mondes, des Zaubers und der Hexen. Schwarz ist die Farbe der Unterwelt und des Todes – nach griechischer Mythologie.

Die Spannung, die zwischen dem Schwarz des Todes, der Trauer und dem Weiß der Auferstehung, dem ewigen Leben besteht, berührt nicht nur seit zweitausend Jahren die Christen. So wird in der vorchristlichen ägyptischen Kultur die Finsternis und das dafür stehende Schwarz nicht als ein Zeichen für ein absolutes Nichts, sondern vielmehr als Symbol für die Erneuerung der Seelen, für die Wiedergeburt der Toten verstanden.

Nach einer isländischen Saga leben die Verstorbenen weiter in hell erleuchteten Festsälen, und die schwarze Trauerkleidung der Angehörigen gilt der zeitweiligen Trennung und dem Schmerz darüber, daß die Lebenden die Festsäle nicht betreten können.

Eine Zuordnung der Farbe Schwarz zum Jenseits des Lebens, zum Tod, zum Nichts, in unserem Kulturkreis finden wir heute beim Farbpsychologen Max Lüscher wieder: »Schwarz ist die absolute Grenze, an der das Leben aufhört. Darum drückt Schwarz die Idee des Nichts aus. Schwarz ist die Verneinung gegenüber der Bejahung, die in Weiß als absoluter Freiheit… ihre höchste Steigerung erreicht.«[35]

Nun zu Weiß: Taube und Lamm sind die rituellen Opfertiere, die wie das unberührbare heilige Rind der Inder weiß sind. In China sind Reiher und Ibis heilige Vögel der Unsterblichkeit. In der griechischen Mythologie ist es Zeus, welcher der Europa als weißer Stier und der Leda als weißer Schwan erscheint. Im Christentum ist die weiße Lilie das Mariensymbol. Der Heilige Geist erscheint als weiße Taube und Christus wird als weißes Lamm symbolisiert.

Doch schwarz ist die Kaaba eingekleidet, der gewaltige Würfel, in sich einen schwarzen Meteoriten bergend, in der Moschee von Mekka, dem Hauptheiligtum des Islams. Ein schwarzer Gegenstand als Gegenstand religiöser Verehrung? Es heißt aber, der Meteorit sei weiß vom Himmel gekommen; erst die Sünden der Menschen haben ihn schwarz werden lassen.

In der Alltagssprache finden wir diese Rollenverteilung für Schwarz und Weiß in vielerlei Metaphern wieder. Im Gegensatz zum Weiß stehen die »finsteren«, »dunklen« Sinnbilder auf der negativen Seite des sprachlichen Ausdrucks: »Schwarzer Humor« oder »schwarzer Freitag« für den 25. Oktober 1929, als an den Börsen der Vereinigten Staaten die Kurse ins Bodenlose fielen. Schwarz ist nicht nur die Farbe des Unglücks, sie steht auch sinngleich für »schlecht«, »böse«, »ungesetzlich«, »heimlich«, »verleumderisch«, »pessimistisch« u.ä. und in Redewendungen, wie: »schwarzes Schaf«, »schwarzer Tag«, »Schwarzhandel«, »schwarzer Markt«, »Schwarzarbeit«, »schwarzsehen«, »anschwärzen« oder als »schwarze Flagge« für Piraten, Anarchisten und später als Farbe der Faschisten.

Gerade mit diesen unversöhnlichen Positionen der schwarzen und weißen Metaphern wissen unsere Medien kräftige Schlagzeilen zu fabrizieren – etwa anläßlich von Verfehlungen einiger Ärzte: »Weiße Kittel sind wie weiße Wände: Sie reizen zum Anschwärzen.«

Bedenkenswert erscheint uns, daß die mit »schwarz« negativ besetzten Redensarten kaum positive Kontrastpartner in »weiß« besitzen. Einen »weißen Tag«, als einen glücklichen, oder »weißsehen«, als ein optimistisches Vertrauen in die Zukunft, sind unserem Sprachgebrauch fremd.

Kontrastpaare von Schwarz/Weiß finden wir als vereinbarte Zeichen – so die Rauchsignale bei der Papstwahl, die aus dem von der Außenwelt abgeschlossenen Konklave benutzt werden. Den Gläubigen auf dem Petersplatz in Rom wird durch schwarzen Rauch angezeigt, daß der gerade beendete Wahlgang ergebnislos geblieben ist und durch weißen Rauch, daß der damit letzte Wahlgang erfolgreich war. Auch hier hat Schwarz den negativen Part zu spielen.

Es erscheint nur folgerichtig, wenn konventionalisierte verbale Rollen, wie sie Schwarz und Weiß zugewiesen sind, sich in ritualisierten Ereignissen sichtbar farbig niederschlagen. So äußert sich Schwarz als Farbe der Trauer und des Schmerzes in Trauerkleidung und dekorativen Bekundungen. Weiß als Farbe der Reinheit und Gottesnähe findet in den Kleidern für Taufe, Erstkommunion, Konfirmation und Hochzeit ihren Ausdruck.

Bemerkenswert ist hierbei, daß, vom Taufkleid abgesehen, Weiß und Schwarz partnerschaftlich bei den genannten Ereignissen von den weiblichen und männlichen Teilnehmern getragen werden. Die Konfrontation von Schwarz und Weiß ist bei diesen Feierlichkeiten außer Kraft.

Von der weißen Soutane des Papstes bis zur sprichwörtlich »weißen Weste« sind wir auf die moralisch-ästhetische Bewertung dieser Farbe verwiesen. »Weiße Kragen« wiederum nehmen heutzutage Bezug auf den Beruf der Angestellten, die gewissermaßen eine saubere Arbeit verrichten.

Leider ist anzumerken, daß die Menschen zur Demonstration ihrer Auseinandersetzungen gerne Schwarz und Weiß als Farben der Konfrontation benutzen. Es ist eine Tragik der Geschichte, daß unter der verkürzenden Bezeichnung »Schwarz-Weiß« der Konflikt von Menschen ausgetragen wurde und noch wird, die verschiedener Hautfarbe sind. Richtig muß es heißen: Weiß gegen Schwarz. Das wiederum sagt: Herren gegen Sklaven, Reiche gegen Arme, Mächtige gegen Ohnmächtige – die Folge sind Menschenhandel, Apartheid, Unterdrückung und wütende Rassenkrawalle in unseren Jahrzehnten.

Und ist ein »schwarzer Herr« nicht arm und nicht ohnmächtig, so sind es die Intrigen eines »weißen« Jago, der Othello, den »Mohren von Venedig« vernichtet. So nach Shakespeare vor 400 Jahren.

Es kann nicht ausbleiben, daß das Verhalten der »Weißen« bei den »Schwarzen« eine Wirkung zeigt, die sich negativ auf die Farbe Weiß auswirkt. So zitiert Barbara Klie den Staatsmann und Dichter aus dem Senegal, Léopold Sengór, der in seinen Gedichten von seinen schwarzen Brüdern und Gefährten als »schwarze Löwen«, als Helden, spricht und von »schwarzem Lichtfleisch«, schwarzen Hostien. Hingegen ist ihm das Weiß zuwider, »weiß wie Langeweile, wie Elend und Tod«.[36]

Zu der gebräuchlichen Rollenverteilung vom »schlechten Schwarz« und »guten Weiß« sind einige wenige Ausnahmen zu nennen: So übernimmt das Weiß die Rolle des Unguten – als Farbe der Vampire, als »weiße Frau«, die unheilschwanger mitternächtlich erscheint, in der Literatur bei Adalbert Stifter und Thomas Mann als »weiße Finsternis« und in Hermann Melvilles Roman »Moby Dick« läßt der gejagte weiße Wal seine Jäger schließlich zu Tode kommen – der Schrecken ist weiß.

Die angenehme Seite des Schwarz sollten wir Nacht für Nacht erfahren, wenn uns heilbringender Schlaf Kraft für einen neuen Tag schenkt.

»DU HAST DIE LIDER MIR BERÜHRT,
ICH SCHLAFE OHNE SORGEN.
DER MICH IN DIESE NACHT GEFÜHRT,
DER LEITET MICH AUCH MORGEN.«[37]

Der Umgang mit Schwarz und Weiß

Dem Schwarz wird man zugute halten, daß es heutzutage in der Mode durchaus als chic angesehen wird. Und als Farbe festlicher Kleidung hat es Tradition; es wurde nicht nur als Zeichen der Trauer getragen.

Ist im Mittelalter das Tragen dunkler Kleidung besonders den Ärmeren vorbehalten, die sich farbiges Tuch nicht leisten können, so kann das Tragen schwarzer, aber auch grauer und brauner Kleidung, von symbolischem Ausdruck sein.

»Die aufrüttelnden Reden etwa der Hussiten, vom Kleiderluxus abzulassen und ein ehrsames Leben zu führen, veranlaßte die frommen Christen in Mitteleuropa für ein Jahrhundert (1400-1500) freiwillig die dunklen Farben der Armen zu bevorzugen.«[38]

Die schwarze Kleidung der Geistlichen, Ordensfrauen und -männer ist vermutlich gleichen Ursprungs – Zeichen der Demut und des Bekenntnisses zur Armut.

Hingegen soll die schwarze Robe der Richter und Anwälte für die Würde des hohen Gerichts stehen. Auch haben die verschiedensten Stände zu verschiedenen Zeiten den schwarzen Rock als Zeichen ihrer Gemeinschaft getragen.

»Die schwarze Farbe sollte den venezianischen Edelmann an eine republikanische Gleichheit erinnern.« (Goethe)[39]

In der Beliebigkeit der Wahl der Farbe finden wir heute einerseits eine überwiegend schwarze Kleidung bei festlichen Anlässen, als Ausdruck angemessenen Verhaltens, und andererseits bevorzugen Gruppierungen, wie etwa die Punks das Schwarz in Abgrenzung zur Gesellschaft und maskierte Anarchisten wie auch Neofaschisten als Kampfansage gegen die gesellschaftliche Ordnung. So sind dem Schwarz der Kleidung beliebige, gute und schlechte Attribute zugeordnet. Es wird durch wiederholten Gebrauch in bestimmter Form und bestimmter Absicht ritualisiert.

Sprechen wir vom Umgang mit Farben – hier von dem mit Schwarz und Weiß – ist auch auf die zentrale Rolle beider einzugehen, die sie bei den Modellen des Farbmischens spielen. Wir sind es gewohnt, Schwarz und Weiß auf der Palette gemeinsam mit den Grundfarben als die Elemente des Mischens von Farbstoffen zu sehen. Und die Erfahrung sagt uns, daß Schwarz und Weiß gemischt Grau ergibt. Doch daß die drei Grundfarben Rot, Blau und Gelb (als Malfarben) vereinigt, ebenfalls zum Grau führen, läßt den einen oder anderen erstaunen (vgl. Kapitel »Grau«).

Zu den Lichtfarben: Wird das farblose Sonnenlicht durch ein Prisma gebrochen, entsteht die wunderbare Leuchtkraft der Spektralfarben. Werden diese wiederum gebündelt, erscheinen sie, wie zuvor als »weißes« Licht – richtiger als farbloses Licht. Diese Rückgewinnung des Lichtes erreichen wir ebenfalls mit den drei Grundfarben: In einem verdunkelten Raum werfen wir mittels dreier mit roten, blauen und gelben Filtern versehenen Projektoren farbiges Licht auf eine weiße Wand. In der Schnittfläche der drei Lichtkegel verschwinden die Farben; wir sehen weiß.

Diese sogenannte »additive Mischung« von Lichtfarben addiert Licht zu Licht. Halten wir andererseits drei transparente Farbfolien gegen eine Lichtquelle, wird durch die »subtraktive Farbmischung« die Stelle, an der Rot, Blau und Gelb übereinander lagern, lichtundurchlässig; wir sehen schwarz.

Der sachgerecht zu verstehende Nachsatz »wir sehen schwarz« zeigt in auffälliger Weise, wie wenig sich Sprache wertfrei verhält; sie ist mehrdeutig und angereichert mit menschlichen Vorurteilen. Wie sehr davon das Schwarz in Mitleidenschaft gezogen ist, hat wohl die Vielzahl der zitierten Redewendungen belegt.

Doch besonders berührt ist man, wenn ein Maler das Schwarz mit Worten straft: »Schwarz macht alle Farben schmutzig...« So Philipp Otto Runge in seinem Brief an Goethe.[40] War das nun ein »black out« oder vom Künstler nur unzureichend differenziert ausgedrückt?

Dazu einige Äußerungen von Ludwig Wittgenstein aus den »Bemerkungen über die Farben«:[41] »Runge sagt, daß Schwarz ›schmutzt‹: was heißt das?

Ist das eine Wirkung des Schwarzen auf's Gemüt? Ist hier eine Wirkung der Beimischung der schwarzen Farbe gemeint?«

Wir haben Vorurteile die Verwendung der Wörter betreffend.

Die sprachlichen Mittel, mit denen »Schwarz und Weiß«, »Hell und Dunkel«, »Licht und Finsternis« beschrieben werden, haben ihren wohl-differenzierten Sinngehalt, werden jedoch mitunter synonym eingesetzt. Der Kontext, in dem sie stehen, macht das deutlich. So verkündet der Prophet Zefanja die Unglücksbotschaft des Herrn über Juda und die Völker: »Der Tag des Herrn ist nahe, …ein Tag des Dunkels und der Finsternis, ein Tag der Wolken und der schwarzen Nacht« (Zefanja 1,14.15). Diese Reihung im biblischen Text von »Dunkel«, »Finsternis«, »schwarz« und »Nacht« ist fraglos synonym zu verstehen und somit sind die Begriffe austauschbare Teile einer Sinnkette; und als Ganzes stehen sie gleicher-maßen symbolisch für das drohende Unheil und sollen in dieser einpräg-samen Art der Reihung Angst und Schrecken, aber auch Bußfertigkeit bewirken.

Anders ist folgende Aussage zu bewerten: »Das Licht geht aus, der bislang helle Raum wird dunkel, obwohl die Wände weiß gestrichen sind.« Die hier vergleichbaren Begriffe sind sehr differenziert eingesetzt: »Licht« ist eine Lichtquelle, »hell« beschreibt einen Zustand und »weiß« meint einen Farbstoff. In dem Satz sind die drei genannten Worte nicht ohne Schaden austauschbar.

In diesem Zusammenhang ist anzumerken, daß Hell/Dunkel einen Kontrast darstellt, der auf alle Farben zu deren Bestimmung anwendbar ist. So sagt der Maler, er »dunkle eine Farbe ab« oder »helle sie auf«. Er wird aber kaum sagen, daß er sie »schwärze« oder »weiße«, obwohl es seine Absicht ist, der betreffenden Farbe etwas Schwarz bzw. Weiß beizumischen.

Mögen unsere sprachlichen Mittel auch nicht hinreichen, Schwarz und Weiß, Hell und Dunkel voll auszuleuchten, sie bleiben doch Hilfsmittel genug, um uns über Farben und Hell/Dunkel zu verständigen. Zeigen wir doch bei Nennung einer Farbe nicht nur auf konkrete Gegenstände, die so gefärbt sind, vielmehr ist es vor allem unser visuelles Gedächtnis und unsere bildhafte Vorstellungskraft, die sie sinnlich vergegenwärtigt. Ein gewisses Maß an regelhaftem gemeinsamen Vorrat an sinnlichen Grunderfahrungen von Farben macht Kommunikation über sie möglich.

Biblische Symbolik

Weiß wird erfahren als das Licht der Sonne und in der Zusammenführung aller Lichtfarben werden diese wieder zum Weiß summiert. Weiß ist Anfang und Ende der Spektralfarben. Weiß wird zum Symbol erhoben: als Abglanz göttlichen Lichts ist es Verklärungsfarbe, Farbe der Seligen, der Engel, der Auferstehung.

Licht und Finsternis, Hell und Dunkel, Schwarz und Weiß finden sich im Alten wie im Neuen Testament als Träger von Bedeutung, von Sinnbildern und auch als charakteristische Eigenschaft von Dingen – und das in vielfältiger Weise.

Das Weiß wird auch an Gegenständen festgemacht, für die es charakteristisch ist, symbolisch erhöht zu werden. So schreibt man dem Salz Unheil abwehrende Kräfte zu: »Ihr seid das Salz der Erde« (Matthäus 5,13). »Das Salz ist etwas Gutes… Habt Salz in euch und haltet Frieden untereinander« (Markus 9,50).

Und wie bereits gesagt: Die weiße Lilie wird zum Mariensymbol. Der Heilige Geist erscheint als weiße Taube und Christus wird als das weiße Lamm symbolisiert.

Zu Symbolen religiösen Lebens werden die Begriffe »Licht« und »Finsternis«: »Wehe denen, die das Böse gut und das Gute böse nennen, die die Finsternis zum Licht und das Licht zur Finsternis machen« (Jesaja 5,20). Oder im Paulusbrief an die Kolosser, wenn darin den Gläubigen die befreiende Erlösung von »der Macht der Finsternis« (Kolosser 1,13) zugesagt wird.

Damit wird aus dem sinnlich erfahrbaren Bild der Finsternis, als des passiven Nichtlichts, das Sinnbild der aktiven »Macht des Bösen«. Von Paulus wird das Böse im Menschen im gleichen Brief benannt als: »die Unzucht, die Schamlosigkeit, die Leidenschaft, die bösen Begierden und Habsucht, die ein Götzendienst ist« (Kolosser 3,5). »Zorn, Wut und Bosheit; auch Lästerungen und Zoten« (Kolosser 3,8). Die Apostelgeschichte stellt dann eine personale Verbindung zur Finsternis und zum Licht her: »Sie sollen sich von der Finsternis zum Licht und von der Macht des Satans zu Gott bekehren« (Apostelgeschichte 26,18).

Wird hier von »metaphorischer« und von »symbolischer« Verwendung der Hell-Dunkel-Begriffe gesprochen, also von sinnbildlichen Vergleichen und von sinnbildlichen Erhöhungen, dann ist zu ergänzen, daß in Bibeltexten diese Begriffe auch als charakteristisches Merkmal ohne eine sinnbildliche Funktion verwendet werden: »Gott ist Licht, und keine Finsternis ist in ihm«

(1 Johannes 1,5). Der Text benutzt hier die Polarität von »Licht-Finsternis« nicht in symbolischer Absicht. Vielmehr wird das Licht als Wesensmerkmal Gottes dargestellt, das Dunkelheit ausschließt. Die symbolische Polarität von »Licht« und »Schatten«, »Hell« und »Dunkel«, »Weiß« und »Schwarz« entspricht menschlichen Vorstellungen und ist Gott wesensfremd. Aus derartigen charakteristischen Merkmalen können analoge Symbole entstehen.

Mit Jesus wird das göttliche Licht, das keine Dunkelheit kennt, in die Welt – soll heißen: zu den Menschen – gebracht: »Ich bin das Licht der Welt« (Johannes 8,12). »Ich bin das Licht, das in die Welt gekommen ist, damit jeder, der an mich glaubt, nicht in der Finsternis bleibt« (Johannes 12,46). Auf die Menschen bezogen erhalten demzufolge »Licht« und »Finsternis« eine abstrahierende Funktion. Sie stehen im Kontext des Johannes-Evangeliums für »Glauben« und »Unglauben« und sind demnach Symbole.

Die Entscheidung, ob Schwarz oder Weiß die sichtbare Eigenschaft eines Dinges meint, ob diese farbige Eigenschaft als eine auf etwas Nichtvisuelles übertragene, metaphorisch zu verstehen ist oder ob diese Eigenschaft zu einem Symbol erhoben wird, um etwas auf hoher Abstraktionshöhe zu bezeichnen, ist jeweils aus dem Kontext des Auftretens zu fällen.

»Der Herr macht meine Finsternis hell«, könnte als Dankgebet verstanden werden, etwa nach Heilung eines Augenleidens: »hell« stünde dann synonym für »Sehen«, »Finsternis« für »Blindheit«: Hell-Finsternis bezeichnen somit das ganz konkrete Geschehen. Es könnte aber auch statt eines physischen Leidens ein psychisches gemeint sein, dann wären Hell-Finsternis als sinnbildliche Übertragung zu verstehen, als ein Wie-Vergleich vom Visuellen auf das nichtvisuelle seelische Befinden.

»Ja, du bist meine Leuchte, Herr. Der Herr macht meine Finsternis hell« (2 Samuel 22,29).

Die obige Aussage ist im Kontext des Dankgebetes von David zu sehen. Mit ›Finsternis‹ wird offensichtlich irdische Mühsal und eigenes menschliches Versagen gemeint und »hell« wird Davids Zustand. Beide Worte werden zu Symbolen erhoben.

»Die Mitte der Nacht ist der Anfang des Tages« (J. Zink).[42] Man kann das Zitat zunächst deuten als ein Bild der Rhythmik partnerschaftlichen Wechsels von Dunkel und Hell. Doch auch hier ist der symbolische Kontrast der beiden gemeint. Denn Jörg Zink ergänzt diese Worte eines alten Hymnus, indem er so fortfährt: »Die Mitte der Not ist der Anfang des Lichts.«

Haben wir im profanen Leben die verbale Rollenverteilung von Schwarz und Weiß verfolgt, so finden wir diese Zuordnung des Guten wie des

Schlechten in biblischen Texten bereits vorgezeichnet. Zu ihren farbintensivsten Visionen gehört die »Offenbarung« des Johannes. Darin werden künftige kosmische Katastrophen in kräftig düsteren Farben gemalt: »Da entstand ein gewaltiges Beben. Die Sonne wurde schwarz wie ein Trauergewand und der ganze Mond wurde wie Blut« (Offenbarung 6,12). Umso heller und leuchtender wird vor diesem bedrohlichen Hintergrund das Weiß zur Farbe der Verheißung: »... die ihre Kleider nicht befleckt haben; sie werden mit mir in weißen Gewändern gehen, denn sie sind es wert« (Offenbarung 3,4). »Sie durfte sich kleiden in strahlend reines Leinen. Das Leinen bedeutet die gerechten Taten der Heiligen« (Offenbarung 19,8). Die Kleider in ihrem strahlenden Weiß sind die Taufkleider der Gläubigen. Und zum Gericht über alle Toten heißt es: »Dann sah ich einen großen weißen Thron und den, der auf ihm saß« (Offenbarung 20,11).

Ein bemerkenswertes Phänomen charismatischer Wirksamkeit des Schwarzen finden wir in den unter der volkstümlichen Bezeichnung »Schwarze Madonna« bekannten sogenannten »Gnadenbildern«. Schwarze Darstellungen Mariens sind in vielen Wallfahrtsorten Gegenstand religiöser Verehrung. Die Entstehung der Schwärze dieser Bildnisse ist teils auf natürliche Einwirkung, teils auf ausdrückliche Einfärbung zurückzuführen. Eine theologische Deutung für diese positive Annahme des Schwarz wird mit dem Vers des Hohenliedes – auf Maria bezogen – begründet: »Ich bin zwar dunkel, aber lieblich...« (Hohelied 1,4).

Die liturgische Symbolik

Durch die symbolische Verknüpfung des Weiß mit der Auferstehungszusage erhält die Farbe den Charakter der Freude über die Unsterblichkeit. Damit wird das Weiß vom frühen Christentum bis zum Mittelalter zur Farbe, die frei ist von menschlicher Sterblichkeit. So wird in der katholischen Kirche im 6. Jahrhundert das Weiß für die Liturgie vorgeschrieben. Bis heute steht das liturgische »Weiß der Unsterblichkeit« in Auseinandersetzung mit dem ritualisierten »Schwarz der Sterblichkeit«.

Das Schwarz des Nichtlichts, das Weiß des Lichts und das aus ihm gewonnene Spektrum der Farben sind die Elementarien der visuellen Erfahrung. Und allein dem Licht ist diese sinnliche Erfahrung zu verdanken. Ist die biblische »Trennung des Lichts von der Finsternis« so zu verstehen, daß das Licht der erste Akt der Schöpfung ist, dann wird Helligkeit und Wärme zur Quelle allen Lebens und überwindet das Nichts.

Die Feier der Osternacht enthält ganz zentrale Symboliken der katholischen Liturgie. Die brennende Osterkerze wird in die dunkle Kirche hineingetragen. »Christus, das Licht der Welt« – das schwache Licht der Osterkerze gegen einen Raum von Dunkelheit. Der Gesang ist Deute- und Bekenntniswort für das Licht gegen die Finsternis.

Diese Symbolhandlung ist für die sinnliche Wahrnehmung dessen, was das Bekenntnis der Auferweckung der Toten meint, zentral. Indem Gott Jesus Christus aus dem Tod errettet, wird die Menschheit der Macht der Finsternis entrissen.

»Dies ist die selige Nacht, in der Christus die Ketten des Todes zerbrach und aus der Tiefe als Sieger emporstieg. Wahrhaftig, umsonst wären wir geboren, hätte uns nicht der Erlöser gerettet« (aus dem Osterlob – Exsultet –, das in der Liturgie der Osternacht gesungen wird). Und weiter heißt es von dieser Nacht: »Dies ist die Nacht, von der geschrieben steht: ›Die Nacht wird hell wie der Tag, wie strahlendes Licht wird die Nacht mich umgeben.‹ Der Glanz dieser heiligen Nacht nimmt den Frevel hinweg, reinigt von Schuld, gibt uns Sündern die Unschuld, den Trauernden Freude. Weit vertreibt sie den Haß, sie einigt die Herzen und beugt die Gewalten. In dieser gesegneten Nacht, heiliger Vater, nimm an das Abendopfer unseres Lobes, nimm diese Kerze entgegen als unsere festliche Gabe! Aus dem köstlichen Wachs der Bienen bereitet, wird sie Dir dargebracht von Deiner heiligen Kirche durch die Hand ihrer Diener. So ist nun das Lob dieser kostbaren Kerze erklungen, die entzündet wurde am lodernden Feuer zum Ruhme des Höchsten. Wenn auch hier Licht sich in die Rund verteilt hat, so verlor es doch nichts von der Kraft seines Glanzes. Denn die Flamme wird genährt vom schmelzenden Wachs, das der Fleiß der Bienen für diese Kerze bereitet hat… Darum bitten wir Dich, oh Herr: Geweiht zum Ruhm Deines Namens leuchtet die Kerze fort, um in dieser Nacht das Dunkel zu vertreiben. Nimm sie an, als lieblich duftendes Opfer, vermähle ihr Licht mit den Lichtern am Himmel. Sie leuchte bis der Morgenstern erscheint, jener wahre Morgenstern, der in Ewigkeit nicht untergeht: Dein Sohn, unser Herr Jesus Christus, der von den Toten erstand, der den Menschen erstrahlt im österlichen Licht; der mit Dir lebt und herrscht in Ewigkeit. AMEN.«[43]

Nacht und Tag, Finsternis und Licht sind symbolisch hochverdichtet. Wenn es um Tod und die Überwindung des Todes für uns Menschen geht, dann ist einerseits Nacht und Finsternis und andererseits Licht die zentrale Wahrnehmungsebene. Schwarz und Weiß sind nicht nur zwei Pole, vielmehr ist das Licht die Überwindung der Dunkelheit und damit auch die Überwindung des Todes. Licht bedeutet Ansage neuer Wirklichkeit, die von Gott geschaffen wird.

Das Auferweckungsereignis wird im Matthäus-Evangelium mit der Kategorie Helligkeit umschrieben: »Nach dem Sabbat kamen in der Morgendämmerung des ersten Tages der Woche Maria von Magdala und die andere Maria, um das Grab zu sehen. Und siehe, es entstand ein großes Erdbeben. Denn ein Engel des Herrn stieg vom Himmel, trat herzu, wälzte den Stein weg und setzte sich darauf. Sein Aussehen war wie der Blitz und sein Gewand weiß wie Schnee« (Matthäus 28,1-3; vgl. *Bild 24*, S. 184a).

»Ohne Licht kein Leben«, diese naturwissenschaftliche Aussage ist in die Symbolik des neuen Lebens durch Jesus Christus integriert. Das Unfaßbare wahrzunehmen und auszudrücken wird der intensiven Reflexion des Lichtes, der Farbe Weiß, überlassen. Wenn es überhaupt möglich sein soll, dies auszudrücken, dann ist es der Sieg des Lichtes über das Schwarz des Nicht-Lichtes. Wir Menschen sind in der Lage, in unserer psychischen Vorstellungskraft diese Zusage des Lichtes und die Erfahrung lichtvoller Phasen unserer Existenz imaginativ gegen dunkle Situationen, etwa der Trauer um die eigenen Eltern oder Kinder, entgegenzusetzen. Diese Möglichkeit zur Kontrastbildung ist physiologisch in uns angelegt und psychologisch beschreibbar.

Für die Verkündigung ist eine solche Lichterfahrung inmitten von Schmerz und Leid, von Unsicherheit und Grenzerfahrung bis hin zum Tod hilfreich zur Wahrnehmung der Überwindung der Finsternis. Imagination als Lenkung der Aufmerksamkeit durch Predigt, Katechese, durch persönliches Gebet oder Meditation auf das Licht hin ist möglich.

In der Liturgie taucht Hell/Weiß oft auf. Das weiße Taufkleid, das Erstkommunion- und Hochzeitskleid sind kommunikative Symbolhandlungen, um die Nähe zu Gott, die Gemeinschaft mit ihm, der Licht und Leben ist, auszudrücken.

Daß das Schwarz bei der Beerdigung vorherrschend ist, erscheint theologisch inkonsequent. Wenn das Bekenntnis stimmt, daß der Mensch durch den Tod hindurch verwandelt wird und Anteil bekommt am Sein Gottes – was ewiges Glück und ewiges Leben bedeutet – erscheint es zunächst inkonsequent, diese Totenfeier in schwarz zu begehen. Es entspricht aber dem Abschieds-, Trennungs- und Trauerprozeß, wenn im Schwarz diese Trauer ritualisiert und in dieser Form verwirklicht wird.

Nicht nur der Zustand absoluter Finsternis, sondern auch der Zustand absoluten Lichts hat – wie oben erwähnt – Orientierungslosigkeit zur Folge. Daß uns absolute Finsternis orientierungslos macht, erscheint plausibel, aber auch eine schattenlose Schneelandschaft ohne Horizont gibt unserem Auge keinen Halt.

In der Selbstwahrnehmung menschlicher Existenz kommen wir damit zu einer wichtigen Reflexion: Wir Menschen bedürfen der Erfahrung von Finsternis und Licht als sich gegenseitig ergänzende Erlebnisebenen. Wenn wir im Finstern sind, ist es wichtig zu wissen, daß Licht folgen wird. Sind wir im Licht, dann ist es gut, sich auch der Finsternis zu erinnern. Unsere Existenz unter den Bedingungen dieser Welt bedarf beider Erlebnisse. Die Hoffnung, aus dieser Zerreißprobe von Licht und Finsternis erlöst zu werden, ist Zusage Gottes. Wäre Wirklichkeitswahrnehmung immer nur lichtvoll, verlöre sie die Basis der dunklen Seiten des Lebens. Wer nur die Finsternis wahrnimmt, beraubt sich der Erfahrung der lichtvollen Perspektiven. Die eingangs dargestellte Polarität von Schwarz und Weiß – in ihrer gegenseitigen Abhängigkeit und Ergänzung – ist in der Seele des Menschen angelegt.

Das zentrale Bekenntnis des Christentums, daß Gott in Jesus von Nazareth Mensch geworden ist, der den Tod erlitten hat und durch die Auferweckung in das Sein Gottes hineingeholt wurde und uns auch hineinholt, meint: Gott ist im Konflikt von Licht und Finsternis, von Schwarz und Weiß anwesend; er kennt nicht nur Licht, sondern auch das Schwarz von Leiden und Tod. Gott in Dunkelheit heißt nicht göttliche Existenz im Dunkeln, sondern sein Erscheinen bleibt für den Menschen im Dunkeln.

»So spricht der Herr: Ich kleide den Himmel in Schwarz und hülle ihn in ein Trauergewand« (Jesaja 50,3). Vision der Offenbarung: »Die Sonne wurde schwarz wie ein Trauergewand…« (Offenbarung 6,12). – Menschen erfahren eigene Finsternis in Leidsituationen oder auch die existentielle Finsternis in der Frage »wozu bin ich überhaupt in der Welt, wenn ich sowieso wieder sterben muß« als persönliche Umfassung in der Dunkelheit. Diese Leidsituationen sind nicht nur Selbsterfahrung. Die Bibel erklärt sie auch dadurch, daß Gott selbst Finsternis und Unheil schafft.[44] Diese persönliche Erfahrung von Dunkelheit und Schwärze, die viele Menschen auch in depressiven Verstimmungen wahrnehmen, und die vermutlich keinem Menschen erspart bleibt, ist von Gott in die Schöpfung hineingestiftet. Man kann Gott nicht nur als den Gott des Lichtes darstellen.

Schwarz und Weiß in Bild und Wort

Wenn mit dem »Schwarz« die Ursprünglichkeit der Farbe gemeint ist, gewinnt es verdientes Ansehen; etwa wenn Faustens Schüler getrost nach Hause tragen mag »was man schwarz auf weiß besitzt.« In dem Goethezitat ist das Schwarz des Gedruckten gar höher zu gewichten als das Weiß des papierenen Grundes. Wie auch das Schwarz gerade durch die »schwarze Kunst« des Buchdruckens hohes Ansehen gewann.

Die Kunst der Grafik, in all ihren Fertigkeiten von der Zeichnung bis hin zur Druckgrafik, die Kunst des Schwarzen auf dem Weißen hat einen autonomen Rang neben der Malerei. Das Schwarz – denken wir an die Druckmedien – hat als Darstellungsmittel die Schrift, die Bildreportage, die Zeichnung in aller Welt verbreitet.

Die sich gegenseitig bedingenden hell/dunkel empfangenden Rezeptoren unserer Netzhaut sind im Verein mit einem Vierfarbensystem der anderen Rezeptoren diejenigen, die uns ein »farbiges Bild« von der Umwelt vermitteln. Auf ein vergleichbares Repertoire von Elementarfarben gründet sich die Malerei. Und schon ein Kind erfährt, wie es mit Hilfe eines Malkastens von nur fünf Farben – den drei Grundfarben Rot, Gelb, Blau und Schwarz und Weiß – alle ihm erdenklichen Farben mischen kann, um damit seine bildhaften Vorstellungen auf dem Papier zu verwirklichen. Der schlechte Ruf, den das verbale »Schwarz« und seine Sinnbilder besitzen, sollte der Malfarbe »Schwarz« fremd sein.

Im Vorfeld der Gestaltung ist die weiß grundierte Leinwand für den Maler nicht nur die Herausforderung, zu malen, wie der weiße Bogen Papier für den Schriftsteller, zu schreiben; die weiße unberührte Fläche ist ein ästhetischer Zustand. »Das Weiß klingt wie ein Schweigen, welches plötzlich verstanden werden kann. Es ist ein Schweigen, welches nicht tot ist, sondern ein Nichts, welches jugendlich ist oder, noch genauer, ein Nichts, welches vor dem Anfang, vor der Geburt ist«. (Kandinsky)[45] In diesem Zusammenhang meldet Wassily Kandinsky gegenüber dem Schwarz seine Bedenken an, natürlich seine subjektiven Bedenken: »Und wie ein Nichts ohne Möglichkeiten, wie ein totes Nichts nach dem Erlöschen der Sonne, wie ein ewiges Schweigen ohne Zukunft und Hoffnung klingt innerlich das Schwarz.«[46] Dieses düstere Bild vom Schwarz stimmt offensichtlich mit dem des oben zitierten Psychologen Max Lüscher überein.

Das von Kandinsky erwähnte »Erlöschen der Sonne« erlebt der Mensch vielleicht einmal in seinem Leben – als eine zeitweilige, also durchaus nicht hoffnungslose Sonnenfinsternis. Verdeckt der Mond für den jeweiligen Betrachter die lichtspendende Scheibe der Sonne, wird gerade die ungewohnte Finsternis am Tage in ihrer polaren Spannung zur vergehenden, aber wiederzuerwartenden Helligkeit erlebt – eine polare Spannung zwischen der »schwarzen Sonne« und dem schmerzlich zu vermissenden Licht. Dieser Schmerz des Vermissens hat in der Vergangenheit kultische Formen entwickelt, die von einer Störung der kosmischen Ordnung, dem Tod der Gestirne und somit von finsterer Ahnung auf ein Ende der Zeiten bestimmt sind. Eine Ahnung kann uns Adalbert Stifter, der eine solche Sonnenfinsternis im Juli 1842 erlebt hat, in anschaulicher Weise vermitteln: »Die Finsternis schleicht wie ein böses Tier heran. Und plötzlich werden alle Menschen aufgeschreckt und emporgerissen durch eine furchtbare Kraft und Gewalt der Bewegung, die da auf einmal durch den ganzen Himmel kam. Farben strömten aus, ein fürchterliches Rot, tiefes, kaltes, schweres Blau, spitze Lichtpyramiden gräßlich gelb, in Schwefelfarbe flammend, dann wieder in einem zarten furchtbaren Glanze. Farben, die nie ein Auge gesehen...«[47] Die Verfinsterung der Sonne und des Himmels ist in den biblischen Texten ein immer wiederkehrendes Thema – als Mahnung, Trauer und Ausdruck göttlicher Allmacht: »Die Sonne ist dunkel, schon wenn sie aufgeht, der Mond läßt sein Licht nicht mehr scheinen« (Jesaja 13,10). »Sonne und Mond verfinstern sich, die Sterne halten ihr Licht zurück« (Joël 2,10). Diese alttestamentlich-apokalyptischen Bilder nimmt das Neue Testament zur Schilderung einer kosmischen Katastrophe wieder auf (Matthäus 24,29; Markus 13,24; Apostelgeschichte 2,20 und Offenbarung 6,12). Und beim Tode Jesu drückt der Himmel seinen Schmerz aus: »Die Sonne verdunkelte sich« (Lukas 23,45).

Das schmerzliche Vermissen der Helligkeit in der schwärzesten Periode deutscher Geschichte – der Judenverfolgung in den zwölf Jahren der Naziherrschaft – läßt Nelly Sachs in ihren Versen erkennen:

»DIE SCHNEEBEERE ZERBRICHT

AM SCHWARZEN ACHAT DER NACHT

TRAUMBESUDELT –

KEIN REINES WEISS AUF ERDEN –«[48]

In anschaulicher Weise gelingt es dem polnischen Schriftsteller Andrzej Szczypiorski die Abhängigkeit der Nacht von der Helligkeit des Tages zu schildern. Die Hauptperson seines Romanes »Den Schatten fangen«, der Jüngling Krzy's, vermißt im Winter das Erlebnis der Nacht: »Ein Wintertag bestand aus einem dunklen Morgen, an dem der Himmel so aussah wie mit Schlagsahne gepolstert, den kurzen Stunden des Tages... und schließlich aus langen, nicht enden wollenden Abenden, die aber keine Nacht waren... der Tag dauerte an, ein bißchen künstlich und dadurch störend, ein Tag, der sich der Natur widersetzte und den Platz nicht räumen wollte...« Die späten Abende des Sommers hingegen genoß der Knabe. »Die Dächer der Häuser, meist grau oder schwarz, schimmerten jetzt wie Kupfer und Gold. Dann erlosch alles, die Nacht fiel vom Himmel herab in immer dichter werdende Dunkelheit.«[49] So wird der helle Tag als Voraussetzung der dunklen Nacht erlebt. Der Kontrast der beiden existiert darin, daß sie sich gegenseitig bedingen.

Auch die Geschichte der Malerei ist ohne die partnerschaftliche Spannung von Hell und Dunkel, von Weiß und Schwarz nicht denkbar. Hier sei nur an die Epoche der »Spanier« von El Greco bis Francisco Jose de Goya erinnert, in deren Gemälden zuweilen das Schwarz und das Weiß eine tragende Rolle spielen.

Spricht man hingegen vom »Meister des Helldunkel«, dann wird auf Rembrandt Harmensz van Ryn verwiesen. Er durchbricht das ungeschriebene Gesetz der bisherigen Malerei, die helle Farbe zum Hervortreten und die dunkle für den Hintergrund zu benutzen, und er setzt beispielsweise auch das Schwarz als ein gewichtiges Element der Komposition im Vordergrund seiner Bilder ein. Wir werden später mit der Besprechung eines seiner Werke dieses Kapitel schließen.

Die Malerei des 20. Jahrhunderts hat sich vom »Helldunkel« gelöst und den Farben zur Autonomie verholfen. Die elementare Farbigkeit setzt sich als eigener Wert durch und dazu gehören auch die Farben Schwarz und Weiß. Will man als Exempel ein Bild zitieren, kann dies das von Max Beckmann sein: »Selbstbildnis im Smoking« (1927). In dieser Komposition aus Schwarz, Weiß, Ockerbraun, Goldgelb und Grau dominiert das blockhafte Schwarz des Smokings, verstärkt durch das Weiß von Kragen, Hemdbrust und Manschetten, um dem Antlitz und den Händen des Malers kontrastreichen Ausdruck zu geben. Schwarz und Weiß sind nicht mehr nur Mittel des räumlich wirkenden Helldunkels, sie haben als Farbe Eigenständigkeit erworben. Beckmanns Farbigkeit wird in vielen seiner Gemälde durch schwarze Konturierungen – oft wie Pinselhiebe aufgesetzt – gebändigt und verdeutlicht. So erahnt man allein in seinen farbigen Werken den hohen Rang seiner grafischen Kunst.

»Der Triumph der graphischen Künste rückt in ein tragisches Licht, wenn wir das Geständnis von George Grosz hören..., am Ende seines Lebens, als er wegwollte von dem Bitterschwarz der Satire, das ihn so berühmt gemacht hatte; zurückwollte zu den Farben, wieder Maler werden wollte – und es nicht mehr konnte: ›Ich habe zuviel gehaßt‹.«[50]

Die Emanzipation von Schwarz und Weiß in der Malerei mußte Goethe zu seiner Zeit fremd erscheinen, denn »überhaupt strebten die Menschen in der Kunst instinktmäßig jederzeit nach Farbe«[51].

»Ein Kunstwerk schwarz und weiß kann in der Malerei selten vorkommen. Einige Arbeiten von Polydor geben uns davon Beispiele, sowie unsre Kupferstiche und geschabten Blätter. Diese Arten, insofern sie sich mit Formen und Haltung beschäftigen, sind schätzenswert; allein sie haben wenig Gefälliges fürs Auge, indem sie nur durch eine gewaltsame Abstraktion entstehen.«[52]

Ist es im Selbstporträt Beckmanns das Schwarz der Figur, welches das Bild beherrscht, so kann das Schwarz anderer Bilder eine durchaus dienende Rolle spielen. Etwa als Farbe des Grundes eines Plakates leistet es kraftvolle Unterstützung, um die darauf gesetzten Helligkeiten und Farben zur vollen Entfaltung kommen zu lassen. Um einer farbig gestalteten Botschaft zu einer möglichst ungeteilten Aufmerksamkeit zu verhelfen, bedient man sich häufig des kontrastverstärkenden schwarzen oder bei dunklen Farben des weißen Grundes. Überall da, wo die Farbe als gestalterisches Mittel verwandt wird, ist das Schwarz eine Farbe unter anderen Farben; sie ist mit keinem schlechten Leumund behaftet, wie das im Bereich der Sprache der Fall ist.

Ist auch Goethe das gleichberechtigte Mittun von Schwarz und Weiß in der Malerei nicht vorstellbar, so betont er andererseits die Bevorzugung dieser beiden Farben bei den Zeitgenossen seines Standes: »Gebildete Menschen haben einige Abneigung vor Farben. Es kann dieses teils aus Schwäche des Organs, teils aus Unsicherheit des Geschmacks geschehen, die sich gern in das völlige Nichts flüchtet. Die Frauen gehen nunmehr fast durchgängig weiß und die Männer schwarz.«[53]

Diese Wechselwirkung von Hell und Dunkel, von Schwarz und Weiß gehört zur Physiologie unseres Sehens. Und ebenso ist diese Polarität ein Wesensmerkmal menschlicher Verständigung in Wort und Bild, sowohl in der Schilderung unserer Mitwelt als auch deren Symbolik. Doch alle Erscheinungsformen von Schwarz und Weiß sind eingebunden in den Zusammenhang ihrer Wahrnehmung, in einen Kontext. Denn für »Schwarz« und »Weiß« als Werte an sich steht uns als nüchterner Sachverhalt lediglich der Meßwert der physikalischen Optik zur Verfügung: Flächen, die zwischen 80% und 90% des auffallenden Lichts reflektieren, werden »weiß« genannt und Flächen, die nicht mehr als 3% bis 5% reflektieren, erscheinen schwarz.

Jesus inmitten der Jünger –
eine Zeichnung von Rembrandt aus dem Jahr 1634[54]

Ehe wir uns dem Bild Rembrandts zuwenden, sehen wir aus diesem einen Bildausschnitt mit dem Jesuskopf (*Bild 5*): Wir erkennen zunächst die Materialität schwarzer Lineaturen auf weißem Grund – dem Weiß des Papieres. Die wie flüchtig gesetzte Kontur umreißt das Profil des Gesichtes; der Blick scheint auf etwas gerichtet, das sich als schwarze Fläche ankündigt. Noch wirkt die Zeichnung des Kopfes schemenhaft, noch nicht voll in Zeit und Raum angekommen. Es fehlt jemand, der deutlich macht, was dieser Kopf an Botschaft trägt.

Erweitern wir dann den Ausschnitt der Zeichnung (*Bild 6*), so werden die Konturen deutlicher durch flächig Dunkles, das dem Weiß Bedeutung gibt: es wird zum Licht. Die Figur Jesus ist jetzt vom Licht durchdrungen – die Helligkeit von oben und nach oben ist ohne Grenze. Sein Gesicht ist der Dunkelheit zugewandt, aus der zwei Menschen herausmodelliert sind. Die Zuwendung der beiden zu dem, der zu ihnen spricht, der etwas erläutert, wie es die Geste der Hand anzeigt, stellt Gemeinschaft durch Kommunikation her.

Doch erst die Ganzheit des Werkes (*Bild 7*) – Rembrandt hat es 28jährig geschaffen – offenbart die Meisterschaft der Helldunkel-Komposition. Die von Dunkelheit umschlossene Gruppe der Jünger mit ihrem Meister leuchtet in Helligkeit. Die Helligkeit des Lichts, das die Darstellung Jesu ausstrahlt und die Jünger beleuchtet, wird durch die dunklen Silhouetten des Vordergrundes verstärkt. Das Bild wirkt durch seine allseitig eindringende Dunkelheit. Eine umfassende Dunkelheit, die erschlagen könnte, wäre nicht jenes gebündelte Licht, das von Jesus ausstrahlt und sich in den Gesichtern der Jünger niederschlägt. Er, der Meister, ist ganz in der dunklen Welt – der dunkle Rand grenzt ihn ab von der Transzendenz.

Läßt man sich eine Weile auf die Betrachtung des Bildes ein, wirkt die lichtvolle Darstellung des Jesuskopfes und besonders das von diesem ausgehende Strahlenbündel als Höhepunkt des Hellen; er ist die Quelle des Lichts. Erscheint doch an dieser Stelle das Papier weißer als an allen anderen weißen Partien. Erst die meisterliche Formulierung des Dunklen gibt dem strahlenden Licht Gestalt. Es ist ein kommunizierendes Licht: die Lichtquelle, der Kopf des lehrenden Meisters, beleuchtet nicht nur die Gruppe der Jünger; das Licht scheint von deren Gesichtern zu reflektieren – als Ausdruck der Erleuchtung.

Rembrandts Darstellung der Jünger entspricht einer realistischen Einschätzung einer Gruppe von Menschen – wohl auserwählter, aber eben Menschen mit ihren Schwächen. Mitten im Kreise der andächtigen Jünger liegt einer von ihnen, im Zentrum des reflektierenden Lichtes scheint er zu ruhen – gibt es ihm der Herr im Schlaf? Ein anderer wendet seinen Blick zum Betrachter des Bildes – ist er geblendet vom Licht des Meisters?

Im Kontext des Bildganzen erscheint jetzt der Kopf Jesu in einem anderen Licht als es zuvor der Ausschnitt (*Bild 5*) erkennen ließ: Gegen das Licht zeichnet Dunkelheit Konturen. Jesus verbleibt nicht im gleißenden Licht des Göttlichen, das nicht wahrnehmbar ist. Gott nimmt die Konturen eines menschlichen Kopfes an. Die Umrisse fangen das Licht ein wie Ränder und dennoch – das Licht läßt sich nicht domestizieren. Das Dunkle gewinnt nicht Übermacht.

Die vorgeschalteten Bildausschnitte scheinen begründet, indem sie uns veranschaulichen: formal – wie aus Weiß Helligkeit wird, wie das Helle zu Licht, ja zur gleißenden Lichtquelle wird und inhaltlich – wie aus der Richtung des Blickes Kommunikation, wie Verkündigung wird.

»Ich bin das Licht, das in die Welt gekommen ist« (Johannes 12,46): nicht halb, sondern ganz eingetaucht in die Dunkelheit. Wer ihn schaut, wird angestrahlt – die schwarzen Rücken erreicht er nicht.

DAS BILD LEHRT ZU GLAUBEN:
DU BIST DAS LICHT DER WELT.
DU GIBST MIR KONTUREN.
DU GIBST MIR GESICHT,
DAS DIE DUNKELHEIT MIR VERWEIGERT:
ERLÖSUNG.

Rot

Herzblut und Glutrot

»Am Anfang war das Rot. Es ist die erste Farbe, der der Mensch einen Namen gibt, die älteste Farbbezeichnung in den Sprachen der Welt. In manchen Sprachen ist das Wort für ›farbig‹ identisch mit dem Wort für ›rot‹, so beim spanischen ›colorado‹... Im Hebräischen haben die Worte Blut und Rot denselben Ursprung... Bei den Eskimos bedeutet Rot wörtlich übersetzt ›wie Blut‹. Beide Erfahrungsbereiche haben in allen Kulturen zu allen Zeiten existentielle Bedeutung«.[56]

Allein und losgelöst von jeglicher Aussage, wie das Wort über diesem Kapitel steht, können die Gedanken, bildhaften Erfahrungen und Empfindungen, die von »Rot« ausgehen, überaus vielfältig sein: Geweckte Assoziationen beziehen sich auf Dinge, deren charakteristische Eigenschaft rot ist, auf die verschiedensten Namen von Farbstoffen, die man alle unter »Rot« einzuordnen hat, auf Gefühle, die sich mit dem Reiz des Roten verbinden, auf Konventionen, die mit dem Signal »Rot« verknüpft sind, auf Analogien und Symbole, die etwa – sehr vereinfachend benutzt – jemanden als einen »Roten« bezeichnen, auf physische Anzeichen, ein Erröten, als

Ausdruck einer seelischen Erregung oder einer Krankheit, etwa der Röteln, auf die für unsere Vorfahren so wertvollen Materialien, wie Eisenoxid, roten Purpur, Karmesin, die in den Eingangszitaten genannt sind, oder auch nur auf die Empfindung, die uns die Netzhaut als Farbe vermittelt und die wir »rot« nennen.

Eine solche Empfindung »rot« wird uns von der Umwelt gewöhnlich eingebettet in ein vielfältiges Ensemble von Farben geliefert. Doch wie läßt sich eine »totale Rotempfindung« erzeugen? Man richtet die Augen mit gesenkten Lidern gegen das Licht der Sonne. Deren intensive Strahlen dringen kraftvoll durch die dünne Fleischwand dieser Augenjalousie, deren Durchblutung wie ein Farbfilter wirkt. Die Netzhaut erzeugt ein berauschend strahlendes Rot. Ein Rot, das pulsiert, denn sowohl das durchleuchtete Blut wie auch die Augen sind in Bewegung. Konzentriert man sich für einige Augenblicke auf diese totale Rotempfindung und läßt dabei seiner bildhaften Phantasie Raum, mag man sich wie in ein makro- oder auch mikrokosmisches Urereignis eingetaucht fühlen. Ein solches oder ähnliches Roterlebnis läßt sich jedoch nur für kurze Zeit ungetrübt genießen, dann erschöpft sich langsam die Kraft der Rezeptoren und die zunächst beherrschende Rotempfindung schwächt sich zusehends ab bis sie gänzlich versiegt.

Ein derartig inszeniertes »blutrotes« Ereignis bleibt vorab auf die Wahrnehmungsebene sinnlicher Empfindung beschränkt. Gehen die Überlegungen weiter, ist nach dem zu fragen, was die Sinne uns an Sinn vermitteln. Der Sinngehalt einer Farbempfindung ist zunächst bei dem Ding zu suchen, dessen visuelle Eigenschaft von der Farbe ist, die uns das reflektierte Licht vermittelt. Eine solche Farbe steht um so mehr für eine bestimmte Sache, wenn sie charakteristisch für deren visuelle Erscheinung ist.

So ist die Farbe Rot unbestreitbar ein charakteristisches Merkmal für das menschliche Blut. Sicher machen auch andere Dinge für sich geltend, von roter Farbe zu sein, jedoch für das Blut ist allein das Rot kennzeichnend, und jede andere Farbe ist als Merkmal ohne Belang. Selbst die Erfahrung eines braunen Fleckes getrockneten Blutes läßt keine Gedankenverbindung von »braun« zu »Blut« aufkommen.

Das Rot als Erkennungsmerkmal für Blut ist dieser Flüssigkeit derart sinnlich/gedanklich verbunden, daß es auch als Farbe den Analogien zu »Blut« verpflichtet bleibt. So assoziieren wir in der Folge das Rot über »Herz-Blut« mit »Herz« und weiter über die »Verbindung der Herzen« mit der »Liebe«. »Rot ist die Liebe«, sagt der Volksmund. Und schenkt man aus diesen Beweggründen Rosen, so sind es nach der Konvention »rote Rosen«, oft auch als solche besungen.

In der ursprünglichen Verknüpfung vom Ding mit seiner charakteristischen Eigenschaft folgt diese Eigenschaft »rot« auch den einzelnen Gliedern der Analogiekette, um den entstehenden Abstraktionen farbigen Ausdruck zu verleihen.[57]

Wenn auch in anderer Weise als das ›Blutrot‹, ist das Rot mit elementaren Ereignissen verbunden. So werden Sonnenauf- und -untergang als ein intensives Roterlebnis erfahren. Hierbei ist es nicht von Belang, zu wissen, daß das Licht der Sonne farblos bzw. weiß ist und sie nur durch Streuung ihres Lichts in der Erdatmosphäre zu dem wird, was man gern als einen glutroten »Sonnenball« bezeichnet.

Es sind also sehr irdische Erfahrungen der Glut des Feuers, des erhitzten Metalles oder der Lavamasse eines ausbrechenden Vulkans, die wir wiederum mit dem »Glutrot« verbinden, obwohl die farbige Erscheinung dieser Ereignisse des öfteren orange ist (vgl. Kapitel »Orange«).

Von Wangenrot bis Rosenrot

Die archetypischen Phänomene des »Blutroten«, »Glutroten« und des »Feuerroten« bewirken das Erregende dieser Farbe, im Gegensatz zum konträren Grün, welches eher als beruhigend empfunden wird. Daß die von der Farbe »rot« ausgehenden Empfindungen »erregend« wirken, kann auch in Umkehrung seine Bestätigung erfahren. Nicht nur als Wirkung, sondern auch als Ursache kann Erregung wiederum Rot auslösen. Derart ist das »Wangenrot« Anzeichen eines inneren Erregungszustandes. Die menschliche Psyche zeigt gewissermaßen »Farbe«.

Dafür stehen beispielhaft biblische Textstellen. So heißt es von Moses: »Er verließ den Pharao, rot vor Zorn« (Exodus 11,8). Und Daniel spricht: »Ja, Herr, uns steht die Schamröte im Gesicht,… denn wir haben uns gegen dich versündigt« (Daniel 9,8). Der Prophet Nahum schildert sehr bildhaft die Anzeichen von Begierden und Ängsten der Menschen: »Es wanken die Knie, ein Zittern in allen Hüften, alle Gesichter glühen rot« (Nahum 2,11).

Und so hat Dostojewski die seelischen Tiefen, Ängste, Sehnsüchte, Freuden und Widersprüche seiner Romanfiguren eindringlich in Worten veranschaulicht. Über »Wangenrot« in all seinen Ursprüngen und Varianten der Erscheinung ist beispielsweise im »Idioten« zu lesen. Im Gespräch mit dem Titelhelden, Fürst Myschkin, werden die Gefühlsregungen von Aglaja immer wieder »farbig ins Bild« gebracht: sie war »plötzlich ganz rot geworden« und »je mehr sie errötete«, desto mehr schien sie über sich selbst zu zürnen, dann wiederum war sie »ganz rot vor Freude« und später »errötete (sie) nicht mehr, sondern wurde bleich«[58]. An anderen Stellen dieses Romans wird die Wangenröte qualifiziert als »Feuerrot« oder »Rot wie ein Krebs«. Immer ist das Rot in diesen Zusammenhängen ein Indiz innerer Erregung und das aus den unterschiedlichsten Ursachen, wie aus Zuneigung, Freude, Zorn, Verlegenheit oder eines fiebrigen Zustandes. Differenzierte Varianten des Errötens können auch an anderen Stellen des erwähnten Werkes erfahren werden.

Wie die Ursachen des menschlichen »Rotwerdens« nicht prinzipiell einem bestimmten Bereich der Emotionen zugeordnet werden können, so fällt es schwer, über die belebende und erregende Wirkung hinaus die Rotempfindung als positiv oder negativ besetzt einzugrenzen. Der Grund des Errötens ist aus dem jeweiligen Zusammenhang zu interpretieren. Die Wirkung der Farbe Rot ist im Kontext ihres Auftretens zu beurteilen. Offensichtlich gibt es eine Wechselwirkung zwischen dem Zustand der Erregung und der Erscheinung »rot«. Denn – das zeigen Untersuchungen – wenn man auf Testpersonen rote Farbe wirken läßt, erhöhen sich deren Atmungsfrequenzen und Pulsschlag.[59] Das erregende Moment als Ausdruck menschlicher Vitalität findet wiederum im Rot die charakteristische Farbe. Das demonstriert uns Eugen Drewermann in der tiefenpsychologischen Deutung des Grimmschen Märchens von »Schneeweißchen und Rosenrot«. Im Kontrast und in Partnerschaft zu den Attributen der Farbe Weiß werden im Märchen die Anlagen des Kindes Rosenrot umschrieben: »Schneeweißchen war stiller und sanfter als Rosenrot. Rosenrot sprang lieber in den Wiesen und Feldern umher, suchte Blumen und fing Sommervögel; Schneeweißchen hingegen aber saß daheim bei der Mutter, half ihr im Hauswesen oder las ihr vor, wenn nichts zu tun war.«[60] In seiner Deutung faßt Drewermann die Charakteristika beider Farben zusammen: »Die Farben ›Rot‹ und ›Weiß‹ sind, psychologisch, Seelenfarben, Färbungen der Seele in ihrer Gegensätzlichkeit und Einheit: ›Rot‹ steht farbsymbolisch für kraftvolle Vitalität und lebhafte Unternehmensfreude, ›Weiß‹ für den Willen nach Reinheit und Zurückhaltung.«[61] Beide Pole des Daseins – Erfahrung und Unschuld, Liebe und Bewahrung – »schließen sich nicht aus, sondern gehören zusammen... Das Märchen von ›Schneeweißchen und Rosenrot‹ will gerade zeigen, daß beide Strebungen, das ›Rote‹ wie das ›Weiße‹ zusammenkommen müssen, um den ganzen Menschen zu verwirklichen...«[62] – soweit Drewermann.

Rot – wie »Rosenrot« – steht hier für die Vitalität des Lebens. Und »Rot ist die Liebe« – das sagt nicht nur der Volksmund. Das Rot findet seinen höchsten Grad symbolischer Inhalte: Gottesliebe und Menschenliebe. Doch ist der »Liebes«-Begriff in unseren Tagen stark sexualisiert worden, und das hat die Symbolkraft des Rot entsprechend eingeengt. So wird das rote Signal zum Hinweis auf »käufliche Liebe« im Viertel der Prostituierten. Das zeigt modellhaft den Verfall eines Symbols. Damit ist an dieser Stelle keine moralische Bewertung gesellschaftlicher Verhältnisse gemeint, sondern die Gegenbewegung zur Bildung eines Symbols – von der konkreten Erscheinung bis hin zur Abstraktion – zurück auf die Ebene eines spezifischen Zeigzeichens, das also eine bestimmte Örtlichkeit markiert.

Das »rote Tuch«

Dem einen oder anderen Tier sagt man nach, daß es auf Farben reagiere, die Insekten auf die Farbigkeit der Blumen, der Stier in der Kampfarena wutschnaubend auf das rote Tuch des Toreros, die »Muleta«. Ob der Stier disponiert sei, auf das Rot aggressiv zu reagieren oder die Ursachen dafür andere sind, soll hier dahingestellt bleiben. Immerhin wird diesem Tier nachgesagt, daß sein Farbsehen nicht stark ausgebildet sei und seine Reaktion eher von Bewegungen ausgelöst werde. Sicher aber sind es die Menschen, die das Schauspiel des Stierkampfes lieben, die geneigt sind, im Zusammenhang einer solchen Veranstaltung dem Tier die Wirkung des »Rotsehens« zuzuschreiben. Es ist hingegen wahrscheinlich, daß der Zuschauer mit dem »Blutrot« seine eigene Stimmung und Erwartung auf das zum Tode verurteilte Tier zu übertragen versucht; die Gereiztheit des Tieres dient dem Menschen als Ersatzhandlung. Er, der Zuschauer ist es, der »rotsieht« und dessen Blut in Wallung gerät.

Eine derartige Wirkung auf Mensch und Tier schreibt Goethe im besonderen Maße dem gelblichen Rot zu, dem Zinnober: »Das angenehme heitre Gefühl, das uns das Rotgelbe noch gewährt, steigert sich bis zum unerträglich Gewaltsamen im hohen Gelbroten.«[63] »Man darf eine vollkommen gelbrote Fläche starr ansehen, so scheint sich die Farbe wirklich ins Organ zu bohren. Sie bringt eine unglaubliche Erschütterung hervor… Die Erscheinung eines gelbroten Tuches beunruhigt und erzürnt die Tiere. Auch habe ich gebildete Menschen gekannt, denen es unerträglich fiel, wenn ihnen an einem sonst grauen Tage jemand im Scharlachrock begegnete.«[64]

Man muß Goethe zugestehen, daß sein Urteil über diese Farbe das des hochgebildeten Mitteleuropäers seiner Zeit ist, der gegenüber Menschen anderer Schichten, anderer Völker und auch anderen Alters nicht vorurteilsfrei ist: »Die aktive Seite ist hier in ihrer höchsten Energie, und es ist kein Wunder, daß energische, gesunde, rohe Menschen sich besonders an dieser Farbe erfreuen. Man hat die Neigung zu derselben bei wilden Völkern durchaus bemerkt. Und wenn Kinder, sich selbst überlassen, zu illuminieren anfangen, so werden sie Zinnober und Mennig nicht schonen.«[65]

Geht es um die Frage des ästhetischen Urteils über Farben im zeitlichen Wandel, so müßten wir uns heute, nach Goethes damaliger Einschätzung, als Angehörige eines »wilden Volkes« betrachten. Wissen wir uns doch an der Verwendung reiner elementarer Farben durchaus zu erfreuen, so auch des Rot. Gewöhnt sind wir allemal daran, sei es durch die Malerei, die Mode, durch das Farbfernsehen, die Werbung usw.

Doch wenn Goethe die Beobachtung macht, daß sich das Rot ins Auge zu bohren versucht, so ist das kein zeitgebundenes ästhetisches Urteil, sondern ein optisches Phänomen. Die Explosivkraft des Rots spiegelt sich heute in dem umgangssprachlichen »Knallrot« wider, das durchaus nicht negativ besetzt ist.

Im Gegenteil, Rot wird an bevorzugter Stelle genannt, wenn die Frage nach der Lieblingsfarbe gestellt wird. Nach empirischen Untersuchungen ist es bei den Versuchspersonen die Gruppe der »bis 18jährigen«, welche diese Farbe favorisieren. Daß sich gerade junge Menschen mit dem Rot identifizieren, dem man nachsagt, daß es warm, erregend, auffallend, aktiv, gar explosiv und aggressiv sei, erscheint plausibel. Bei den folgenden Altersgruppen wird dann mehr und mehr die »Farbe der Erwachsenen«, das Blau, bevorzugt und das Rot fällt als Lieblingsfarbe auf die zweite Stelle zurück.[66]

Ein Urteil über die von Goethe bezeichnete »sinnlich-sittliche Wirkung der Farbe« sollte die jeweiligen Bedingungen ihrer Wahrnehmung berücksichtigen, ehe man der Wirkung eine bestimmte Qualität zuschreibt. Am Beispiel des »roten Tuches« wird deutlich, daß Stierkämpfe Ausdruck einer lang geübten Tradition sind, die den Menschen in der sicheren Position des Zuschauers das erregende Urschauspiel vom Jagen und Gejagtwerden als Ersatzhandlung bietet. Das »rote Tuch« ist ritueller Teil des blutigen Schauspiels. Und als solcher wird der Ausdruck der Farbe in Wechselwirkung verstärkt: Das »blutrote« Empfinden beim Zuschauer kommt der Aufgabe des roten Tuches entgegen, und in Umkehrung ist es dieses Ritual, welches wiederum die Sinnverknüpfung der Rotempfindung mit »Blut«

bestätigt. Das Beispiel des »roten Tuches« gibt uns somit zu bedenken:

– »Rot« ist zunächst die visuelle Eigenschaft des Objektes Tuch. Aus dem genannten Kontext gelöst, kann diese Farbe als willkürlich gewählt und absichtslos erscheinen. Doch auch kontextfrei erregt das Rot Aufmerksamkeit – als ein ästhetisches Ereignis.

– Im Kontext des Stierkampfes hingegen steht das »rote Tuch« als ritualisiertes Zeichen stellvertretend für »blutrot und aufreizend«. Es erfüllt somit im Vollzuge dieses Schauspiels eine traditionell zweckgebundene Aufgabe.

– Dieses Ritual wird analog als sinnbildliches Zeichen, als Metapher verwandt; sagt man von jemandem, daß er wie ein »rotes Tuch« auf einen wirke, heißt das, auf drastische Weise seine Abneigung auszudrücken.

Demnach ist das rote Tuch zunächst ein farbiges Objekt und nicht mehr. Dann wird es in einem bestimmten Kontext als ein Zeichen für etwas verstanden, um schließlich als eine Metapher auf die Bewertung von zwischenmenschlichen Beziehungen übertragen zu werden.

Der zweifelhafte Reiz des Stierkampfes ist es offensichtlich, daß der Torero als Ersatz für die historischen Reiterkämpfe auf Tod und Leben, Mann gegen Mann, sein Blut riskiert. Hingegen wird uns bei der Inszenierung von blutigen Ereignissen auf der Bühne, im Film oder Fernsehen durchaus bewußt, daß dies mit Hilfe von Ketchup oder Ähnlichem bewerkstelligt wird. Das menschliche Blut wird zeichenhaft dargestellt. Dennoch wird in einem solchen dramatisierten Zusammenhang das erzeugte Rot vielfach von so emotionaler Wirkung, daß beim Zuschauer die Grenze zwischen Zeichen und Wirklichkeit zeitweilig aufgehoben scheint.

Blutrot, Feuerrot

Die Assoziation von Rot und Blut hat somit zur Folge, daß Aggression, Gewalttätigkeit und Krieg mit dieser Farbe oft verbunden werden. So war dem Kriegsgott Mars die Farbe Rot zugesprochen und der Mars ist der »rote Planet«. Und rot ist das Heer Gottes, das der Prophet der sündigen Stadt Ninive ankündigt, um diese zu vernichten: »Rot leuchtet der Schild seiner Helden. Seine Krieger sind in Scharlach gekleidet... Ihr Anblick gleicht Fackeln...« (Nahum 2,4.5).

Aus der Verbindung von Rot und Blut entspringt auch die von Rot und Leben. Begleitet doch die Sichtbarwerdung des roten Blutes den Menschen ein Leben lang: Geburt, Beschneidung, Monatsbluten, Blutspenden, Blutanalyse, Verletzung, Operation, Verbluten, Tod und biblisch vom Opferlamm bis hin zu Christi Blut, der Gnade neuen Lebens: »...durch sein Blut haben wir die Erlösung, die Vergebung der Sünden nach dem Reichtum seiner Gnade« (Epheser 1,7).

Die enge Sinnverknüpfung des Rot mit »Blut« ist aber nicht allein von einem wirklichen Sachzusammenhang oder von dem sprachlichen Kontext einer Aussage abhängig. Bei lexikalischer Sondierung von Wortverbindungen, die der Benennung von Pflanzen und Tieren dienen, wie Blutalge, Blutauge, Blutbuche, Blutfink, Blutlaus, Blutwurz, wird deutlich, daß »Blut« für Dinge steht, deren charakteristische visuelle Eigenschaft eine rote bzw. teilweise rote Farbgebung ist. Die Farbe von »Blut« wird hier synonym für »rot« benutzt.

Eine entsprechend enge Sinnverknüpfung zwischen »Rot« und den eingangs genannten Elementarien »Sonne« und »Feuer« läßt sich nicht ermitteln. Wie wir sehen werden, aus gutem Grund. So stehen beispielsweise Wortverbindungen mit »Sonne« in einem ambivalenten Verhältnis zu »Rot«. Während »Sonnenuntergang«, »Sonnenbrand«, »Sonnenball« die Farbe Rot assoziieren, ist dies bei »Sonnenblume« das Gelb. Unsere sinnliche Erfahrung entscheidet hier über die sprachliche Verknüpfung.

Im übrigen ist zu bedenken, daß das Sonnenlicht selbst jeweils als farblos bzw. weiß, als gelb, als orange oder rot empfunden wird. Wenn das Rot der Sonne auch die gelegentliche Ausnahmeerscheinung darstellt, hinterläßt dies bei uns einen sehr prägenden Eindruck. Das mag insofern plausibel erscheinen, weil das Auge den direkten Anblick des blendend weißen Lichts, mitunter auch des leicht getrübten gelben Lichts, als unerträglich empfindet, eben als »blendend«. Demgegenüber ist das morgendliche oder abendliche Licht der Sonne in seiner Rotfärbung ein Labsal für das Auge. Das Eintauchen in ein alles durchdringendes »Sonnenrot«, etwa eine Landschaft durch ein rotes Glas gesehen, bewegt Goethe zu Worten von übersinnlicher Vorstellungskraft: »Das Purpurglas zeigt eine wohlerleuchtete Landschaft in furchtbarem Lichte. So müßte der Farbton über Erd und Himmel am Tage des Gerichts ausgebreitet sein.«[67]

Und Rot verdichtet sich zur Farbe des Todes, folgt man den Worten Shakespeares in »Julius Cäsar«: »O, Abendsonne, wie du in roten Strahlen sinkst zur Nacht, so hier in rotem Blut sank Cassius' Tag.«

Der Begriff des »Feuers« hat ebenfalls ein zwiespältiges Verhältnis zum »Rot«. Dennoch assoziieren wir eine solche Sinnverknüpfung, wenn unsere sinnliche Erfahrung entsprechende Hilfe leistet. So lassen die Wortverbindungen wie »Feuersglut«, »Feuersbrunst« oder »Feuerwehr« – weil hierzulande Fahrzeuge und Gebäude der Feuerwehr von roter Farbgebung sind – durchaus »rot« assoziieren.

Und selbst Abstraktionen wie »Fegefeuer« und damit in Sinnverknüpfung »Hölle« und »Teufel« sind vorherrschend mit der Farbe Rot besetzt. So tritt der Teufel meist im Kostüm eines »roten Teufels« auf die Bühne. So besetzen auch Laster und Satan die Farbe Rot. Der Volksmund drückt das so aus: »Roter Bart – Teufels Art« oder »Rote Haare – Gott bewahre«.[68]

Sind menschliche Zustände der Erregung verknüpft mit Wallungen des Blutes, wie oben bereits erwähnt, so verfügt unsere Sprache über eine Reihe von Metaphern, die vom »Feuer« hergeleitet sind, um solche Zustände zu beschreiben: ein »feuriges« oder »heißblütiges« Temperament, eine »brennende« Leidenschaft, ein »anfeuernder« oder »flammender« Appell.

In der Bibel ist in den an Farben reichen apokalyptischen Visionen der Offenbarung des Johannes das »Feuerrot« als Ausdruck des Unheils zu erfahren. So erscheint der Satan als »ein Drache, groß und feuerrot« (Offenbarung 12,3). Und auch weiterhin signalisiert das »Rot« in diesem Text nichts Gutes: So ist die Hure Babylon »auf einem scharlachroten Tier« (Offenbarung 17,3) »in Purpur und Scharlach gekleidet« (Offenbarung 17,4), hier zu verstehen als Farben des Prunks und der Sünde. Diese symbolische Hervorhebung des Rots ist auch deswegen bemerkenswert, weil sich die Sprache des Neuen Testaments weitgehend der farbigen Attribute enthält – im Gegensatz zu den Texten des Alten Testaments, besonders denen des Buches Exodus, auf das wir noch einzugehen haben.

Kombinieren wir die genannten Bezugsworte zum »Rot«, so läßt sich eine semantische Verstärkung dieses Bezuges beobachten. Man denke an Wortverbindungen wie: »Herzblut«, »Liebesglut«, »Sonnenglut«, »Feuerball«, »Höllenfeuer« u.a. Es sind Begriffe mit sehr unterschiedlichem Abstraktionsgrad, sie beziehen sich jedoch gleichermaßen auf sinnlich erfaßbare elementare Phänomene, die für den Menschen von existentieller Bedeutung sind. So ist »Rot« aufs engste verbunden mit »Blut«, »Liebe«, »Sonne«, »Feuer«, also mit Sachen, die wir als Ur-Sachen bezeichnen können.

Von einer solch engen Sinnverknüpfung von »Rot«, »Sonne«, »Blut« und »Tod« berichtet die Bibel: Im Feldzug der drei Könige von Israel, Juda und Edom gegen das benachbarte Moab erschien den Moabitern das von der Morgensonne gerötete Wasser als Blut. Und sie hielten dieses Naturphänomen, in ihrer Wunschvorstellung, für das Blut der drei feindlichen Könige: »Frühmorgens aber, als die Sonne über dem Wasser aufging, erschien ihnen das Wasser drüben rot wie Blut. Sie sagten: Das ist Blut« (2 Könige 3,22.23).

65

Religionsgeschichtliches Blutrot

Das Farbwort »Adom« bezeichnet im Althebräischen die Farbtöne von Hellrot bis Rotbraun.

»Es läßt sich ebensogut *dam* (= Blut, Anm.d.V.) von *adom* herleiten…, also das ›Rote‹ als Urbezeichnung für ›Blut‹ verständlich machen, wie sich umgekehrt auch die Farbbezeichnung *adom* als ursprünglich ›blutfarbig‹ verstehen läßt.«[69] Das Wort kommt ca. 360mal im Alten Testament vor.[70] Andererseits »ergibt sich eine sprachliche Beziehung zwischen den hebräischen Wörtern für ›Mensch‹ und ›Blut‹«, wenn »man *adam* mit *adom* zusammenstellt.«[71]

Die Annahme, daß im Blut die Essenz der personalistischen Kräfte in Mensch und Tier wirkt, hat mit dazu geführt, daß das Blut in ganz besonderem Maße mit der Lebenskraft identifiziert wurde. Der Glaube an die ungeheure Macht des Blutes bewirkt »eine zwiespältige Einstellung: Auf der einen Seite begegnet der Mensch dem Blut mit ehrwürdiger Scheu und umgibt es mit einer Reihe von Tabuvorschriften, auf der anderen Seite hofft er, in entsprechenden Riten sich dessen Kräfte dienstbar zu machen.«[72]

Religionsgeschichtlich ist es interessant, daß im babylonischen Mythos die Menschheit aus dem Blut der erschlagenen Gottheit erschaffen wird. Das Blut wird als der eigentliche Lebensstoff betrachtet. In assyrischen Rechtsurkunden vertritt der Rotwein als Bußgabe gleichfalls symbolisch das Menschenblut. Blut, wie die rote Farbe überhaupt, kann Zeichen drohenden Unheils sein. Zwischen der kanaanäischen Opferart und -materie und der in Israel üblichen oder vom Gesetz geforderten gibt es eine weitgehende Übereinstimmung.[73]

Bei den Ägyptern steht die Sonne am Abend und am Morgen gegen die Dunkelheitsdämonen der Unterwelt kämpfend »in ihrer Röte«. »Rot ist der Flammensee, der in der dritten Nachtstunde des Pfortenbuchs von der Sonne erreicht wird. Da auch die siegreiche Mittagssonne rot flammt, wird Rot zur Siegesfeier.«[74]

In der antiken Welt der Griechen und Römer spielt die rote Farbe unter den Heilriten eine große Rolle: »Aus allen diesen Heilverfahren, sowohl den antiken als auch denen der Naturvölker, wird es deutlich, daß der… Mensch der roten Farbe eine bestimmte Kraft zuschreibt, mit deren Hilfe er imstande ist, Krankheiten zu vertreiben… Es fällt auf, daß antike und primitive Heilkunst in Heilverfahren gegen Krankheiten, die sie an anderer Stelle mit roten Medikamenten bekämpft, vielfach auch Blut verwendet.«[75]

Im Koran wird die Erschaffung des Menschen aus einem Blutklumpen erwähnt; dies dürfte auf eine urtümliche Auffassung zurückgehen: »Das Blut wird als das Lebenselement betrachtet und geradezu *nafs* (›Lebensodem‹) genannt. Bei den vorislamischen Arabern war bereits das Opfer von Haustieren verbreitet; das Opferblut wurde auf den Steinaltar gestrichen.«[76]

Für das Alte Testament kann gesichert gelten, daß *dam* (= Blut) der Träger der personaldifferenzierten Lebendigkeit schlechthin, also das Vitale im Einzelwesen ist. Damit gelangt das Wort in semantische Nachbarschaft zu *naepaes*, insofern das letztere für das Leben als solches stehen kann. *Naepaes* wird als Lebensodem beim Lebenden, das Blut *(dam)* wird aber beim Verblutenden beobachtet. Der Akzent ist bei ersterem vorwiegend positiv, beim letzteren vorwiegend negativ besetzt. Wo der Mensch sein Leben rettet, ist es seine *naepaes*, wo er es verliert, sein *dam* (vgl. Ezechiel 3,16ff.; 33,1ff.).[77]

Eine signifikante Verwendung von Blut findet sich in der Passahlegende, wo ein schützender Blutritus an zentraler Stelle erwähnt ist: »Das Blut an den Häusern, in denen ihr wohnt, soll ein Zeichen zu eurem Schutz sein« (Exodus 12,13). Die rote Farbe des Blutes als lebenserhaltendes Zeichen. »JHWH (= Gott, Anm.d.V.) wird die Erstgeborenen Ägyptens erschlagen, aber die Häuser der Israeliten, an deren Türpfosten und Oberschwellen das Blut des Passahlammes gestrichen worden ist, verschonen. Hier ist ein alter Nomadenbrauch, ›der die Herde vor dämonischen Einwirkungen‹… schützen soll, mit der Exodusgeschichte verknüpft worden. Eine weitere Spiritualisierung tritt ein, als das deuteronomische Gesetz sinnbildlich an die Türpfosten geschrieben werden und das Blut vertreten soll« (Deuteronomium 6,4ff.; 11,18ff.).[78]

»Nehmet hin und trinket, das ist mein Blut...«
(Matthäus 26,27f.)

Blut als Träger des Lebens ist zentrales Symbol für das Christentum. Dieses Blut symbolisiert Jesus Christus selbst und damit ist mehr gemeint als materielles Blut, das biochemisch auf seine Grundelemente untersucht und etwa auch nach Krankheiten hin abgefragt wird.

»Rot wie Blut« ist eine geradezu mythologische Aussage. Die Bibel bedient sich – wie die bisherigen Überlegungen bereits ergeben haben – dieses zentralen Symboles für das Leben. Mit der Aufforderung Jesu in der Mahlgemeinschaft: »Nehmet hin und esset, das ist mein Leib, nehmet hin und trinket, das ist mein Blut«, ist in der Geschichte der Kirche immer schon das große Mißverständnis verbunden gewesen, daß es sich um das biochemisch nachweisbare Blut Jesu Christi handle und daß wir seinen Körper aus Fleisch und Blut essen.

Theologisch ist damit etwas viel Tiefsinnigeres, jeder Vorstellung von Kannibalismus Enthobenes gemeint: Wenn ihr dieses Brot gemeinsam eßt und diesen Kelch gemeinsam trinkt, dann seid ihr Teil von mir; gebe ich euch teil an meiner Existenz in der absoluten Gottesnähe, VERWANDLE ich euch und euer Leben angesichts von Krankheit, Not, Elend, Tod und Auferweckung.

In der katholischen Liturgie wird dieser innerste Kern der Messe als »Wandlung« beschrieben. Damit ist gemeint: Ihr bekommt Anteil an diesem Blut als Leben Gottes in euch und als Leben mit Gott.

Rot ist in der Theologie des Eucharistie-Sakramentes in der Blutsymbolik unausgesprochen immer vorhanden. Indem es tatsächlich um Leben und Anteilgabe von Leben geht, sind wir damit in einem Kernbereich der Rede von Gott in Farben.

Keinen Sinn ergibt es, wenn darauf bestanden wird, Blut wörtlich zu verstehen und das Mißverständnis weiter zu transportieren, daß es tatsächlich um reales Bluttrinken gehe. Die theologische Symbolik meint vielmehr die Hineinnahme des Christusereignisses in den eigenen Leib und in die eigene Existenz. Die Realisierung der Zusage Gottes, daß er für uns und das Reich Gottes in uns ist. In diesem Sinne ist »Rot wie Blut« ein wichtiger Schlüssel für die Gottesbeziehung.

Purpurrote Roben

Farben haben nicht nur eine ästhetische und psychische Wirkung und eine ikonische oder symbolische Funktion, sie können auch einen Wert an sich darstellen – so wie Gold und Silber durch ihren Oberflächenreiz als Farben wirksam werden, nicht zuletzt weil ihr kostbares Material die Begehrlichkeit der Menschen weckt. Neben den Edelmetallen und Edelsteinen sind es auch wertvolle Farbstoffe, an denen die Menschen der Antike bis zu denen der mittelalterlichen Zeit ein besonderes Gefallen finden: der violette und rote Purpur und das Karmesin (Karminrot).

Die Phönizier gelten als die Entdecker des edlen, farbechten »Schnecken-purpurs« – aus dem Drüsenschleim von Schnecken gewonnen und seinerzeit hochgeschätzt und teuer bezahlt. Da kaum ein Buch des Alten Testaments die Erwähnung des so begehrten Rot ausläßt, kann man im ursprünglichen Wortsinn davon sprechen, daß sich ein »roter Faden« durch die Bibel zieht: Wolle, Stoffe, Gewänder, Mäntel, Spangen, Bänder, Schnüre – rot gefärbt. Das Rot wird bei der Errichtung des Heiligtums der Israeliten nach dem Bundesschluß immer wieder genannt. So gibt der Herr dem Mose einge-hende Anordnungen zum Bau der Heiligen Stätte, seiner Einrichtung und Ausstattung, den Kultgeräten und den Gewändern der Priester – beginnend mit den Worten: »Sag zu den Israeliten, sie sollen für mich eine Abgabe erheben. Von jedem, den sein Sinn dazu bewegt, sollt ihr die Abgabe erheben. Das ist die Abgabe, die ihr von ihnen erheben sollt: Gold, Silber, Kupfer, violetten und roten Purpur, Karmesin…« (Exodus 25,2-4). Die Nennung dieser und weiterer kostbarer Materialien wiederholt sich von Mal zu Mal, von Kapitel zu Kapitel. Und an Farben werden immer nur diese drei Rottöne genannt. So heißt es zur Herstellung der Priestergewänder: »Laß für deinen Bruder Aaron heilige Gewänder anfertigen, die ihm zur Ehre und zum Schmuck gereichen… Sie sollen dazu Gold, violetten und roten Purpur, Karmesin und Byssus (Leinen) verwenden« (Exodus 28,2.5). Diese Worte aus dem Buch Exodus heben die Kostbarkeit des Purpurs hervor und setzen damit für diese Farbe eine geschichtliche Aufgabe in Gang. Es spiegelt sich im Purpur des ersten israelitischen Heiligtums, des Offenbarungszeltes, die Allmacht Gottes. Die irdische Macht wird symbo-lisiert, wenn orientalische Herrscher und persische Könige purpurne Ge-wänder bevorzugen und darin ein Kennzeichen ihrer von Gott verliehenen Würde sehen. Griechen und Römer schätzen die Farbe gleichermaßen als besonders edel und übernehmen sie als ein Staatsprivileg.

So steht der purpurne Mantel nur dem römischen Kaiser, der Kaiserin und ihren Erben als Ausdruck ihrer Würde zu. Hofbeamte haben dagegen nur das Recht, ein Rangabzeichen aus Purpur als Gewandbesatz zu tragen. Sonst ist jedermann das Tragen des »kaiserlichen Purpurs« unter Androhung schwerer Strafen untersagt.[79]

Im 8. Jahrhundert erhebt dann auch der Papst, unter Berufung auf die sogenannte »Konstantinische Schenkung«, Anspruch auf das edle Purpur, von dem, nach Auffassung damaliger Zeit, Macht und Gerechtigkeit aus-gehen. Mit der Verquickung von geistlicher und weltlicher Macht läßt die Kirche einen Wertewandel erkennen, der in der veränderten Einstellung zum Purpur offensichtlich wird. Lehnten doch die Christen der Frühzeit den Besitz und das Tragen von Gold und Purpur als heidnischen Luxus ab. Und dies auch mit dem Hinweis auf die Offenbarung des Johannes, in der die »Hure Babylon« in purpur- und scharlachroter Kleidung geschildert wird. Die Farben des Prunks und der Sünde, nach frühchristlichem Verständnis, wurden durch den Sinneswandel im christlichen Mittelalter zu Farben nicht nur weltlicher, sondern jetzt auch kirchlicher Macht – als »Kardinalspurpur«.[80] (Die Wechselbeziehung zwischen rotem und violettem Purpur, auch als Farbe der Kardinäle und Bischöfe, wird im Kapitel »Violett« behandelt.)

Es muß an dieser Stelle eingefügt werden, daß das Rot im Mittelalter liturgische Farbe wird: Farbe des Pfingstfestes, aber auch der Passion Christi. So scheint in diesem Sinne das Rot in Christus sowohl die Farbe göttlicher Liebe als auch die des menschlich blutvollen Leidens zu vereinen.

Veranschaulicht wird das in ergreifender Weise im Auferstehungsbild von Matthias Grünewald: Das Haupt des auferstehenden Christus im Zentrum eines weiten übernatürlichen Strahlenkranzes, der vom inneren Gelb zum Rot übergeht und von dort zu den äußeren bläulichen Farben. »Das weiße Sterbegewand oder -tuch ist in die Farben der göttlichen Aureole getaucht, in lichtes Gelb um das Antlitz, in feuriges Rot um die Brust, in Blau und Violett in den peripheren Partien.«[81] In den beiden Farbabfolgen des Auferstehungsbildes nimmt jeweils das Rot die bindende Mitte ein, hellt sich einerseits zum strahlenden Gelb auf und wirft andererseits bläuliche Schatten.

Fortschreitende Techniken sorgen in der Folge für eine größere Verbreitung des beliebten roten Tuches. Wird die Herstellung des Purpurs und die Purpurfärberei über Jahrhunderte hinweg monopolartig betrieben, so gelingt es im ausgehenden Mittelalter vielerorts rote Ersatzfarben zu entwickeln und in größerem Maße als bisher das »Schneckenpurpur« herzustellen.

Das mindert dessen Marktwert, jedoch nicht die Beliebtheit der »roten Roben«[82]. Nur daß diese jetzt nicht mehr allein den Oberhäuptern vorbehalten bleiben; gewissermaßen als Delegation ihrer Macht gestatten diese das Tragen des roten Gewandes auch anderen: den Angehörigen des Hofstaates, des Adels, der hohen Gerichtsbarkeit, den Rektoren und Doktoren der Universitäten, als Galauniform den Militärs, bei feierlichen Anlässen auch Vertretern der Bürgerschaft, als Livree den Dienern des Hofes.

Ist auch in unserer Zeit die Pracht des Purpurs »demokratisiert«, läßt sich jedoch das eine oder andere traditionell Bewahrte aus früherer Machtvollkommenheit noch in unserem Jahrhundert aufspüren. So hat die katholische

Kirche am »Kardinalspurpur« festgehalten; Elisabeth II. wird 1953 in einem Mantel von purpurrotem Samt zur Königin von England gekrönt und die Richter der obersten deutschen Bundesgerichte, als Vertreter der dritten Gewalt des Staates, verkünden ihre Entscheidungen im roten Ornat.

Die Geschichte des Purpurs zeigt sehr deutlich, daß die kostbaren Dinge dieser Erde dem Menschen zunächst dadurch kostbar und begehrlich erscheinen, weil nur wenige sie besitzen und sich damit schmücken können. So läßt das ästhetische Ereignis des Tragens eines purpurnen Krönungsmantels den Purpur zum Zeichen von auserwählten Eigenschaften werden, die man dem Träger dieses Mantels zuschreibt.

Wie auch immer die zeichenhafte Bewertung des Purpurs über die Zeiten ausfällt, sie ist in der wechselseitigen Spannung zwischen Macht und Begehrlichkeit angesiedelt.

In diesem Zusammenhang spricht Goethe über das Streben nach weltlicher Macht: »Von der Eifersucht der Regenten auf den Purpur erzählt uns die Geschichte manches.«[83]

Und bei der Behandlung des »Blaurots« schreibt er, auf die verschiedenen Rottöne der hierarchischen Kleiderordnung der Kirche anspielend: »In dem die hohe Geistlichkeit diese unruhige Farbe (die blaurote) sich angeeignet hat, so dürfte man wohl sagen, daß sie auf den unruhigen Staffeln einer immer vordringenden Steigerung unaufhaltsam zu dem Kardinalpurpur hinaufstrebe.«[84] Seine eigene differenzierende Beurteilung des Purpurs stellt Goethe so dar: »Die Wirkung dieser Farbe ist so einzig wie ihre Natur. Sie gibt einen Eindruck sowohl von Ernst und Würde als von Huld und Anmut. Jenes leistet sie in ihrem dunklen verdichteten, dieses in ihrem hellen verdünnten Zustand. Und so kann sich die Würde des Alters und die Liebenswürdigkeit der Jugend in eine Farbe kleiden.«[85]

Signalhaftes Rot

Wir sind bislang den inhaltlichen Verknüpfungen der Farbe »Rot« nachgegangen, ihrer unmittelbaren sinnlichen Erfahrung, ihrem materiellen Wert als einer Kostbarkeit und dem, was sich davon in der Sprache niederschlägt an Assoziationen, Analogien, Symbolen. Jetzt ist auf das einzugehen, was die besondere Erregung von Aufmerksamkeit im Vergleich zu anderen Farben ausmacht und wie diese Fähigkeit des Rot in praktischer Anwendung genutzt wird.

Wir können etwa bei der Betrachtung eines Bildes oder eines Plakates bemerken, daß rote Farbflecke bei gleicher Distanz dem Auge näher erscheinen als die der konkurrierenden Farben. Man kann den Eindruck auch so beschreiben: Das Rot drängt sich vor, was Goethe mit den Worten »ins Organ bohren« beschreibt. Allgemeinhin spricht man von einem hohen Aufmerksamkeitswert dieser Farbe.

Wie schon erwähnt, hängt die Wahrnehmungsqualität einer Farbe vom jeweiligen farbigen Umfeld ab. Soweit man hier Grundsätzliches zum Verhältnis des Rot zu einem Umfeld sagen kann, bezieht sich das allein auf seine optische Durchsetzungskraft. Das heißt für den Hell-Dunkel-Bereich, daß sich Rot sowohl auf hellem als auch auf dunklem Grund gleichermaßen behauptet, wie kaum eine andere Farbe.

So kann sich Rot auch vom dunkleren Blau und helleren Gelb kraftvoll abheben und mit dem gleichhellen Grün geht es ein komplementäres Kontrastverhältnis ein, das beiden zugute kommt. In der Natur erleben wir allerdings, daß das Rot in seinem auf Ergänzung beruhenden Verhältnis zum Grün bemüht ist, zu dominieren. Die rote Färbung der Blüte drängt das Grün der Blätter im Auge des Betrachters zurück.

So wie die rote Blüte in natürlicher Weise Aufmerksamkeit erregt, verspricht sich so manche Frau durch verstärktes Rot ihrer Lippen wohl ähnliches? Was aber auch immer die Motivation sei, der Bedarf an Lippenstiften ist hierzulande so groß, daß eine Vielzahl von Herstellern umfangreiche Paletten der verschiedensten Couleur vom Rot-Orange bis zum Rot-Violett anbieten.

Den Vorzug des Rot, sich unter den verschiedensten Bedingungen des Umfeldes nachhaltig bemerkbar zu machen, findet seinen Niederschlag in verschiedenen Anwendungsgebieten. Es bedient sich die internationale Konvention zur Regelung des Straßenverkehrs des roten Signals für »Halt«, und die Verkehrsschilder, besonders die der Verbote und Warnungen, benutzen ebenfalls das Rot als Erreger von Aufmerksamkeit. So sind wir als Autofahrer und als Fußgänger konditioniert, um den Gefahren auf unseren Verkehrswegen zu entgehen, unsere visuelle Bereitschaft besonders auf die Farbe Rot zu richten. In diesem Kontext ist Rot ein Signal der Warnung.

In einem anderen Kontext ist Rot die Farbe der kontraststarken Auszeichnung. So ist nach dem Schwarz des Buchdrucks die rote Farbe immer die bevorzugte für den hervorzuhebenden Text gewesen. Und wer sich heute das Erscheinungsbild der Boulevardpresse anschaut, kann diese Betonung des Roten nicht übersehen. An anderer Stelle kann das Rot als Auszeich-

nungsschrift etwas bedrohlich wirken, denkt man an die roten Korrektur-
zeichen des Lehrers im Schulheft des Schülers. Der sieht »rot«, wenn ihm
die zahlreichen so korrigierten Fehler am Ende eine schlechte Note einbringen – diese selbstverständlich auch in Rot geschrieben.

Korrekturen anderer Art werden redensartlich mit dem »Rotstift« vorgenom-
men – etwa als Sparmaßnahme öffentlicher Haushalte oder als Markierung
eines Preisnachlasses im Einzelhandel. »Rote Zahlen« schreibt ein wirt-
schaftliches Unternehmen, wenn seine Bilanz unter dem Strich Verluste
aufweist. Die »rote Karte« zeigt der Schiedsrichter dem Fußballspieler, der
grob gefoult hat. Insofern wird das auffallende Rot zur Farbe öffentlicher
Bestrafung.

Zur unübersehbaren Kennzeichnung ihres Personals und ihrer Einrichtungen
dient das »Rote Kreuz« – die ursprüngliche Umkehrung des Schweizer
Wappens – der humanen Hilfsorganisation. In einigen muslimischen Ländern steht dafür der »Rote Halbmond« oder der »Rote Löwe«. Im Zusammenhang mit dem bei uns üblichen Apothekenzeichen in Rot, ist zu
vermuten, daß hier auch der archaische Glaube an die rote Heilkraft
noch Wirkung zeigt.

Der »rote Knopf« wird zur feierlichen Eröffnung einer Produktionsstätte
gedrückt. Immer dann bedient man sich des Rot, wenn damit einer Sache
besondere Aufmerksamkeit zukommen soll. So ist auch der sprichwörtliche
»rote Faden« auf eine derartige Absicht zurückzuführen: Ein roter Beifaden
in den Tauen der englischen Marine diente als Markierung des Eigentums
der Krone. Der »rote Faden« als Kennzeichnung ist allerdings sehr viel
älteren Ursprungs. In der Bibel heißt es zur Geburt der Zwillinge der Tamar:
»Bei der Geburt streckte einer die Hand heraus. Die Hebamme griff zu,
band einen roten Faden um die Hand und sagte: Er ist zuerst herausge-
kommen« (Genesis 38,28).

Verschaffen wir uns einen flüchtigen Überblick in einem anderen Anwendungsbereich der Farbe, in dem die Aufmerksamkeit des potentiellen
Betrachters gefordert ist: dem der National- und Regionalflaggen. Hier
finden wir neben den häufig auftretenden Farben Schwarz, Weiß, Gelb,
Blau und Grün vor allem das dominierende Rot. So hat Eckart Heimendahl
festgestellt, daß 72% der Nationalflaggen Rot aufweisen, davon 28%
vorherrschend.[86]

Sein hoher Aufmerksamkeitswert und seine Kraft des harmonischen Kontrastes zu den genannten anderen Farben prädestiniert offensichtlich das
Rot zu einer solchen Bevorzugung. Sicher nicht in jedem Fall sind es allein
diese syntaktischen Merkmale, die das Rot zur Farbe eines Landes werden

lassen. In der einen oder anderen Nationalflagge hat das Rot auch symbolisierende Aufgaben – etwa als »aufgehende Sonne« Nippons oder als das »Blut der Revolution« im nationalen Banner der ehemaligen Sowjetunion und des weltweiten Kommunismus.

Hier ist anzufügen, daß die »rote Fahne« eine sinnfällige Familie von Begriffen zur Folge hat, wie »Rotfront«, »Rote Garde«, »Rote Armee«, »Roter Stern«, »Roter Platz« bis zur sogenannten »roten Bibel Maos«. »Rot« als ein Signal politischer Orientierung ist auch heute noch eine durchaus gängige Bezeichnung, die etwa sozialistische Demokraten für sich in Anspruch nehmen oder mit der sie von ihren politischen Gegnern markiert werden. Ob der historische Ursprung der »roten Fahne« in der »Blutfahne« zu sehen ist, die in den vergangenen Jahrhunderten als Zeichen der Gerichtsbarkeit über Leben und Tod galt oder in der roten Freiheitsfahne der Jakobiner oder in der roten Fahne der russischen Revolutionäre von 1907, immer war das Rot der Fahne mit vergossenem Blut verbunden. Insofern ist das revolutionäre Flaggenrot nicht allein wegen seiner aggressiven Auffälligkeit geeignet, sondern auch, weil es historisch mit Blut sinngeladen ist. Auch hier bezieht sich schließlich das Rot auf eine der menschlichen Ur-Sachen und darüber hinaus nicht nur auf die menschlichen. »Das Leben aller Wesen aus Fleisch ist das Blut, das darin ist« (Levitikus 17,14).

Eva Heller gibt uns zum politischen Rot einen bemerkenswerten etymologischen Hinweis: »Rot ist die politische Farbe des Marxismus-Leninismus, denn im Russischen ist Rot viel mehr als eine Farbe. ›Rot‹ (krasnij) gehört zur gleichen Wortfamilie wie ›schön, herrlich, gut, wertvoll‹ (krasiwij). ›Die Roten‹ bedeutet gleichzeitig ›die Guten‹, der ›Rote Platz‹ in Moskau ist auch der ›schöne Platz‹, die ›rote Armee‹ die ›herrliche Armee‹.«[87]

Rot fordert Grün

Wir haben zuvor das Rot als ein physikalisches Phänomen erwähnt; bleibt zu ergänzen, daß es auch als physiologisches bemerkenswert ist. Mit physiologischen Farben sind diejenigen Farben gemeint, welche das Auge aus eigener Kraft produziert. Es sind diejenigen Nachbilder, die unsere Netzhaut liefert, wenn beispielsweise das Auge zuvor eine Zeitlang auf einen bestimmten Farbfleck fixiert war und danach geschlossen wird. Die Netzhaut reagiert unter entsprechenden Bedingungen durch Herstellung der jeweiligen komplementären Kontrastfarbe, um die zuvor einseitige partielle Belastung des Auges wieder ins Gleichgewicht zu bringen.

Das Phänomen des Nachbildes ist leicht zu veranschaulichen: Sie legen einen ausgeschnittenen Fleck roten Papiers auf ein weißes Blatt und konzentrieren Ihren Blick, etwa 20 Sekunden lang, auf diesen roten Fleck. Entfernen Sie danach das rote Papier, werden Sie an gleicher Stelle auf dem weißen Grund einen strahlend grünen Fleck sehen. Den gleichen Effekt erzielen wir, wenn wir nach der Fixierung des roten Flecks die Augen völlig abdunkeln: Vor dem finsteren Grund schwebt ein grüner Fleck. Das gilt gleichermaßen auch in Umkehrung von einem grünen Bild, das ein rotes Nachbild erzeugt.

Diese Forderung des Auges nach Grün, wenn es von Rot gesättigt ist, hat Goethe auf einer Harzreise erlebt: »... im Winter stieg ich gegen Abend vom Brocken herunter, die weiten Flächen auf- und abwärts waren beschneit, die Heide von Schnee bedeckt, alle zerstreut stehenden Bäume und hervorragenden Klippen, auch alle Baum- und Felsenmassen völlig bereift... Als aber die Sonne sich endlich ihrem Niedergang näherte und ihr durch die stärkeren Dünste höchst gemäßigter Strahl die ganze mich umgebende Welt mit der schönsten Purpurfarbe überzog, da verwandelte sich die Schattenfarbe in ein Grün, das nach seiner Klarheit einem Meergrün, nach seiner Schönheit einem Smaragdgrün verglichen werden konnte.«[88]

Doch Rot und Grün rufen sich nicht nur gegenseitig hervor, sie können sich auch gegenseitig eliminieren. So erscheint etwa Rotwein in einer grünen Flasche, die wir gegen das Licht halten, tiefschwarz. Das heißt, daß die beiden ursprünglich lichtdurchlässigen Gegenstände, das Glas der Flasche und die darin befindliche Flüssigkeit, kein Licht durchlassen. Das Licht, das zunächst das grüne Glas durchdringt, verliert durch Absorption seine roten Anteile und das verbleibende grüne Licht wird schließlich vom Rot des Weins absorbiert – und »kein Licht« heißt: Der rote Wein erscheint schwarz.

Mit keiner anderen Farbe steht das Rot in einer so wechselseitigen Beziehung wie mit dem komplementären Grün:

☐ Die Polarität Rot-Grün ist als eine sich gegenseitig ergänzende bereits in der Struktur der Netzhaut angelegt. Rot- und Grünempfindungen sind hier in einem der neuronalen Systeme miteinander gekoppelt. Ist die Belastung des Auges durch eine der beiden Farben außergewöhnlich stark, so erscheint die andere in ausgleichender Weise – wie das oben beschriebene Beispiel zeigt.

☐ In einer ganz anderen Tendenz zeigt sich die Komplementarität von Rot und Grün, wenn sie sich durch Mischen vereinen. Beide verlieren in der Farblosigkeit ihre Identität. Als Malfarben werden beide durch Mischung zu gleichen Teilen zu einem neutralen Grau und als Lichtfarben zusammengeführt, kehren sie zum farblosen Licht, zum Weiß, zurück. Und legt man eine rote und eine grüne Transparentfolie übereinander auf weißes Papier, so lassen das vereinte Rot und Grün kein Licht auf das weiße Papier durchdringen. Das Resultat ist wieder schwarz, wie im Beispiel der Rotweinflasche. Welche Art der Mischung beider Farben man auch vornimmt, sie werden unkenntlich zu einer neutralen dritten.

☐ In ihrem kontrastreichen Nebeneinander jedoch vermögen Rot und Grün ihre Wirksamkeit auf höchste Weise zu steigern.[89]

Zurück zum Phänomen der farbigen Nachbilder: Es stellt sich die Frage, ob hier das Rot gegenüber anderen Farben besonders zu erwähnen ist. Ja, und zwar dann, wenn das Auge mit blendendem Licht konfrontiert wird. Produziert die Netzhaut nach einseitiger Fixierung einer Farbe deren Gegenfarbe, so ist zu vermuten, daß das blendende Weiß entweder totale Finsternis zur Folge hat oder in farbiger Umkehrung die Spektralfarben erscheinen läßt. Doch nichts von dem tritt ein, wenn man es auf einen Versuch ankommen läßt.

Wiederholte eigene Versuche – durch das runde Guckloch eines schwarzen Kartons etwa drei Sekunden das Sonnenlicht fixierend und danach auf eine weiße Wand sehend – zeigen, daß vor dem weißen Grund ein leuchtend purpurnes Rund erscheint. Hat das Auge eine Weile intensives Rot erzeugt und man schließt es dann, schlägt in der Finsternis das Rot in komplementäres Grün um. Gibt man schließlich den Blick wieder frei, so schwebt das rote Rund noch für Minuten vor den Augen.[90]

Hier ist von Interesse, daß bei den von der Netzhaut produzierten Farben der Nachbilder, in Folge einer Reizung durch blendendes Licht, das Rot offensichtlich eine dominierende Rolle spielt. So liegt der Gedanke nahe, daß die physikalische Auszeichnung der Rotstrahlen, über die längsten Wellen des sichtbaren Lichts zu verfügen, mit der besonderen Bereitschaft des Auges, Rot zu empfangen und im Sehsystem Rotempfindungen herzustellen korreliert. Ist doch die Abhängigkeit unseres Sehorgans vom Licht nicht nur eine Frage des akuten Funktionierens, sondern und vor allem eine der Evolution – »so bildet sich das Auge am Licht für das Licht...« (Goethe).[91]

Vielfalt des Roten

Immer wenn wir hier Überlegungen anstellten über die Beziehung des Rot zu anderen Farben, seine physikalische Langwelligkeit, seine Kontraststärke, seine Dominanz als physiologische Erscheinung, über seine Beziehung zu den Gegenständen, deren charakteristische Eigenschaft es darstellt – hier ist besonders die Beziehung zu seinen Ur-sachen gemeint – und über seine Beziehung zu den Menschen, die es sinnlich erfahren, benutzen und deuten – als Blut, Feuer, Sonne u.a.: In allen hier behandelten Beziehungen des Ereignisses »Rot« geschieht dies vertretungsweise in verbaler Form.

Doch das Wort bleibt ein nur schwacher Ersatz für sinnliche Erfahrung. Denn weit über hundert Farbempfindungen können wir unter der Bezeichnung »rot« differenzieren. Wenn wir aber »rot« sagen, schreiben, lesen, bleibt dies eine Abstraktion. Auch die gerade unmittelbar erlebte Farbe kann unser Farbgedächtnis nicht fixieren; die Erinnerung verwandelt sie, wie eine jede Farbe ihre Erscheinung im Wandel des Lichts und des Umfeldes verwandelt.

Dennoch wird das Rot im Vergleich zu den anderen Farben differenzierter behandelt – sowohl in der unmittelbaren Erfahrung als auch in der Erinnerung und demzufolge in der sprachlichen Orientierung. So sprechen die Bibeltexte immer wieder von drei verschiedenen roten Farben entsprechend ihrer Gewinnung: von rotem und violettem Purpur und von Karmesin, also von drei Nuancen des Rot auf dem Wege ins Bläuliche. Und im Evangelium nach Matthäus finden wir eine differenzierte Wahrnehmung des Rot in der Natur und deren Deutung: »Wenn es Abend geworden, sagt ihr: Schön Wetter gibts, denn rot glüht der Himmel. Und frühmorgens: Heute gibts Sturm, denn düsterrot glüht der Himmel« (Matthäus 16,2.3).[92]

Die Wirkung der Farben behandelnd, räumt Goethe den verschiedenen Rottönen besonders breiten Raum ein. Eine ganze Skala von Nuancen wird differenziert beschrieben und beurteilt: Gelbrot, Rotgelb, Karminrot, Purpurrot, Scharlach, Rotblau, Blaurot. Einige Beispiele davon haben wir erwähnt.

Was es mit der differenzierten Farbwahrnehmung und der Relativität seiner Beurteilung auf sich hat, erfährt im Grunde nur der Künstler, dessen Arbeit darin besteht, die farbige Umwelt analytisch zu sehen. Die hier eingefügte kleine Geschichte erzählt davon. Die Farbe Rot spielt darin eine exemplarische Rolle; sie steht für jegliche Farbe:

Der rote Stuhl

In der Absicht, einen Gegenstand – etwa einen rotlackierten Stuhl – in möglichst naturgetreuer Farbe ins Bild zu bringen, verwendet der Maler dieselbe rote Lackfarbe, mit der der Stuhl gestrichen wurde. Der Maler versucht also durch Verwendung identischer Farbmaterie aus demselben Farbtopf – und nicht durch einen mit Hilfe seiner Tubenfarben gemischten ähnlichen Farbton – die Darstellung des Stuhls mit dem konkreten Stuhl selbst in der Farbgebung kongruent werden zu lassen. Bald jedoch muß er einsehen, daß diese Absicht so nicht zu verwirklichen ist. Bereits ein Probetupfen mit der roten Lackfarbe auf seinem Bild macht deutlich, daß zwei verschiedene Untergründe – da ein grundiertes Holz und hier eine präparierte Leinwand – der Farbe eine jeweils unterschiedliche Nuancierung verleihen. Doch stellt sich das noch als das harmloseste Hindernis bei diesem Unternehmen heraus.

Denn der Originalstuhl ist zwar mit einer bestimmten Lackfarbe gestrichen, die visuelle Wahrnehmung des Stuhls erfaßt aber eine Vielfalt von roten und weniger roten Farbtönen an den verschieden Oberflächen des Stuhls, differenziert nach helleren und dunkleren, nach reinen und getrübten, nach kalten und warmen Farbnuancen. Die Beleuchtung des im Blickraum befindlichen Gegenstands gibt diesem lichte und schattige Partien in einer Reihe von Helligkeitsstufen; dazu kommen Farbigkeiten von benachbarten Gegenständen, die sich als Lichtreflexe auf den glänzenden Oberflächen des Stuhls niederschlagen. Die Wahrnehmung einer reinen Farbe ist kein so simpler Vorgang, wie man zunächst meinen mag.

»Keine sehen wir aber rein, wie sie ist,« sagt Goethe, »sondern entweder durch den Einfluß fremder Farben, oder durch Licht und Schatten verändert; wir mögen daher einen Körper in den Sonnenstrahlen oder im Schatten sehen, bei starker oder schwacher Beleuchtung, bei der oder jener Neigung der Flächen; immer wird die Farbe anders erscheinen.«[93]

Unter den Bedingungen von Feuer-, Mond- oder Lampenlicht, welche jeweils ihr eigenes farbiges Licht abgeben, verändert sich die Farbe der beleuchteten Körper.

Kurzum, unser Maler muß nach einer solchen Beobachtung eine ganze Palette von differenzierten roten und anderen Farbtönen verwenden, um beim Malen des roten Stuhls seiner analytischen Beobachtung möglichst nahe zu kommen. Daraus ist zu schließen, daß für die Beziehung zwischen der Ebene des Bildes und der Ebene der konkreten Umwelt die Ähnlichkeit der Farbmaterie unerheblich, gar hinderlich ist.

Die Analyse des Sehens läßt in einer Farbe eine Vielfalt von Farben sondieren; die Synthese des Sehens vereinigt diese Vielfalt wiederum zur Ganzheit einer Farbe – sowohl bei unmittelbarer Betrachtung eines Gegenstandes als auch bei der mittelbaren im Bilde des Gegenstandes.

Mit dem Bild über Gott sprechen

Die symbolische Erhöhung des Rot, die in den sinnlichen Urerfahrungen des Menschen begründet ist – wie Blut, Leben, Feuer – findet ihre Symbiose in der Erfahrung der Gottesnähe. Ein umfassenderer Anspruch an die Ausdruckskraft einer Farbe läßt sich wohl nicht stellen. Es soll daher der Versuch unternommen werden, diese Kraft der Farbe in der Wiedergabe eines Bildes aufzuspüren.

»Gottes Nähe und Größe erfahren« (*Bild 8*, s. S. 80a)[94]

»DORT ERSCHIEN IHM DER ENGEL DES HERRN IN EINER FLAMME,
DIE AUS EINEM DORNBUSCH EMPORSCHLUG. ER SCHAUTE HIN:
DA BRANNTE DER DORNBUSCH UND VERBRANNTE DOCH NICHT.
MOSE SAGTE: ICH WILL DORT HINGEHEN
UND MIR DIE AUSSERGEWÖHNLICHE ERSCHEINUNG ANSEHEN.
WARUM VERBRENNT DENN DER DORNBUSCH NICHT?
ALS DER HERR SAH, DASS MOSE NÄHER KAM, UM SICH DAS ANZUSEHEN,
RIEF GOTT IHM AUS DEM DORNBUSCH: MOSE, MOSE!
ER ANTWORTETE: HIER BIN ICH.
DER HERR SAGTE: KOMM NICHT NÄHER HERAN! LEG DEINE SCHUHE AB;
DENN DER ORT, WO DU STEHST, IST HEILIGER BODEN.«

Exodus 3,2-5

In diesem aus der Massai-Bibel ausgewählten »roten Bild« lodern die göttlichen Flammen in einem dynamischen Dreiklang von Orangerot, Karmin und Purpur. Die Komposition der Rottöne ist erregend. In den verschiedenen Farbnuancen wird Wesentliches zum Ausdruck gebracht: Der Kopf des Mose ist eingebunden in das fast ins Violett gehende Purpur. Diesem Rotton ist eine besondere Bedeutung zuzumessen. Er unterscheidet sich deutlich von den Rottönen, die flammenförmig die Mosegestalt umfassen. Das Gesicht des Mose ist in der Farbe variiert; die linke Gesichtshälfte mit ins Orange gehenden eher hellen Rottönen, die rechte dunkelrot. Die Grundsymbolik des brennenden, in Flammen stehenden Dornbuschs, der Medium für die Gottesbegegnung ist, bietet natürlich eine breite Möglichkeit von Rottönen. Wenn man das Bild etwas aus der Entfernung anschaut, wird der purpurrot umhüllte Kopf des Mose zum Zentrum der Komposition. Die Schuhe des Mose sind von »Flammenrot« umfaßt. In der Begegnung mit dem in Rot gefaßten »lebendigen Gott« ist Ehrfurcht angesagt: Ziehe deine Schuhe aus, hier ist ein heiliger Ort. Eine besondere Prägung erhält das Rot durch das lichte Weiß, das nach oben offen ist bzw. von oben in das Bild hineinreicht, unaufdringlich, aber unübersehbar gestaltend, den Bezug zum blendenden Licht herstellend. Denn: »Da verhüllte Mose sein Gesicht; denn er fürchtete sich, Gott anzuschauen« (Exodus 3,6).

Die archaische Knappheit der Formulierung von Farbe und Form mag zwar manchem Betrachter zunächst befremdlich erscheinen; doch läßt man das Bild eine Zeitlang auf sich wirken, wird man erfahren, daß die kraftvolle Komposition roter Farben dem Ausdruck der uns übersetzten Worte der Bibel nicht nachsteht.

Geht man meditierend auf das Urerlebnis »flammendes Feuer« ein – indem man den übrigen Teil des Bildes verdeckt – wird die rote Farbskala vom Violett bis zum Orangerot, eingespannt in das Schwarz von unten und das Weiß von oben, verstärkt wirksam. Eine Zeit der sinnenden Betrachtung läßt den Klang der Rottöne in ihren lodernden Formen zu einer eigenen Vorstellung der symbolgeladenen Flammenzeichen führen. Die Wirkung der Farbe – etwa durch konzentriertes Anschauen eines solchen Bildausschnittes – möglichst frei von der »Erzählung« des Bildes, mag exemplarisch für unsere Absichten stehen, Farben »sprechen« zu lassen.

Das Bild »Gottes Nähe und Größe erfahren« entstammt der Massai-Bibel mit 70 gemalten Tafeln zum Alten und Neuen Testament – geschaffen von Sr. Katharina Kraus. Sr. Katharina hat mit diesen biblischen Bildtafeln nicht versucht, archaische Kunst oder die gestalterische Kultur der Massai zu imitieren. Vielmehr scheinen ihr deren Kompositionen elementarer Farben und Formen als das geeignete Mittel der religiösen Verständigung mit den eingeborenen Afrikanern. Dazu heißt es in diesem eindrucksvollen Bilderbuch zur Bibel über die Autorin: »Sr. Katharina Kraus, als Tierärztin bei den Massai tätig, knüpfte in ihrer missionarischen Tätigkeit… an biblische Themen in der Glaubensüberlieferung der Massai an. Wo die Sprache versagte, mußte ein anderes Medium zur Übermittlung der biblischen

Botschaft gefunden werden... Nach und nach lernte Sr. Katharina die Symbolbedeutung der Farben kennen, die die Massai bevorzugen. Sie sind nicht nur Augenweide und Schmuck, sie sind Ausdruck von Leben und Stimmung des Herzens. Das alles hat die engagierte Künstlerin in ihren Bildern eingefangen: Konturen und Farben einer Jahrhunderte alten Tradition. Was mit Worten nicht möglich war, gelang dem Bild, seinen Farben, seiner Symbolkraft.«[95]

Sr. Katharina selbst sagt zu ihren katechetischen Bildwerken: »Im Umgang mit den Menschen habe ich gemerkt, wie ansprechbar sie durch Bilder sind... Vor allem die Farben sind wichtig, dann erst kommt die Komposition ins Spiel... Meine Skizzen waren zunächst die Brücke, um die Sprachschwierigkeiten zu überwinden... Ich will meine eigene Gotteserfahrung, mein Verhältnis zur Heiligen Schrift, zum alten Bund, zum neuen Bund nicht verheimlichen; ich drücke es aus. Es gab Zeiten, da war ich wochenlang in der Steppe, ohne die sogenannte religiöse Tageseinteilung wie Psalmen, Stundengebet, heilige Messe mitzufeiern; dann ging mein Gebet über das Bild.«[96]

Wie uns Sr. Katharina berichtet, ist es vorrangig die Farbigkeit der Bilder, die das Sprechen über Gott ermöglicht, wo Worte ihre Grenzen haben, und – was ihre persönliche Erfahrung mit der Malerei angeht – auch das Sprechen zu Gott.

Blau

»BLAU IST EINE AUßERORDENTLICH MEDITATIVE FARBE,
VON DER WOHLTUENDE RUHE AUSGEHT.
MAN MUß SICH DIESEM BLAUEN GRUNDTON ANVERTRAUEN, ÜBERLASSEN,
UM ZU ERFAHREN, DAß ER EINE AHNUNG ZU VERMITTELN VERMAG VON DEM,
WAS ›MYSTERIUM‹ IST, DEM GEHEIMNIS GOTTES.«
K. Mayer über Kirchenfenster von Marc Chagall[97]

»BLAU ZIEHT UNSEREN GEIST AUF DEN SCHWINGUNGEN DES GLAUBENS
IN DIE FERNE DER UNENDLICHKEIT DES GEISTES.«
J. Itten[98]

Blau – Empfindung, Wahrnehmung und Zeichen

»Nehmen wir zum Beispiel einmal an, es gebe eine menschliche Art, die aufgrund eines physiologischen Defekts nur die blaue Farbe sehen kann. Die Menschen dieser Art würden wohl kaum in der Lage sein, die Regel zu erkennen und zu formulieren, daß sie nur Blau sehen. Der Terminus »Blau« hätte für sie keinen Sinn. Ihre Sprache würde gar keine Termini für Farben enthalten. Und ihre Wörter, mit denen sie ihre verschiedenen Blauempfindungen bezeichnen würden, entsprächen unseren Wörtern ›hell, dunkel, weiß, schwarz‹ etc., nicht aber unserem Wort ›blau‹. Um die Regel oder Norm, ›Wir sehen nur Blau‹, erfassen zu können, müßten sie gelegentlich und ausnahmsweise auch Momente haben, in denen sie andere Farben sehen.«[99]

Wenn wir also unsere Gedanken über »Blau« mit Worten austauschen, so verfügen wir nicht allein über sinnliche Erfahrung mit der Farbe »Blau«, sondern auch über solche mit anderen Farben. Andernfalls würden unsere sprachlichen Mittel auch keine Benennung von »Blau« ermöglichen. Das gesunde Auge ist empfangsbereit für all jene Wellenlängen des elektromagnetischen Spektrums, die es in farbige Reize zu verarbeiten vermag.

Das Auge vermittelt eine Vielzahl von Farben, eine Vielzahl von hellen und dunklen Tönen zur gleichen Zeit. So geht die Empfindung einer Farbe auch immer einher mit der anderer Farben und dies nicht in einem getrennten Nebeneinander, sondern in einem Miteinander gegenseitiger Beeinflussung.

Betrachten wir eine blaue Fläche, so wird die Blauempfindung eine relative sein, je nach der Farbe des Untergrundes, auf dem sich unser Blau befindet. So wird das Blau auf schwarzem Grund heller und leichter empfunden als auf weißem; denn da wirkt es vergleichsweise dunkel und schwer. Auf rotem Grund opponiert das Blau, indem es etwas grünlicher scheint usw. Wie jede andere Farbe auch, reagiert das Blau gegenüber benachbarten Farben kontrastverstärkend. Die Blauempfindung ist abhängig vom Kontakt mit dem farbigen Umfeld.

Die Farbempfindung ist die erste Stufe der Begegnung mit der visuellen Welt; auf der nächsten Stufe der Wahrnehmung der visuellen Welt sehen wir die Farbe als eine Eigenschaft der Dinge. So ist das Blau sinnverknüpft mit den Oberflächen von festen Gegenständen oder auch mit flüssigen und gasförmigen Stoffen. An seinem Blau erkennt man nicht nur das Brennen des Gases, sondern auch den Wärmegrad einer Gasflamme; das Blau einer Blume verrät uns deren Namen und das Blau eines Geldscheines seinen Wert.

Wahrnehmen heißt, der Empfindung einen Sinngehalt zuzuschreiben; was umso leichter gelingt, wenn die Farbe eine charakteristische Eigenschaft des jeweiligen Gegenstandes ist. Der Konnex der Farbempfindung mit der visuellen Erfahrung der Umwelt macht die Wahrnehmung der Dinge aus. Auch in Abwesenheit der konkreten Dinge können Bildzeichen eine solche Verknüpfung von Farbempfindung mit den gemeinten Gegenständen herstellen. Kommen wir auf die oben eingeführte blaue Fläche zurück und zeichnen darauf die Kontur eines aufsteigenden Flugzeuges: In diesem Kontext wird das Blau zum »blauen Himmel«. Besetzen wir hingegen die blaue Fläche mit einem weißen Dreieck als Segel, wird fraglos das Blau als »Wasser« verstanden. Versieht man die blaue Fläche mit einem weißen Großbuchstaben »P«, entsteht das Verkehrszeichen für »Parken« und darüber hinaus weiß der versierte Verkehrsteilnehmer, daß der blaue Grund des Zeichens nach der Straßenverkehrsordnung für die Klasse der »Gebotszeichen« steht.

Auf der dritten Stufe der visuellen Begegnung mit der Umwelt, der mittelbaren über Zeichen, erfährt folglich die Farbe im Kontext ihren Sinn. Dieser Kontext wird einerseits durch die Ähnlichkeit der dargestellten Farbe mit einem Ereignis der Umwelt in Verbindung mit einem Bild- oder Schriftzeichen bewirkt. So macht in unseren Beispielen das Bild des aufsteigenden Flugzeugs den blauen Grund zum »Azurblau« und das Segelboot macht den blauen Grund zum »Blau des Wassers«.

Wir haben es hier mit zwei Urphänomenen der Begegnung des Menschen mit der Natur zu tun: die Verknüpfung der Blauempfindung mit den Elementarien der Schöpfung, mit »Himmel« und »Wasser«.

Andererseits ist das Blau in willkürlicher Farbwahl einer bestimmten Art von Verkehrszeichen zugeordnet. Der Benutzer eines solchen Zeichens erfaßt den Sinngehalt des blauen Grundes durch Erlernen der Straßenverkehrsordnung. Hier entsteht der Kontext im Vollzuge einer Konvention.

Dasselbe »Blau« ist nicht immer dasselbe

Die Blauempfindung – wie die aller Farben – ist umfeldabhängig Veränderungen unterlegen. Wie bereits erwähnt, können wir einen Wandel innerhalb des Helligkeits- und des Größenkontrastes der Farbe erleben. Der Temperatur-Kontrast stellt sich als ein weiteres Phänomen des Wandels der Farbempfindung dar.

Setzen wir unsere blaue Fläche auf einen orangenen Grund, so erfahren wir die Wirkungen dieses Kontrastes in mehrfacher Hinsicht. Beide Farben stehen sich im Farbkreis diametral gegenüber, sie sind von sehr unterschiedlicher Helligkeit und sehr unterschiedlicher »Temperatur«. Auf dem helleren Orange wirkt unser Blau relativ dunkel und schwer. Der hellere Grund läßt durch den Effekt der Überblendung die blaue Fläche kleiner erscheinen und das »warme« Orange verstärkt beim Blau den Eindruck der »Kühle«.

Es mag befremdlich erscheinen, eine Farbempfindung mit den Kontrasten des Tastsinns zu bezeichnen. Dennoch zögern wir nicht, wenn wir kaltes Wasser benötigen, den Hahn mit der blauen Markierung aufzudrehen und für warmes Wasser den mit der roten.

Der Kalt-Warm-Kontrast scheint begründet in der Erfahrung elementarer Empfindungen, welche die Natur auslöst: Wärme ist verbunden mit Sonne, Feuer, Glut und Blut, also mit den Farben Rot und Orange, während Kälte wie Nacht, Wasser, Eis eher das Blau assoziieren lassen.

Löst bereits eine konkrete Farbe in verschiedenen farbigen Umfeldern verschiedenfarbige Empfindungen aus, so kann das verbale »Blau« bei den

Empfängern dieses Wortes vielerlei blaue Farbvorstellungen hervorrufen. Denn die persönliche Erfahrung mit einer Farbe ist vielfältig, zumal es eine ganze Palette von blauen Farben zu benennen gibt. So differenziert der allgemeine Sprachgebrauch die unterschiedlichen Tonstufen nach »hell-, dunkel-, grau-, himmel-, wasser-, veilchen-, stahlblau« u.a. Auf die vielen phantasievollen modischen Benennungen des Blau brauchen wir hier nicht einzugehen.

Doch die Farbstoffe, die Pigmente, die in der Malerei verwandt werden, sind kurz zu erwähnen. Namen wie »Kobalt-, Ultramarin-, Preußisch-, Türkis-, Cyanblau und Indigo« sind uns bekannt; es bereitet aber Schwierigkeiten, sich den jeweiligen Blauton vorzustellen. Noch dazu, wenn man aus der Praxis weiß, daß jede dieser blauen Farben in qualitativen Unterschieden auf den Markt kommt.

Ursachen dafür gibt es viele; wir verweisen nur auf den der Gewinnung des jeweiligen Pigments. Es kann einerseits, was heutzutage selten genug geschieht, das blaue Pigment aus Edelsteinen wie Aquamarin oder Lapislazuli durch aufwendige Handarbeit oder aber andererseits industriell synthetisch hergestellt werden. So sagt man einem Ultramarinblau aus wertvollem kristallinen Lapislazuli nach, es sei »ein Blau wie flimmerndes Firmament«.

Die Urerfahrung des Blauen

Mit der Assoziation eines »blauen Firmaments« haben wir bereits die Ebene der bloßen Farbempfindung überschritten und die des Sinngehaltes der Farbe erreicht. Die Tiefenwirkung des Blau scheint mit der archetypischen Erfahrung des Menschen von der endlosen Weite des Universums einherzugehen.

Im alten Ägypten wird die »Himmelsfarbe« mit dem Himmelsgott Amun in Verbindung gebracht und in der griechischen Götterwelt stellt Zeus seine Füße auf Azur. Goethe verleiht in seiner Genealogie der Farben dem Blau und dem Gelb eine primäre Stellung; das Blau ist die Aufhellung der Finsternis, die Farbe des nächtlich weiten Himmels.

In die Literatur ist die geheimnisvolle Tiefe des Blau durch Novalis unvollendeten Roman »Heinrich von Ofterdingen« eingegangen. Der Jüngling Heinrich in schwärmerischer Phantasie: »›Nicht die Schätze sind es, die ein so unaussprechliches Verlangen in mir geweckt haben‹, sagt er zu sich selbst; ›fern ab liegt mir alle Habsucht: aber die blaue Blume sehn ich mich zu erblicken. Sie liegt mir unaufhörlich im Sinn und ich kann nichts anders dichten und denken… in der Welt, in der ich sonst lebte, wer hätte da sich um Blumen bekümmert,‹… Der Jüngling verlor sich allmählich in süßen Phantasien und entschlummerte.« Seine träumerischen Gedanken gehen in seinen Traum ein: »Dunkelblaue Felsen mit bunten Adern erhoben sich in einiger Entfernung; das Tageslicht, das ihn umgab, war heller und milder als das gewöhnliche, der Himmel war schwarzblau und völlig rein. Was ihn aber mit aller Macht anzog, war eine hohe lichtblaue Blume,… Er sah nichts als die blaue Blume, und betrachtete sie lange mit unnennbarer Zärtlichkeit.«[100]

Diese »blaue Blume« aus dem Ofterdingen-Roman von Novalis wurde zum Symbol der Romantik. Man stellt sich unwillkürlich die Frage, ob es die dem Blau zufallenden Eigenschaften – wie Ferne, Himmel, vom-Sinnlichen-zum-Übersinnlichen – sind, welche die Sehnsüchte der Romantik zum Ausdruck bringen. Eine solche Vermutung wird verstärkt, wenn man keine andere Farbe findet, die dazu geeigneter erscheint als das Blau.

So ist es kein Zufall, daß zu dieser Zeit die »blaue Grotte« (von Capri) – la grotta azzura – Gegenstand träumerischer Poesie wurde. Barbara Klie hierzu: »Denn sie alle, Tieck, Novalis, Fouqué, Arnim, Brentano, Eichendorff;… von dieser Grotte haben sie alle geträumt, welche die blaue Wunderblume der Poesie suchten bei den Undinen in der Tiefe, der Frau Venus im Berge und in den unterirdischen Grotten der Isis.

Ja wahrlich, wenn man an die deutschen Romantiker denkt, so denkt man zugleich an die Farbe Blau, mit der Grotte oder auch ohne sie. Ludwig Tieck hat die Melodie angestimmt: ›Unser Geist ist himmelblau, führet dich in blaue Ferne…‹«[101]

Das Erlebnis vom tiefen Blau des Himmels, des »Azurs«, findet im Blau des Meeres seine Entsprechung. Hier steht es vom Türkisblau bis zum Blauviolett für die Klarheit des Wassers. Diese Qualität wird auch gepriesen und besungen, wie im Lied von der »schönen blauen Donau«, obwohl man nach eigener Anschauung in diesem – wie auch in anderen Flüssen – überwiegend trübes oder gar bräunliches Wasser zu sehen bekommt.

Im übrigen werden die maritimen Dinge gern »blau« benannt: das »blaue Band«, die Trophäe für die einstmals schnellsten Schiffe des Atlantiks oder die »blauen Jungs« als volkstümliche Bezeichnung für Matrosen.

Auf der semiotischen Ebene, auf der die Zeichen in Wort und Bild die Dinge der Umwelt darstellen, steht das Blau im Kontext anderer Zeichen jeweils für »Himmel« oder »Wasser«; ja, es steht damit für Urerfahrungen des Menschen. Das umso mehr, da in geheimnisvoller Weise die farbigen Erscheinungen uns von der an sich farblosen Atmosphäre und vom farblosen Wasser vermittelt werden.

Unser Bild »Blau« (*Bild 9*, S. 88a)[102] – vom Grünblau bis zum Violettblau – führt den Blick in die Bildtiefe bis zur waagrechten Kante des oberen Bilddrittels. Die Waagrechte wird zum trennenden Horizont, von dem aus das Blau des Himmels aufsteigt und nach unten gerichtet, auf den Betrachter zukommend, wird das Blau in bewegter Farbführung zum Wasser des Meeres. Diese Urerfahrung von Himmel und Wasser drückt sich in der Bildanordnung aus: im Bild oben, über der Linie des Horizontes, ist das Blau der Himmel, unter dem Horizont steht es für das Wasser. Dieses Gesetz sinnlicher Wahrnehmung verschafft sich selbst dann Geltung, wenn wir das Bild auf den Kopf stellen: Das zuvor als Wasser gedeutete Blau wird zu einem von düsteren Wolken bewegten Himmel und das jetzt unter dem Horizont befindliche Blau wird zur (noch) ruhigen See. Die Wirksamkeit des Blau, als Urzeichen für Himmel oder Wasser zu stehen, wird durch seine Anordnung im Bild entschieden.

Die Urerfahrungen des Blauen kann man sich im Text der Schöpfungsgeschichte sinnvoll erwähnt vorstellen. So wie jeder Tag der Erschaffung der Welt mit farbigen Symbolen besetzt werden könnte; mit Farben, die der Mensch kraft seiner sinnlichen Erfahrung mit dem jeweiligen Schöpfungsakt verknüpft: Der erste Tag der Schöpfung mag unter den Zeichen von Schwarz und Weiß stehen für Finsternis und Licht, für Tag und Nacht; der zweite Tag unter dem Zeichen der Farbe Blau für die Erschaffung von Himmelsgewölbe und Wasser; der dritte Tag unter Grün für Land, Pflanzen und Bäume, der vierte Tag unter Gelb (Gold) und Weiß (Silber) für die Erschaffung von Sonne, Mond und Sternen und der fünfte und sechste Tag unter Rot als dem farbigen Symbol für das Leben – von Mensch und Tier. Doch ausdrücklich genannt wird im Schöpfungstext nur das »Grün«.

Hat im Alten wie im Neuen Testament das »Blau« in diesem symbolischen Sinn keinen Eingang gefunden? Wir lesen in den biblischen Texten lediglich vom »blauen Purpur« unter anderen wertvollen Farben (2 Chronik 2,6.13 und 3,14) und von »saphirblauen Adern« (Klagelieder 4,7). Schließlich wird in der Offenbarung des Johannes das Blau im Verein mit den beiden anderen Elementarfarben zur bedrohlichen apokalyptischen Dreiheit von Feuer (rot), Rauch (blau) und Schwefel (gelb) (vgl. Offenbarung 9,17).

Dennoch – wenn auch in umschriebener Weise – wird das Blau zum Gegenstand des Vermächtnisses des Herrn gegenüber dem neuen Jerusalem.

Denn durch Jesaja läßt er, der Herr, verkünden: »Du Ärmste, vom Sturm Gepeitschte, die ohne Trost ist, sieh her: Ich selbst lege dir ein Fundament aus Malachit und Grundmauern aus Saphir« (Jesaja 54,11). Das symbolisch auf Grün und Blau gegründete neue Jerusalem wird als göttliche Zusage erfahren.

Blau – der Weg in die Tiefe zu Gott

Mit der Farbe Rot steht das Blau in einem Nah-Fern-Kontrast. Das soll heißen, während das Rot den längsten Wellen (und den kürzesten Frequenzen) des Lichts im Spektrum der Farben entspricht und sich somit gegenüber anderen Farben in den Vordergrund zu drängen scheint, gehört das Blau zum kürzeren Wellenlängenbereich; es versucht dem Auge des Betrachters zu entfliehen.

Der Blick in das Blau wird zum Blick in eine unbestimmte Ferne. Dieses Phänomen des Tiefensehens ist offensichtlich ein prägnanter Ausdruck der Blauempfindung. »Ferne« und »Tiefe« sind definierbare Begriffe des räumlichen Wahrnehmens, der räumlichen Darstellung, des räumlichen Denkens. Sinnliche Erfahrung und perspektivische Darstellungsmethoden machen räumliche Tiefe einschätzbar, meßbar. Das Phänomen des blauen Himmels jedoch – wenn auch physikalisch erklärbar[103] – ist für uns räumlich nicht begreifbar. Es ist ein Blau von mystischer Tiefe, von Unendlichkeit, das unseren Blicken entflieht und uns gleichzeitig wie magnetisch anzieht. Das Blau des Himmels deutet eine Dimension an, die über unsere räumliche Erfahrung hinausgeht. Dazu Goethe: »Wie wir den hohen Himmel, die fernen Berge blau sehen, so scheint eine blaue Fläche auch vor uns zurückzuweichen. Wie wir einen angenehmen Gegenstand, der vor uns flieht, gern verfolgen, so sehen wir das Blaue gern an, nicht weil es auf uns dringt, sondern weil es uns nach sich zieht.«[104] Und weiter schreibt Goethe: »Das Blaue gibt uns ein Gefühl von Kälte, so wie es uns auch an Schatten erinnert.«[105]

Doch für die menschliche Urerfahrung ist Blau »Tiefe« und somit zentrale Metapher für die Beziehung mit Gott, für das Unendliche, für die Umfassungserfahrung, die sich uns Menschen nicht nur leicht wahrnehmbar, sondern auch über die Blauempfindung erschließt. »Kühle«, die Distanz, gehören zur Beziehung mit Gott. Unendlichkeit hat auch etwas von Fremdheit, Nicht-Verfügbarkeit an sich: Der ganz andere. Die Ebene der

sinnlichen Grunderfahrungen erschließt uns die Unendlichkeit der Gottes-beziehung mit dem Blau für »Himmel« oder »Wasser«. Die Schöpfungs-geschichte beginnt – in diesem Fall naturwissenschaftlich im Prozeß der Entstehung der Erde richtig – vom Himmelsgewölbe und vom Wasser her aus der »Unendlichkeit«.

Für den Prozeß des Glaubenlernens und -lehrens ist die Reihenfolge wichtig: Wir fangen nicht mit Symbolen an, vielmehr nehmen wir wahr. Glaubens-symbole als Deutekategorien für die Beziehung mit Gott werden auf diesem Weg gewonnen und erst dann in Zeichen, Worte oder Farbe gefaßt. Die alte Tradition, daß Blau Symbol des Ewigen ist, beeinflußt den Sinngehalt unserer Wahrnehmung.

Die Farbe Blau gründet physiologisch in den Wahrnehmungsmöglichkeiten des Auges. Sie bietet konkrete Anhaltspunkte für das, was wir in der Theologie »Tiefendimension« nennen (Paul Tillich). Die Wahrnehmung der Farbe Blau birgt eine tiefe Dimension des »ganz anderen«, die über die Verbalisierung »Blau« hinausgeht.

»Himmel« als die grandiose Vision einer bleibenden Heimat für uns Menschen – nicht gedacht als Leben über den Wolken oder hinter tausend Sonnen, sondern als Heimat in der Vereinigung mit Gott und als Anteilhabe an seinem göttlichen Sein, wird über die Farbe Blau – blauer Himmel – intensiv signalisiert. Wer zum Himmel hinaufschaut, kann sich in tiefem Blau verlieren; Farberfahrung als Sehnsucht nach Heil und Heilung, nach Leben außerhalb der Bedrohung, nach Leben in der Tiefe, umfaßt von Gott. Für die Erschließung der Gottesbeziehung ist es interessant zu klären, ob im Zusammenhang mit der Tiefendimension der Farbe »Blau« Farbeindrücke mit bereits vorgegebenen theologischen Deutungen assoziiert werden – z.B. »Gott ist der ganz andere«, »Gott ist der Faszinierende und Erschüt-ternde« – oder ob es sich um ursprüngliche, sich langsam aufbauende Farbeindrücke handelt, die sich aus sich heraus zu »Glaubensdeutungen« weiterentwickeln.

Zugespitzt gefragt: *Teilt sich Gott über Farbeindrücke, die letztlich Teil und Ergebnis seiner Schöpfung sind, uns Menschen ursprünglicher mit als in der verbalen Symbolbildung?*

Oder umgekehrt: Bedürfen die Farbeindrücke der »Deuteworte«, mit denen wir sie aus der Vieldeutigkeit und der Diffusion herausfiltern und herme-neutisch auf den Punkt bringen? Die Wahrnehmungsebenen von uns Menschen verlaufen nicht getrennt. Sehen und Sprache, Sprache und Sehen gehören zusammen.

In der Wahrnehmung Gottes allerdings hat sich in der kirchlichen Verkündigung – in der protestantischen Tradition noch mehr als in der katholischen – eine einseitige Verbalisierung durchgesetzt, die zu heutigen, immer intensiver werdenden Visualisierungsmustern, in Kontrast gerät. Es kann nicht verschwiegen werden, daß innerhalb der Tendenzen zur Visualisierung gefährliche Entwicklungen festzustellen sind. Oft wird die Farbgebung zur grellen Buntheit und die Bildfolgen werden immer kürzer; sie machen Sehen und Wahrnehmen unruhig und verhindern das Wahrnehmen von Zusammenhängen. Es entsteht so eine Vermittlung von hektischer Spannung und weniger von Information. Insgesamt werden so eher problematische Sehgewohnheiten erzeugt. Gegen diese Tendenzen sind jene – leider nicht häufig vorkommenden – Meditationsfilme von besonderer Bedeutung, die in ruhiger, langdauernder Bildfolge die Zuschauerinnen und Zuschauer auf differenzierte Wahrnehmung auch in emotional ansprechender Art hinführen.

Blau – in der Malerei

Sucht man nach besonders beeindruckenden Werken der Malerei, die das »flimmernde Firmament«, die »Tiefen des Himmels« zeigen und uns damit am Blau erfreuen lassen, findet man das in den Glasfenstern von Marc Chagall verwirklicht – sei es in denen der Kathedrale von Reims, in den vier Bildern »Ruben«, »Simeon«, »Dan« und »Benjamin« in der Hadassah-Synagoge bei Jerusalem oder in denen der Kirche St. Stephan in Mainz.
Die Mainzer Glasmalerei, vom damals 90-jährigen Künstler geschaffen, umfaßt die Geschichte der Bibel von der Erschaffung des Menschen bis zum Kreuz von Golgotha. Der Grundton aller Darstellungen ist Blau. Ein strahlendes, vitales Blau mit Licht gemalt, was nur die Glasmalerei ermöglicht. Chagall hat dieses »Blau des Himmels« nicht allein den Szenen zugrunde gelegt; er hat damit die Stätten der Bibel, Mensch und Natur durchdrungen. Es gelingt dem Künstler mit der Farbe beim Betrachter nicht nur die natürliche Erfahrung von »Himmel« assoziieren zu lassen, er gibt ihr vielmehr übernatürlichen Ausdruck. Chagall selbst nennt seine Kunst »supranatural.«[106]
Das von einem Maler bevorzugte Blau ist nicht das, was ein anderer Maler als sein Eigen ansieht. So ist die symbolische Überhöhung des einen Blau, die ein Künstler mit dessen Verwendung beabsichtigt, nicht die des anderen. Wem fällt nicht beim Thema der malerischen Bevorzugung des Blau die

frühe Schaffensperiode des Pablo Picasso ein – die oft genannte »blaue Periode«. Betrachtet man ein Bild aus dieser Zeit, etwa »Die beiden Schwestern« (1904), empfängt man einen gänzlich anderen Blaueindruck als zuvor bei Chagall. Dieses ganz in Blau gemalte Bild erweckt einen zum Erschrecken fahlen, todeskalten Eindruck. »Der ausschließliche Gebrauch des Blau durch den Picasso dieser Zeit läßt sich wohl am besten erklären mit der visuellen, um nicht zu sagen geistigen Bedeutung dieser Farbe, der Farbe der Nacht, der ausgeglühten Schlacke, der Melancholie und des Todes. Magere, blutleere Körper, düstere, verängstigte Gesichter, eine Menschheit, auf der ein unversöhnliches Geschick lastet – lebhafte Farben eignen sich nicht zu ihrer Darstellung. Kaltes Blau, rußiges Grau passen besser zu dieser Welt der Enterbten und Siechen.«[107]

An den Beispielen des sehr unterschiedlich wirkenden Blau in den genannten Bildern von Picasso und Chagall erreicht unsere Betrachtung eine nächste Ebene der Sinnerfahrung: die symbolische. So wie wir von den Erfahrungsstufen sprechen, bei denen die eine stets Voraussetzung für die Nächstfolgende ist, so ist die Blauempfindung Voraussetzung für das Erkennen eines blauen Gegenstandes; diese Erfahrung wiederum ist Voraussetzung, um die Darstellung des blauen Gegenstandes deuten zu können und die Ähnlichkeit einer Abstraktion mit dem blauen Gegenstand läßt erst ein bildliches Symbol verständlich werden. Wie der Bildbetrachter macht der Künstler einen gleichen Verständnisprozeß durch; was Chagall so ausdrückt: »Man muß nicht mit dem Symbol anfangen, sondern (beim Malen) zum Symbol kommen.«[108]

Die Symbolik einer Farbe kann allerdings auch in einem langwierigen Prozeß der Konventionalisierung eingeführt werden; ein derart symbolisches Zeichen funktioniert nicht kraft einer gegenständlichen Sinneserfahrung, sondern allein im Kontext des Auftretens. Das »himmlische Blau«, das Chagall aus der Ikonizität – der Ähnlichkeit von blauer Farbe mit blauem Himmel – zur symbolischen Farbe macht, ist bereits im frühen Christentum über die reine Farbempfindung zum Symbol des Ewigen erhoben worden. Daß die Christen hiermit eine kultische Tradition des Judentums fortführen, deren Hohepriester den »himmelblauen« Mantel trugen, kann vermutet werden. Ein Synodenbeschluß (692 n.Chr.) fordert ausdrücklich »das Vollkommene mit Farben vor Augen zu stellen«[109]. Über die individuelle Farberfahrung hinaus gewinnt nun die symbolische Bedeutung von Farben für die Darstellung göttlicher Gestalten an Verbindlichkeit.

Bereits in der Zeit Konstantins werden byzantinische Regeln des Farbgebrauches von der Kirche entlehnt. Der blaue und der rote Purpur, bisher

Ausdruck kaiserlicher Machtentfaltung, finden Eingang in die christliche Farbsymbolik – als Marien- und Christusfarben.

Die Madonnenbilder des frühen Mittelalters bis über die Renaissance hinaus stellen überwiegend Maria im roten Gewand mit blauem Mantel dar. Der Himmelsmantel in Blau, der für den Schutz der ganzen Menschheit stand (»Schutzmantel-Madonna«), blieb, bis auf wenige Ausnahmen, in der Kunst verbindlich. Zeugnis geben eine Vielzahl bekannter Madonnenbilder, so von Leonardo, Raffael, Botticelli, Tintoretto, Dürer, Memling, Baldung (Grien), Bruegel, van der Goes, van Cleve und vielen mehr. Jeder von ihnen war eigenwilliger Künstler, allein seiner individuellen Auffassung über die Malerei verpflichtet, hat sich aber dennoch bei der Darstellung Mariens nicht der Farbkonvention entziehen können.

Die Malerei der Neuzeit sieht sich frei von Farbkonventionen. Jeder Maler versucht, der Farbe eigenen Ausdruck zu geben – so auch der blauen Farbe. Paul Cézanne gibt seinem Blau – das alle Gegenstände des Bildes erfaßt, unabhängig von ihrer charakteristischen Körperfarbe – vor allem den Ausdruck des Sphärischen, der kompositionellen Geschlossenheit und gleichzeitig einer faszinierenden Tiefe.

So finden wir die uns von der Natur geschenkte Blauerfahrung in der Welt der Bilder wieder. Nennen wir demnach das Blau Chagalls, mit dem er die biblischen Szenen malt, seinem Sinngehalt nach ein »himmlisches« und das fahle, kalte Blau in den Gemälden der »blauen Periode« Picassos ein »bleu mourant«, ein »sterbendes Blau«, das unsere sinnliche Erfahrung mit Kälte und Tod verknüpft, so ist das Blau Cézannes ein »sphärisches«, das seine Bilder atmen läßt. Was wiederum deutlich macht, daß eine Farbe verschiedenen Sinngehalten dienen kann; da macht auch das Blau keine Ausnahme.

Der Liebe zum Blau begegnen wir in den Namen von Künstlergemeinschaften – wie »Der blaue Reiter« – ein Zusammenschluß namhafter Expressionisten. Kandinsky erinnert sich später, wie er 1911 mit Franz Marc auf diese Namensgebung kam: »Den Namen ›Der blaue Reiter‹ erfanden wir in der Gartenlaube von Sindelsdorf; beide liebten wir Blau, Marc – Pferde, ich – Reiter. So kam der Name von selber.«[110] Diese Vorliebe zu Blau läßt sich nachvollziehen: Marc hat einige Varianten von »blauen Pferden« gemalt und Kandinsky einen Umschlagentwurf »Der blaue Reiter« (1911). Und zu einem der späten Bilder von Kandinsky gehört »Himmelblau« (1940).

1924 gründete Feininger mit Kandinsky, Klee und Jawlensky die Gruppe der »blauen Vier«. Das so hervorgehobene Blau der Expressionisten steht symptomatisch für die Ausdruckskraft der Farbe an sich, unter Verzicht auf die Abhängigkeit von der Eigenfarbe der Dinge. Es steht für die Autonomie der Farbe in der Malerei des 20. Jahrhunderts.

Es gibt eine Vielzahl bekannter Meisterwerke dieses Jahrhunderts, in denen Blau vorherrscht und die etwas von der Vorliebe der jeweiligen Maler für diese Farbe bezeugen. In Vertretung anderer seien hier genannt: vier »Blaue Akte« von Henry Matisse (1952) und das Triptychon »Blau« von Joan Miró (1961).

Blaue Kleidung

Im weltlichen Bereich sind es die französischen Könige, die im 13. Jahrhundert begannen, den purpurroten Krönungsmantel durch einen blauen zu ersetzen; denn blauen Grund hat das Lilienwappen der Bourbonen. Unter Ludwig XIV. wird das »Königsblau«, als Zeichen barocker Machtentfaltung, am Hofe zur Modefarbe.

Durch die Beliebtheit der blauen Kleider ist das Färberhandwerk angeregt, eine Vielzahl neuer Blautöne zu entwickeln. In den Gemälden von Watteau und Fragonard spiegelt sich die Neigung des höfischen Lebens zum Blau in den verschiedensten Variationen wider. Später greift das aufkommende Bürgertum die Mode blauer Kleidung auf; wobei die Männer das Dunkelblau bevorzugen. Das Blau der Mode hat sich aller symbolischen Gehalte entledigt; es sei denn, ein gehobenes Standesbewußtsein der Bürger will sich damit ausdrücken.

Goethe trägt zur Verbreitung des blauen Anzugs, als Zeichen eines selbstbewußten Bürgertums und eines aufkommenden Freiheitsbestrebens auf seine Weise bei: »Durch die Gestalt des jungen Werther, der das Lebensgefühl dieser Generation wie kein anderer repräsentierte, und den Goethe in seinem Roman nicht in einen Frack aus Seide, sondern in einfachem blauem Tuchfrack mit gelber Weste, gelblichen Lederbeinkleidern und weichen Stulpenstiefeln nach englischer Mode kleidet, erhielt die Idee eine feste Gestalt. Als der Roman 1774 erschien, griffen zahlreiche junge Leute die Werthertracht auf, um dadurch ihren Wunsch nach Freiheit und ihre Auflehnung gegen die höfischen Sitten zum Ausdruck zu bringen. Die ›Werthermontierung‹, die Goethe selbst trug, als er 1775 nach Weimar kam, fand am dortigen Hof so großen Anklang, daß sie dort als Mode übernommen wurde.«[111]

Wenn auch weniger aus modischen, sondern wohl mehr aus praktischen Rücksichten, wird im 18. Jahrhundert in Preußen und anderen Staaten der blaue Rock zur Uniform des Militärs. Nachdem auch Napoleon die französischen Armeen in Blau kleidet, trugen in der Mitte des 19. Jahrhunderts die meisten Soldaten in Europa die dunkelblaue Uniformfarbe. »In Preußen beherrschte der blaue Offiziersrock die Hofgesellschaft und spielte bei offiziellen Anlässen, bei denen die Uniform vor dem schwarzen Gehrock der Zivilpersonen und dem Talar der Universitätsprofessoren rangierte, die führende Rolle«.[112] Die dunkelblaue Uniform des preußischen Militärs, im Kontrast zum Hellblau der Bayern, hat fraglos zum Begriff des »Preußischblau« beigetragen. Dennoch bezeichnet dies nicht die Farbe »Preußischblau«, welche zu Beginn des 18. Jahrhunderts von einem Berliner Farbenhersteller entwickelt wird.[113]

In vorindustrieller Zeit verbreitet sich eine andere Art blauer Kleidung: die Arbeitskluft der Arbeiter, Handwerker, Fuhrleute und Landarbeiter aus derbem, haltbarem Textil. Über die Nützlichkeit dieser blauen Kleidung hinaus prägte sie auch den Sinn für die Zugehörigkeit zu einer Klasse.

In den vergangenen Jahrzehnten wurde das Tragen von Blue Jeans als jugendliche Alternative zu den laufend wechselnden Modetrends der »Alten« verstanden. Wohl kaum eine Kleiderfarbe hat so wie das Blau in diesem Jahrtausend in wechselnden Rollen die Erscheinung von verschiedenen sozialen Gruppen geprägt.

Dieser soziale Aspekt schlägt sich, wenn auch marginal, in geläufigen Sinnbildern nieder, so in dem von den »Blaustrümpfen«: den »gelehrten, aber wenig charmanten Frauen«. Übernommen aus dem englischen »blue stocking«, einem Spottnamen für die Mitglieder eines schöngeistigen Salons in London (um 1750), in dem die Frauen in blauen Garnstrümpfen statt in den modisch üblichen schwarzseidenen erschienen, nicht zuletzt, um sich durch ein solches Signal vom damaligen gesellschaftlichen Frauenbild abzusetzen. So sind die ersten Ansätze in der Neuzeit zu einer Emanzipationsbewegung der Frauen mit der Farbe Blau verbunden. Daß dieser Weg zur Gleichberechtigung der Frau ein sehr langwieriger und dornenvoller ist, zeigt das, was in Meyers Konversations-Lexikon von 1893 unter »Blaustrumpf« zu lesen ist: Eine Bezeichnung »für gelehrte Frauen, schriftstellernde Damen, namentlich im tadelndem Sinn für solche, die über ihren literarischen Beschäftigungen ihre mütterlichen und häuslichen Pflichten versäumen und ihre Gelehrtheit selbstgefällig zur Schau tragen.«

Blaue Metaphern

Der »blaue Montag« verdankt seine Entstehung als umgangssprachliche Metapher ebenfalls der Eigenart einer gesellschaftlichen Gruppierung. Nach altem Handwerksbrauch hatten die Gesellen, die sich durch die gemeinsame blaue Kleidung kenntlich machten, montags arbeitsfrei. Daraus wird das umgangssprachliche »Blaumachen«, wenn man »arbeitsfrei feiert«, gleich an welchem Wochentag.

Das ist eine Version, die Herkunft des »blauen Montags« zu erklären. Eine andere Version meint, daß das Blau sich auf die Zecherei der Handwerksburschen an diesem freien Tage bezieht. Was allerdings offen läßt, warum hier »blau« als »betrunken« zu verstehen ist. Die etymologischen Wörterbücher geben dafür ebenfalls zweierlei Vermutungen an; die eine leitet das »Blau« vom äußeren, die andere vom inneren Zustand des Bezechten ab: »Die Ideenverbindung ›blau‹ und ›betrunken‹ ist nicht leicht erklärbar und hängt vielleicht mit der bläulichen Verfärbung von Wangen und Nasen schwerer Alkoholiker zusammen«.[114] Zum anderen wird vermutet, daß das »Blausein« mit dem Schwindelgefühl des Betrunkenen zu tun hat, denn bereits im 16. Jahrhundert ist die Redewendung üblich, daß einem »blau (später schwarz) vor Augen« wird statt des »Ohnmächtigwerdens«.

Eine weitere Variante zur Erläuterung der Herkunft des »blauen Zustands« bietet uns das »bleu mourant« (vergehendes, blasses Blau) an; aus dem Französischen entlehnt sagen wir umgangssprachlich »blümerant«, was durchaus synonym für »blau« als Befinden nach starkem Alkoholgenuß gelten mag. Und nicht zufällig nennt sich die 1877 in Genf gegründete Organisation zur Bekämpfung des Alkoholmißbrauchs »Blaues Kreuz«.

Weitere metaphorische Ableitungen von den Eigenschaften der Farbe Blau finden wir in den Redensarten »ins Blaue fahren« und »ins Blaue reden«. Hier besteht offensichtlich ein ursprünglicher Bezug zur Tiefenwirkung der Farbe: einer Tiefe bis in das Ungewisse. Während man das Ungewisse bei einer »Fahrt ins Blaue« als Aussicht auf eine angenehme Überraschung versteht, ist die Ankündigung eines »blauen Wunders« eher als eine bevorstehende Unannehmlichkeit gemeint. Und »das Blaue vom Himmel herunter versprechen« heißt, daß ein solches Versprechen nicht einlösbar ist.

»Blaues Blut« wird im 19. Jahrhundert aus dem spanischen »sangre azul« übernommen, das die vornehmsten Familien des spanischen Adels bezeichnet, bei denen, wie es heißt, die blauen Adern durch die transparente, helle Haut schimmern.

Eine Metapher ist in einer konkreten Situation begründet, die man auf eine andere sinnvoll überträgt. Sie drückt bildhaft aus, daß »etwas wie etwas« ist. So ist ein blaues Auge ein noch glimpfliches Resultat eines handgreiflichen Konfliktes; mit dem »blauen Auge« davongekommen zu sein, heißt, daß ein Konflikt anderer Art für den Betreffenden ohne größeren Schaden ausgegangen ist. Und jemandem »blauen Dunst« vormachen, besagt, wie ein professioneller Zauberer, unter Zuhilfenahme von aufsteigendem Rauch, etwas vorzugaukeln. Und schließlich sei noch der »blaue Brief« erwähnt, der seinen Namen von den Kuverts preußischer Kabinettschreiben hat, und der auf Briefe mit schlechter Nachricht übertragen wird, auch wenn diese in nichtblauen Umschlägen übermittelt werden – etwa Schreiben, welche die Klassenversetzung in der Schule als gefährdet melden. Wir haben es mit Redensarten zu tun, deren Benutzung des »Blau« mit dem ursprünglichen Farbeindruck kaum noch etwas gemein haben.

Farbe der Treue?

Der Mensch macht an einer Farbe eine Idee fest und eine solche Verbindung des sinnlich Erfaßbaren mit dem abstrakten Gedanken erfreut sich im allgemeinen eines erstaunlich weit verbreiteten Verständnisses. Fragt man also, wie in einem Quiz, was mit den Farben Weiß, Rot, Grün und Blau jeweils für Begriffe assoziiert werden, wird vermutlich spontan in dieser Reihenfolge geantwortet: Reinheit, Liebe, Hoffnung, Treue.
Diese Gedankenverbindungen erscheinen, soweit es um Weiß, Rot und Grün geht, durchaus plausibel, denn zwischen der sinnlichen Erfahrung der genannten Farben und den ihnen zugeordneten Ideen bestehen analoge Verbindungen. Das heißt, daß diese Ideen einen gewissen Grad an Ähnlichkeit mit konkreten Dingen besitzen, zu deren charakteristischen Eigenschaften die jeweilige Farbe gehört. Doch gerade in diesem Sinn bereitet einem die Erklärung einer Verbindung von »Blau« mit dem Begriff »Treue« einiges Kopfzerbrechen.
Selbst wenn das Blau hier als ein konventionelles, also ein vereinbartes Symbol, und nicht als ein ikonisches, ein auf Ähnlichkeit zwischen Zeichen und Bezeichnetem bestehendes, zu verstehen wäre, bleibt die Frage, auf welchem Wege eine derartige Verknüpfung zustande kommt. Ist in der Vielfalt der Abstraktionen, mit denen das Blau belegt ist, etwas Gemeinsames aufzuspüren?

Ist das Blau eine Farbe der Ferne, der Ungewißheit, der Utopie, eine Farbe des Traumes oder eine Farbe des »Geistigen in der Kunst« (Kandinsky)? Ist Blau die Farbe der Treue, weil es sich in der Tiefe produziert: Je tiefer Himmel und Wasser – an sich farblos – sind, desto blauer und dunkler erscheinen sie; konstant und bewegungslos? So vermutet das der Maler Karl Gerstner.

Sucht man in der Entstehungsgeschichte der verschiedenen metaphorischen Verwendungen des »Blau«, so werden wir von der visuellen Erfahrung des »Himmelblau« verwiesen auf die »Unendlichkeit des Firmaments«, auf das transzendente Blau des Hyazinths und des Saphirs als Symbol »himmlischen Ursprungs« bis hin zu der im Mittelalter vorherrschenden blauen Marienfarbe als Zeichen »himmlischer Gnade«. Weder die Symbole des »Himmelblau«, auch nicht die aus vorchristlicher Zeit, noch die erwähnten Sinnbilder profaner Art lassen sich auf den Begriff »Treue« reduzieren.

Der Ursprung dieser umgangssprachlichen Deutung des »Blauen« und seiner symbolischen Überhöhung kann nicht überzeugend erklärt werden. Daß der blaue Saphir der Edelstein sei, der »Treue« symbolisiert, mag einer Konvention entsprechen, die jedoch ihr Herkommen nicht preisgeben mag. So lassen wir uns auf die Vermutung ein, daß, nach Jesaja, der saphirblaue Grund des »Neuen Jerusalem«, als ein möglicher Ursprung zur Symbolbildung von Blau als Treue angesehen werden kann.

Physisches, physiologisches, chemisches Blau

Man kann es als Kern seiner Farbphilosophie ansehen, daß Goethe in der ersten Aufhellung der Finsternis das Urphänomen »Blau« erkennt. Insofern ist das Blau die erste, wenn auch nicht ausdrücklich genannte, Farbe der Schöpfungsgeschichte, denn wenn die ersten Strahlen des Lichts der Finsternis begegnen, wird aus dem Schwarz der Finsternis das Blau des Himmels. Dieses Blau des Firmaments, also die Farbe eines an sich farblosen Raumes, sei das Produkt der Brechung des Sonnenlichts; Goethe nennt darum diese Art der Entstehung von Farbeindrücken »physische Farben«: »Physische Farben nennen wir diejenigen, zu deren Hervorbringung gewisse materielle Mittel nötig sind, welche aber selbst keine Farbe haben und teils durchsichtig, teils trüb und durchscheinend, teils völlig undurchsichtig sein können. Dergleichen Farben werden also in unserm Auge durch solche äußere bestimmte Anlässe erzeugt, oder, wenn sie schon auf irgendeine

Weise außer uns erzeugt sind, in unser Auge zurückgeworfen. Ob wir nun schon hiedurch denselben eine Art von Objektivierung zuschreiben, so bleibt doch das Vorübergehende, Nichtfestzuhaltende meistens ihr Kennzeichen.«[115]

Die Farbphilosophie des Entstehens der Farben aus der Polarität von Licht und Finsternis läßt sich unter den heutigen naturwissenschaftlichen Einsichten nicht aufrecht erhalten. Zwar kann man Goethe noch beipflichten, daß das Licht, mit »gewissen materiellen Mitteln« in Berührung kommend, Farben erzeugt. Doch geschieht dies nicht durch Trübung des Lichts zu Gelb oder Aufhellung des Dunklen zu Blau, sondern ist ganz allein ein Vorgang der Streuung des Sonnenlichts. Ein Vorgang, der gleichzeitig sowohl das Blau als auch das Gelb oder Rot zu erzeugen vermag. Ein Lehrbuch der Physik erklärt uns das so: »Zum Beispiel wird die Helligkeit und die blaue Farbe des Himmels auf die Streuung des Sonnenlichts an den Luftmolekülen zurückgeführt. Insbesondere ist die blaue Farbe das Ergebnis der stärkeren Streuung der höheren Frequenzen (oder kürzeren Wellenlängen). Der gleiche Vorgang liegt auch den hellen roten Farben zugrunde, die man bei Sonnenaufgang und Sonnenuntergang beobachtet, wenn die Sonnenstrahlen eine sehr dicke Luftschicht durchqueren. Das führt zu einer ausgeprägten Schwächung der hohen Frequenzen (oder kurzen Wellenlängen) aufgrund der Streuung.«[116]

Für unsere Beobachtung heißt das, wenn wir mit dem Rücken zur niedergehenden Sonne stehen, sehen wir den Himmel in einem besonders intensiven Blau. Während die gelblichen und rötlichen Anteile des Lichts für uns unsichtbar in die Tiefe des Alls fallen, werden allein die kürzeren Wellenlängen, die blauen, durch ihre Streuung sichtbar. Wenden wir hingegen unseren Blick der sinkenden Sonne entgegen, ergibt sich ein umgekehrtes Bild. Die Sonnenstrahlen sind durch die Streuung des kurzwelligen Lichts frei von den blauen Anteilen und vermitteln auf direktem Wege die längeren Wellen des Lichts, die gelben und roten, je nach Dichte der Luftschicht.

Geht Goethes These von der »Trübung« des Lichts dagegen eher von einer Mischung des Lichts mit dem Dunklen aus, ist das Phänomen des blauen Himmels, der gelben oder roten Sonne allein dem unterschiedlichen Verhalten der kürzeren und der längeren Lichtwellen zu verdanken.

Gelingt es dem Licht aus der Farblosigkeit durch Streuung bestimmter Wellenbereiche ein ungetrübtes Blau zu schöpfen, so erscheint es uns noch erstaunlicher, daß unser Auge ganz von sich aus ein Blau herstellen kann. Etwa in der Weise, daß wir einen orangenen Flecken auf ein weißes Papier legen, dieses Orange eine Zeitlang unverrückten Blicks fixieren, dann den Fleck entfernen und anstelle des orangenen einen blauen Fleck auf dem Papier sehen – wie zuvor am Kontrast Rot-Grün erprobt (vgl. Kapitel »Rot«).

Das Phänomen des komplementären Nachbildes wird von Goethe, wie wir bereits sahen, als das Fundament seiner Lehre einer »chromatischen Harmonie« verstanden und gegen ein falsches Verständnis von »Augentäuschung« und »Gesichtsbetrug« verteidigt: »Wir haben sie physiologische genannt, weil sie dem gesunden Auge angehören, weil wir sie als die notwendigen Bedingungen des Sehens betrachten, auf dessen lebendiges Wechselwirken in sich selbst und nach außen sie hindeuten.«[117]

Um Goethes didaktischer Gliederung zu folgen, kommen wir zu den »Chemischen Farben«: »So nennen wir diejenigen, welche wir an gewissen Körpern erregen, mehr oder weniger fixieren, an ihnen steigern, von ihnen wieder wegnehmen und andern Körpern mitteilen können, denen wir denn auch deshalb eine gewisse immanente Eigenschaft zuschreiben. Die Dauer ist meist ihr Kennzeichen.«[118]

Wir verstehen hierunter besonders die Körperfarben als Eigenschaft der Oberflächen der Dinge und dazu gehören auch die Bilder von den Dingen. Um diese triadische Gliederung der Farbentstehung zu veranschaulichen, kommt uns ein Bild von August Macke zu Hilfe, eines seiner beeindruckenden Aquarelle von Tunesien, »Blick in eine Gasse« (1914), das Bild einer denkwürdigen Reise mit seinen Freunden Paul Klee und Louis Moilliet auf dem Höhepunkt seines künstlerischen Schaffens, kurz vor seinem Tod zu Beginn des 1. Weltkrieges: Über den weißen, kubischen Häusern, von der Sonne goldgelb gefärbt mit leuchtend blauen Schattenpartien und einer ebenso blauen Tür, der blaue Himmel Nordafrikas. Drei sehr verschiedene Erscheinungen mit einer blauen Aquarellfarbe eindringlich formuliert: der an sich graue Schatten auf einer weißen Mauer wird durch das gelborangene Umfeld komplementär beeinflußt, und der Betrachter sieht somit den Schatten blau (als physiologische Farbe); der eigentlich farblose Himmel wird durch die Streuung des Sonnenlichts zu einem blauen Himmel (als physische Farbe) und schließlich die blau gestrichene Haustür (als chemische Farbe).

Die von Goethe benutzten Kategorien der Farbentstehungen sind auf die unmittelbare Wahrnehmung der Umwelt bezogen. Die mittelbare Wahrnehmung, wie die über das Bild von Macke, ist allein auf die sogenannten »chemischen Farben«, also die Malfarben, verwiesen.

Lieblingsfarbe: Blau

Redet man über Farben, wird auch immer die Frage nach der persönlichen Lieblingsfarbe gestellt. Aus der jeweiligen Antwort Schlüsse ziehen zu wollen, ist ein heikles Unterfangen. Denn sehr vielfältig sind die Komponenten der Bevorzugung einer Farbe. Ethnokulturelle Bindungen, sinnliche Eindrücke, farbige Gegenstände, kreative Vorstellungen, Zeichen, Metaphern, Symbole, aber auch modische Trends, Konventionen, Klischees usw. lassen eine oder mehrere Farben zu Lieblingsfarben werden.

Empirische Ermittlungen und statistische Mittelwerte führen, so hofft man, mitunter zu Einsichten, mit deren Hilfe man ein Produkt und eine potentielle Käuferschicht oder auch Partner für einen Lebensbund zusammenzuführen versucht.

Wenn wir auch hier mit Nachdruck betonen, daß der Sinngehalt einer Farbe jeweils im Kontext zu deuten ist, in welchem diese auftritt, so ist dennoch zu bedenken, daß die Meinung über eine Farbe jeweils Tendenzen aufzeigt, die ein gewisses Maß an allgemeiner Gültigkeit besitzen. So ist Blau die beliebteste Farbe mit großem Abstand vor Rot, von dem wir wiederum wissen, daß es von der Gruppe der Kinder und Jugendlichen bevorzugt wird. Es bleibt immerhin zu vermuten, daß die hier geschilderten Muster der Beeinflussung bei solcher Meinungsbildung eine Rolle spielen und daß darin auch die menschlichen Urerfahrungen der Umwelt eingebettet sind.

Läßt man beispielsweise gegensätzliche Eigenschaftsbegriffe spontan den allgemein bevorzugten Farben Blau und Rot zuordnen, erhält man ein durchaus plausibles Ergebnis; die linke Spalte steht für Blau und die rechte für Rot:

beruhigend	erregend
kalt	warm
zurückhaltend	entgegenkommend
männlich	weiblich
konzentrisch	exzentrisch
vernünftig	gefühlvoll
still	lebhaft
himmlisch	irdisch
fern	nahe
geistig	sinnlich

Die Polaritäten von Eigenschaften des Blauen und des Roten mögen in ihrer dargestellten Anordnung überzeugen, weil sich die beiden Spalten von Adjektiven waagrecht gelesen in sinnvolle Beziehung miteinander bringen lassen.

Wer hingegen versucht, die Spalten jeweils in senkrechter Reihenfolge zu lesen, um somit ein charakteristisches Profil von der einen wie von der anderen Farbe zu erhalten, sieht sich enttäuscht. Denn so gelesen, sehen wir uns einem Sammelsurium von Merkmalen gegenüber, die sich nur schwerlich zu einem Ganzen zusammenfügen lassen. Zu groß ist die Bandbreite von Eigenschaften, die mit der Farbe »Blau« assoziiert werden. Und befragen wir jemanden kontextfrei, welche Farbe er sich bei »Himmel« vorstelle, so nennt er sicherlich »Blau«; fragen wir gleichermaßen nach der der Farbe von »Alkoholismus« und nach der von »Treue«, wird die Antwort wiederum »Blau« heißen.

Wenn sich annähernd 40% der Mitmenschen zum Blau als ihrer Lieblingsfarbe bekennen, wie es Befragungen ausweisen, so heißt das nicht, daß die Betreffenden überwiegend Blaufarbenes wählen, wenn sie etwa ihre Wohnung ausstatten, Kleider, Autos usw. kaufen.[119] Im Fall derartiger Entscheidungen werden oft, aus den unterschiedlichsten Gründen, Farben bevorzugt, die auf der statistischen Skala der Lieblingsfarben kaum ins Gewicht fallen.

Diese Ambivalenz aber löst sich auf, geht man auf die Grunderfahrungen mit Farben zurück, die der Mensch in seiner Umwelt macht. Dann ist das Blau die Farbe von Himmel, Wasser und Kälte, und das Rot die von Sonne, Blut, Leben und Wärme, wie das Grün die Farbe der Natur ist. Fragt man nach der Wirkung der Farben, so sind wir gut beraten, uns auf die Farbigkeit der Schöpfung zu besinnen, sie wachen Auges zu begreifen und in uns wirken zu lassen.

Sinnlich-Übersinnlich

Zu Beginn des Kapitels demonstriert uns der Linguist Benjamin Lee Whorf, daß, wenn wir ausschließlich blau sehen würden, unsere Anschauung von der Umwelt nur eine helldunkle sei; die Benennung einer Farbe »Blau« wäre für uns ohne jeden Sinn. Haben wir demnach den Wunsch, einmal »Blau total« zu sehen, so kann uns das nur deshalb gelingen, weil unser Auge auch andere Farben zu sehen vermag.

So wird in einem Spielfilm diese Farbe als ein Kunstmittel eingesetzt – 74 Minuten des Films ist keine Farbe auf der Leinwand zu sehen – außer Blau. Auch wenn wir wissen, daß das Auge nach einiger Zeit der Adaption nur noch helldunkel wahrnimmt, so wirkt doch eingangs dieser ungewöhnliche Farbeffekt einstimmend auf das Sujet des Films: kalt und tödlich. Der Filmemacher schildert den (autobiographischen) Alltag eines Aids-Kranken. Diese Verfremdung ins Unwirkliche macht das Geschehen erschreckend real. Fröstelnd wird es dem Zuschauer zumute – die emotionale Wirkung von »bleu mourant«.

Dem inszenierten »Blau total« läßt sich das natürliche »Blau« entgegenhalten. Wer hat nicht schon gelegentlich an einem sonnigen Sommertag auf einer Wiese gelegen, die Arme unter dem Kopf verschränkt, den Blick in das pure Blau des Himmels getaucht und dann zu spüren bekommen, daß der Blick, der an keinem Horizont Halt findet, versucht, tiefer und tiefer ins Blau einzudringen, bis er sich in der Ferne verliert, um sein Bemühen wieder von vorn zu beginnen. Eine solche unmittelbare Begegnung der Sinne mit dem »Himmelblau« veranschaulicht das, was wir mit unseren Gedanken so schwer zu begreifen vermögen – die Grenzen des Endlichen. Es ist ein Blau kraftvoll satt und dennoch so unfaßbar transparent, dunkel und dennoch leuchtend, und wie keine andere Farbe führt sie uns in die Weite.

Die sinnliche Erfahrung der Natur, die ja auch immer eine geistige ist, findet beim Maler eine Verstärkung durch die Fähigkeit, die Wirkung der Farbe zu analysieren und der Farbe Gestalt zu geben. Der schöpferische Umgang mit der Farbe verleiht dem Maler die Kompetenz der Aussage über die Farbe. So Wassily Kandinsky über die Wirkung des Blauen: »Die Neigung des Blau zur Vertiefung ist so groß, daß es gerade in tieferen Tönen intensiver wird und charakteristisch innerlich wirkt. Je tiefer das Blau wird, desto mehr ruft es den Menschen in das Unendliche, weckt in ihm die Sehnsucht nach Reinem und schließlich nach Übersinnlichem. Es ist die Farbe des Himmels, so wie wir ihn uns vorstellen bei dem Klang des Wortes ›Himmel‹.«[120]

Versucht man, sich in diese Worte Kandinskys einzufühlen, um das Blau sinnhaft als das Urereignis »Himmel« zu erleben, so gewinnt der Text der Schöpfungsgeschichte an farbiger Anschauung: »Dann sprach Gott: Ein Gewölbe entstehe mitten im Wasser und scheide Wasser von Wasser. Gott machte also das Gewölbe und schied das Wasser unterhalb des Gewölbes vom Wasser oberhalb des Gewölbes. So geschah es, und Gott nannte das Gewölbe Himmel. Es wurde Abend, und es wurde Morgen: zweiter Tag« (Genesis 1,6-8).

Die Sinne geben uns die Chance, so sich ein klarer Morgen ankündigt und ein aufgeschlossenes Auge bereit ist, uns den Schöpfungsakt – in aller menschlichen Bescheidenheit – gegenwärtig zu machen.

ES WIRD LICHT,
UND DER ERSTE STRAHL
IN DIE FINSTERNIS FÄLLT,
SAMTBLAU IST DIE NACHT,
BIS SIE WEICHT
DER FÜLLE DES LICHTS,
DAS GOLDGELB FÄRBT DIE ERDE,
KÜHLBLAU DIE SCHATTEN
UND AZUR DEN HIMMEL.
ES IST TAG.
DAS BLAU FÜHRT DEN BLICK
WEIT IN DIE FERNE,
JENSEITS DES HORIZONTES,
JENSEITS VON TAG UND NACHT.

Spricht man von »himmlischem Blau«, ausgedrückt durch Werke der bildenden Kunst, so werden einem vielleicht die Glasfenster der Kathedrale von Chartres in den Sinn kommen. Das berühmte Chartres-Blau, dessen Kraft die anderen Farben der Fenster überstrahlt, unterstützt so den hochgotischen Kirchenraum in seinem Betreben, sich dem Himmel entgegen zu strecken.

Anders der achteckige Stahlskelettbau der neuen Berliner Gedächtniskirche von Egon Eiermann (1963) – deren Fassade mit durchgängig gerasterten Betonwaben mit einer blauen Verglasung versehen ist, die aus Chartres stammt. Betritt man diesen strengen, ästhetischen Rasterkubus, wird dies zu einem überraschend farbigen Ereignis: Ein von blauem Licht durchfluteter Gottesraum bezieht jeden ein, der sich von Farben beeindrucken läßt. So bleibt man nicht distanzierter Betrachter einer architektonischen Sehenswürdigkeit, sondern wird zum Teilnehmer. Zu günstiger Zeit wird dieser Eindruck vom einfallenden Sonnenlicht so unterstützt, daß die räumliche Trennung des Innen und Außen auf das angenehmste aufgehoben scheint, aufgelöst in ein »himmlisches Blau«.

Chagall: Das Opfer des Isaak

Kommen wir auf die bereits erwähnte Kunst der Glasmalerei Chagalls zurück. Von den Glasfenstern Chagalls in der Kirche St. Stephan in Mainz stellen wir hier »das Opfer Isaaks« vor (*Bild 10*, S. 104a).

Es ist, wie die benachbarten Bilder auch, von Blau durchflutet. Der blaue Grundton fügt nicht nur die biblische Erzählung zu einer geschlossenen Komposition zusammen, er gibt der Szene eine himmlische Dimension. So sind auch die Köpfe von Abraham und Isaak von diesem himmlischen Blau erfaßt und durchdrungen. Das Blau trägt beide: Gott kann kein Menschenopfer wollen. Es fliegt ein Engel in Rot von oben in das Bild: »Abraham, Abraham! Streck deine Hand nicht gegen den Knaben aus, und tu ihm nichts zuleide!« (Genesis 22,12).

»Blau ist eine außerordentlich meditative Farbe, von der wohltuende Ruhe ausgeht. Man muß sich diesem blauen Grundton anvertrauen, überlassen, um zu erfahren, daß er eine Ahnung zu vermitteln vermag von dem, was ›Mysterium‹ ist, dem Geheimnis Gottes. Und zumal von dem vielfältig abgestuften Blau kann uns eine Ahnung zukommen von dem unergründlichen, unauslotbaren Geheimnis Gottes… Es gibt nicht nur das prophetische Charisma des Wortes, sondern auch jenes der Verkündigung biblischer Botschaft in der Kunst. Und dieses Charisma ist… Marc Chagall, dem ›Meister der Farbe und der biblischen Botschaft‹ gegeben… Das erste, was fasziniert, sind die Farben, die erzählen, etwas mitteilen von Optimismus, Hoffnung, Freude am Leben; Farben, die einfach guttun.«[121]

»Marc Chagall taucht das Fenster in die Grundfarbe des geheimnisvollen Blau, die Farbe des Himmels, die im Beschauer die Stimmung des Mysteriums weckt.«[122]

Folgt man den Worten des Autors und Freundes Chagalls, Klaus Mayer, und läßt man sich ganz auf das Charisma der Farbe ein, so erscheint es gestattet, das Bild »das Opfer des Isaak« auf einen Ausschnitt zu reduzieren, der die Erzählung des Bildes vernachlässigt und dafür allein das Blau, das Chagall-Blau, auf uns wirken läßt. Hierbei kann eine gedruckte Wiedergabe selbstverständlich nur ein schwacher Ersatz sein für das lichtdurchflutete Original, das Chagall-Fenster. Die Blautöne dieses Bildes signalisieren Helle bzw. Helligkeit und Dunkelheit. Das Bild lebt in diesen Tönen.

Isaak im Schoße Abrahams, seines Vaters, liegt im dunklen Blau von Finsternis und Leid. Dieses dunkle Blau ist auch zwischen dem Engel und Abraham, der das Messer in der Hand hat, um den ursprünglichen Auftrag,

seinen Sohn als sein Liebstes Gott hinzugeben, auszuführen. Aber die Helle des Gelb, die seine linke Körperhälfte bereits durchdringt, sein »Herz«, ist bereits Zeichen der Hoffnung dafür, daß er begreift: Mein Gott ist nicht wie die anderen Götter, die Menschenopfer fordern und brauchen. Ich muß über diese Gottesvorstellung hinauswachsen. Mein Gott will keine Menschenopfer von mir. Diese, voller Tragik, »Gehorsam« und Verwandlung steckende »Opfergeschichte« Abrahams und Isaaks hat ihren theologisch tiefsten Sinn gerade darin, daß sie den Prozeß der Bewußtseinserweiterung bei Abraham schildert, der sein bisheriges Gottesbild überwindet, daß Gott Menschenopfer wolle.

Das Gelb im tiefdunklen unteren Eck, in das Isaak hinein gelegt ist – hilflos daliegend wie ein Opferlamm – zeigt bereits die Überwindung der dunklen Gottesbeziehung durch das Aufleuchten einer neuen Geschichte Gottes mit den Menschen.

Der linke Bildteil gestaltet in Grün Sara, die Mutter des Isaak, die dem Geschehen zugewandt ist, aber abseits bleibt. Der unter ihr angesiedelte Baumstamm, dunkel, dennoch aufgrünend, ist Zeichen des Wunders ihrer späten Fruchtbarkeit. Die linke Körperseite von Abraham ist ebenfalls in dunkelgrünen Tönen gehalten. Beide sind sich nahe und miteinander verbunden in dieser gemeinsamen Geschichte des langen Wartens auf Kinder.

Daß Abraham den Sohn seiner Nebenfrau Hagar, den Ismael, in die Wüste verstoßen hat wirkt sich bis heute tragisch aus. Ismael ist die Bezugsperson der Muslime zu ihrem Stammvater Abraham. Der heftige und schon lange andauernde Konflikt zwischen Juden und Muslimen im Nahen Osten hat hier einen geheimnisvollen religiösen Anhalt.

Auch bei Sara sehen wir Gelb, Licht in der furchtbaren Situation. Der grünende Baum ist verwurzelt im tiefen Blau, das schon ins Violett geht. Derselbe Untergrund wie der des Opfertisches, auf dem Isaak liegt. Es ist die geheimnisvolle, leiderfüllte, undurchschaubare Bodenschicht des Geschehens.

Die Bildseite links oben zeichnet den roten Engel, der das Ersatzopfer, den Widder, vom Himmel bringt und als Bote Gottes für die Botschaft steht: Der Gott, an den du glaubst, will keine Menschenopfer. Das Rot dieses Boten Gottes signalisiert die Liebe und Wärme des Gottes, der es mit den Menschen gut meint und sich gerade dadurch von den anderen zeitgenössischen Göttern, die Abraham kannte, unterscheidet. Ein kleiner Fleck von Dunkelrot findet sich am Hinterkopf von Isaak, mit dem es Gott gut meint und ihn aus der Schlachtopferrolle errettet.

105

Der Ausschnitt des Glasfensters (*Bild 11*, S. 104b) zeigt uns die Dynamik des Blau, eine Eigenschaft dieser Farbe, die ihr im allgemeinen nicht zugeschrieben wird. Die Malweise Chagalls, seine besondere Technik der Glasmalerei, die eigens von ihm für diese Fenster entwickelten Farben, deren Einschmelzen in das Glas und wiederum das Herausätzen von Farbpartien, um die gewünschte Transparenz zu erreichen, macht es ihm möglich, mit einer blauen Farbe die verschiedensten Töne zu erreichen. Das läßt seine Glasmalerei so frisch und spontan erscheinen wie die ursprünglichen Entwürfe hierzu. Die Hand des Meisters ist überall im Bilde spürbar.

So erfahren wir das Blau in diesem Bildausschnitt mal als warmes Ultramarin, mal als kühleres Kobalt, mal hell und intensiv, mal dunkler und schwerer, mal führt es den Blick in himmlische Ferne, mal scheint es wie eine Wolke vor der Szene zu schweben. Das Chagall-Blau ist voller Leben, seine Wirkung wird durch längere Betrachtung nicht absorbiert, vielmehr erneuert sich seine Kraft immer wieder. Es gelingt dem Meister, seinem Blau sowohl archaische Ruhe als auch die bewegte Spontanität des Augenblicks zu verleihen.

Der vergrößerte Bildausschnitt kann uns mehr von den Farben Chagalls veranschaulichen: Die der Farbe Blau zugeschriebene Tiefgründigkeit und Geheimnishaftigkeit, das Verschwimmende und Schemenhafte drückt auf Abraham herunter. Auch Teile seines Gesichtes sind davon erfaßt. Die Stirn ist hellblau – gelichtet mit einem hellen Fleck. Wie eine Welle ergießt sich das helle Blau, das vom Engel ausgeht und das Dunkelblau um den Kopf von Abraham herum aufhellt. Es ist wie wenn der Vorhang des dunklen Blau aufgelichtet wird und Helligkeit einströmt – die Helligkeit im Gesicht, dem Arm und der Hand des Engels spiegelt sich wieder in der Helligkeit des Gesichtes und der Kopfumrandung Abrahams.

Zwei andere, schemenhafte Engel sind als zarte Lineaturen kaum wahrnehmbar in der Unergründlichkeit des Blau, des Geheimnisses, in dem sich Abraham vorfindet und in das er hineinverflochten ist. Dort, wo diese beiden Engel auftauchen, entsteht helles Blau, – die Boten Gottes lichten das Dunkel, das Mysterium, das Unverständliche auf.

Es ist eine Grunderfahrung des glaubenden Menschen, in der nebulösen Tiefgründigkeit, die zunächst nicht verstehbar ist, auszuhalten und nicht zu fliehen – darauf wartend und mit dazu beitragend, daß sich das Geheimnis auflöst; dies allerdings tut Gott selbst.

Das alles mag uns Chagall von Gott sagen; er sagt es uns in Farben: »Wovon seine Bilder erzählen, davon singen seine Farben.«[123]

Gelb

»IN GELB TRIUMPHIERT DAS LICHT IN DER FARBE,
UND FARBE BEFREIT SICH LICHTTRUNKEN AUS JEDER BINDUNG,
VERSTRÖMT ÜBER ALLE GRENZEN,
WILL SICH AUSBREITEN UND VERVIELFÄLTIGEN...
ES SIND WOHL DIE EXTREMEN, MAßLOSEN EIGENSCHAFTEN,
DIE GELB ZUM SYMBOL DES NEIDES UND DER FALSCHHEIT WERDEN LIEßEN.«
E. Heimendahl[124]

Die gelbe Sonne van Goghs

»Jetzt haben wir hier eine glorreiche, gewaltige Hitze ohne Wind, das ist etwas für mich. Eine Sonne, ein Licht, das ich mangels besserer Bezeichnung nur gelb, blasses Schwefelgelb, blasses Zitronengold nennen kann. Ach, schön ist das Gelb.« (van Gogh)[125]

Die intensive zitronengelbe Sonne, mitten auf dem Horizont ruhend, erfüllt den schmalen Streifen des Himmels am oberen Rand des Bildes mit eben diesem satten Gelb und scheint in ihrer sommerlichen Kraft auf einen schlanken Streifen des goldgelben Kornfeldes; der überwiegende Teil des Bildes ist erdgelber Acker mit furchigen Schatten von blauvioletten Pinselstrichen bedeckt. Fast unauffällig in gedämpftem Gelb und Blau der Sämann – nach diesem hat das Werk seinen Titel – und am Horizont der Tupfen reinen Blaus eines Gehöftes. Sieht sich der Maler auch in der Form dem gegebenen Motiv verpflichtet, so folgt doch die kühne Farbgebung ganz allein dem Temperament und spontanen Gestaltungswillen des Malers (*Bild 12*, S. 112a).

Diese Komposition aus Gelb und der Kontrastfarbe Blauviolett ist sicher in der Erfahrung der Sonne des Südens begründet, ist aber keinesfalls an geläufige Realitäten gebunden, ja scheint diese auf den Kopf zu stellen: Das Feld wird Blauviolett, und der Himmel strahlt in sattem Gelb.

Isolieren wir zunächst die Farben des Bildes von dem Geschehen auf dem Acker. Durch diesen Bildausschnitt (*Bild 13*, S. 112b) erhalten wir den Farb-Dreiklang, der für das ganze Bild bestimmend ist:

☐ Das hell strahlende Gelb: Ein Zeichen für Licht, Wärme und Leben. Van Gogh wählt ein pralles Zitronengelb, das etwas ausstrahlt vom frühlingshaften Erwachen des Lebens in der Natur.

☐ Das Goldgelb: Ein Zeichen für Hitze, Reife und Ernte. Es ist die Farbe des Spätsommers und kündet den Herbst an.

☐ Das Blauviolett: Ein Zeichen für Schatten, Kühle und Vergänglichkeit. Doch das darin vorleuchtende Blau und das darunterliegende Goldgelb kündigen wiederum die Erneuerung der Natur an, lassen neues Leben erwarten.

Die im Bildausschnitt erkennbar werdenden Symbolgehalte der Farben lassen für uns Schlüsse auf das Bildganze zu (vgl. auch den Buchumschlag). Ob wir damit den Intentionen des Malers nahe kommen, mag offen bleiben. Die Deutung des »Sämanns« ist eine andere Sache, sie obliegt dem Betrachter des Bildes. So sind wir, bestärkt durch den Sinngehalt dieses Farben-Dreiklanges, auf eines der Sinnbilder des Neuen Testament verwiesen: Wenn das Weizenkorn stirbt, bringt es reiche Frucht. Johannes beschreibt in seinem Evangelium diesen Prozeß des Sterbens und ins-Leben-Kommens: »Wahrlich, wahrlich ich sage euch: Wenn das Korn des Weizens nicht in die Erde fällt und stirbt, bleibt es allein; wenn es aber stirbt, bringt es reiche Frucht. Wer an seinem Leben hängt, verliert es; wer aber sein Leben in dieser Welt gering achtet, wird es bewahren bis ins ewige Leben« (Johannes 12,24-25).

Weizenkörner sind sehr fruchtbar, sie vermehren sich zu reifen, gelben Ähren. Der geheimnisvolle Prozeß des Sterbens und Auferstehens wird von Jesus mit diesem eindrucksvollen Gleichnis geschildert. Er definiert nicht Sterben, sondern nimmt den Weg über diese Gleichniserzählung, um auch das Geheimnis seines eigenen Lebens, seinen Tod und seine von Gott gewirkte Auferweckung verstehbar zu machen. Mit dem Weizenkorn, den blühenden Kornfeldern, den »goldgelben Kornkammern«, die Fülle, Reichtum, Leben ermöglichen, wird dieser Prozeß, das Leben in Fülle zu haben, eindrucksvoll beschrieben. »Der Sämann« bei van Gogh ist Jesus, der sein Leben einsät in den Verlauf von Sterben und Auferstehen. Der Sämann ist jeder und jede von uns, die wir unser Leben einbringen in diesen Prozeß von Sterben und Auferstehen mit der großen Vision, daß es außerhalb von Raum und Zeit Bestand hat. Die blühenden Ährenfelder sind Zeichen des

Lebens in Fülle, ermöglichen einen Eindruck davon, was mit den Begriffen »Ewiges Leben«, »Leben im Licht Gottes« gemeint ist.

In diesem Bild van Goghs »Der Sämann«, nach einem Motiv von Millet im Juni 1888 in Arles gemalt, scheinen die satten Gelbtöne als exemplarischer Ausdruck für dieses reiche Schaffensjahr zu stehen. So dominiert Gelb in vielen seiner bekannten Bilder dieser Jahre – in »Zwölf Sonnenblumen in einer Vase«, »Ansicht der Ebene von Crau bei Arles« oder im »Nachtcafé an der Place Lamartine« – um nur einige wenige zu nennen. Im Bild »Das gelbe Haus«, wie die vorher genannten Bilder 1888 gemalt, hält er sein Domizil in Arles fest, dessen Farbe für ihn von symbolhafter Kraft ist und über das er schreibt: »Mein Haus hier ist außen buttergelb gestrichen… Da drin kann ich wirklich leben und atmen und nachdenken und malen.«[126]

»Ach, wer hier nicht an die Sonne glaubt, der ist gottlos« (van Gogh).[127] Hierzu W. Uhde: »Er liebte nicht den Sonnenschein. Er liebte die Sonne. Und diese selbst wollte er malen, nicht jenen. Wenn er schreibt: ›Wie schön ist das Gelb‹, so liegt hier nicht allein die sinnliche Reaktion des Malers vor, sondern das Bekenntnis eines Menschen, für den Gelb die Farbe der Sonne, Symbol der Wärme und des Lichtes ist. Das Gelb setzt zuerst als Idee den Menschen, dann als Farbe den Maler in Ekstase.«[128]

Ausdruck der Krankheit

So sehr ihn das Gelb der Sonne fasziniert, so scheint van Gogh unter ihrer grellen Glut auch leiden zu müssen. Seine Worte: »Überall gibt es einen Ton wie Schwefel, die Sonne steigt einem zu Kopf.«[129] Sein Sonnengelb gibt nicht nur Hinweise auf seine leidenschaftliche Kraft zum Malen, sie wird auch zum Ausdruck seiner Krankheit, seines baldigen Todes. Er schreibt über sein »Erntebild« (1889): »Es ist ein Bild des Todes, so wie es das große Buch der Natur verkündet. Was ich darin anstrebe, ist das fast Lächelnde. Es ist ganz gelb außer einer violetten Hügellinie, hellgelb und blond.«[130] Nicht allein seine Motive unter freiem Himmel, auch seine Porträts und Interieurs sind Ausdruck des zwiespältigen Gelb. Das in Gelb getauchte Bild »Nachtcafé an der Place Lamartine« schafft eine Stimmung im Schein des künstlichen Lichts von der van Gogh selbst sagt: »… das alles in einer Atmosphäre von höllischer Backofenglut und blassem Schwefelgelb – habe ich die finstere Macht einer Kneipe ausdrücken wollen… daß das Café ein

Ort ist, wo man sich ruinieren, wo man verrückt werden und Verbrechen begehen kann« (van Gogh).[131]

Das dominierende Gelb in van Goghs Malerei ist nicht nur von ambivalenter Wirkung, es steht auch exemplarisch für die vielfältige Ausdruckskraft dieser Farbe: Es dient van Gogh zur Darstellung der Sommerglut, der Ernte, der Sonnenblume, des Kornfeldes, aber auch der Nacht der Sterne, des Mondes und des künstlichen Lichts.

Seine Gelbs sind variantenreich; er beschreibt sie selbst von Mal zu Mal als chromgelb, goldgelb, bronzegelb, buttergelb, schwefelgelb, zitronengold, zitronenbleich, die jeweils von ihm als »rein«, »gebrochen«, »blaß« oder »hell« bezeichnet werden; mal steht das Gelb im kräftigen Komplementärkontrast, wie man ihn »von Schwefelgelb und Lila in der Natur selber findet« (van Gogh)[132].

Zum anderen malt er Ton in Ton seine »Sonnenblumen« (August 1888) in variantenreichem Gelb auf gelben Grund. Dagegen zeigt uns das Bildnis der »Madame Ginoux« aus dem gleichen Jahr im starken Kontrast eine schwarz-blaue Silhouette vor einem zitronengelben Hintergrund.

Der Gelbtöne also gibt es viele und in der jeweiligen Nachbarschaft anderer Farben vermögen sie, den Intentionen des Malers folgend, immer wieder Neues zu bewirken. Dennoch zeigt uns das Exempel »van Gogh«, daß das Gelb zweierlei Gesichter hat: »Gelb ist bei van Gogh weiterhin Ausdruck der Lichtenergie, die zugleich schöpferische Energie in ihm selber bedeutet… Schließlich ist Gelb bei van Gogh negativer Ausdruck des Wahnsinns, der Schwäche, der Krankheit, der Todesnähe.«[133]

Die Spanne der Ausdruckskraft der Farbe Gelb von Sonne, Licht, Wärme, Leben bis hin zu Krankheit, Wahn und Tod im Werk des Vincent van Goghs, finden wir besonders in den drei letzten Jahren seines Schaffens unter der Sonnenglut der Provence. Es sind Jahre einer überreichen künstlerischen Ernte bis zu seinem Tod. Es stellt sich die Frage, ob dies allein ein biographisches Phänomen des Menschen und Malers van Gogh ist oder ob dem eine allgemeine Erfahrung mit der Farbe Gelb zugrunde liegt.

So sagt Kandinsky, daß Gelb als Farbe des Wahnsinns wirken kann. Es ist allerdings zu vermuten, daß Kandinsky dieses Urteil über die Wirkung des Gelb mit den letzten Schaffensjahren van Goghs in Verbindung bringt. Und Eckart Heimendahl »hört« vom Gelb »den Schrei eines unverschämten, irren Gelächters«[134].

Es drängt sich in diesem Zusammenhang auch der Name eines schizophrenen Malers auf: Kurt Wölffli. In seinen Werken – ausgestellt auf der »dokumenta 5« in Kassel – dominiert die Farbe Gelb.

Das Gelb bei Goethe

Wie eng verknüpft ist nun der Gedanke »Sonne« mit der Farbe Gelb? Ist die Assoziation auf »Sonne« die Farbempfindung »gelb« oder assoziieren wir umgekehrt bei »gelb« die Erscheinung der Sonne? Beides zu bejahen, hieße doch, Ursachen und Wirkungen miteinander kausal kurzzuschließen. Geben wir also dem entwicklungsgeschichtlich Älteren den Vorrang und fragen wir uns, ob das natürliche Urereignis Sonne von uns ausschließlich als gelb empfunden wird. Sicher nicht, denn die Sonne kann neben gelb auch weiß, rot oder orange erfahren werden. Die »weiß« scheinende Sonne wirkt auf uns in ihrer ungeminderten Leuchtkraft; sie blendet uns und gestattet nur einen kurzen Blick bei halbgeschlossenen Lidern und kleinster Öffnung der Pupillen. Hingegen wird der glutrot auf- oder untergehende Sonnenball als angenehm empfunden.

Goethe nennt diese Farben, wie das durch farblose Mittel getrübte Sonnenlicht, »physische Farben«, zu deren Merkmal es gehört, daß sie wandelbar, vorübergehend und nicht festzuhalten sind: »Das höchstenergetische Licht, wie das der Sonne, des Phosphors in Lebensluft verbrennend, ist blendend und farblos… Dieses Licht aber durch ein auch nur wenig trübes Mittel gesehen, erscheint uns gelb. Nimmt die Trübe eines solchen Mittels zu, oder wird seine Tiefe vermehrt, so sehen wir das Licht nach und nach eine gelbrote Farbe annehmen, die sich endlich bis zum Rubinroten steigert.«[135] »Die Sonne durch einen gewissen Grad von Dünsten gesehen, zeigt sich mit einer gelblichen Scheibe. Oft ist die Mitte noch blendend gelb, wenn sich die Ränder schon rot zeigen.«[136]

Da nun das »weiße« Sonnenlicht so blendend hell strahlt, daß sein direkter Anblick für das ungeschützte Auge unerträglich ist und somit das Erkennen der Kontur des Sonnenballs verhindert, prägt sich das visuelle Gedächtnis auch schwerlich eine »weiße Sonne« ein. Während hingegen die rote Kugel der untergehenden Sonne in aller Schärfe gesehen und mit Freude genossen wird. Doch wird dieses Naturereignis recht selten erfahren und insofern als eine, wenn auch sehr beeindruckende, Ausnahmeerscheinung der Sonne registriert. So ist es letztlich die »gelbe Sonne«, die bei starker Leuchtkraft, dennoch dem Auge verträglich, sich als charakteristisch einprägt. Schon allein deshalb, weil das Gelb nach dem Weiß die hellste Farbe ist, wird es mit dem Sonnenlicht in Verbindung gebracht.

Ich erinnere mich an die Erscheinung des Gelben als »Schein der Sonne«: Die Wände eines Zimmers sind mit ungebrochenem Kadmiumgelb gestrichen. Jeden Morgen, wenn die Fensterrolläden hochgezogen werden, ist der Raum plötzlich mit Sonnenschein erfüllt – auch dann, wenn keine Sonne scheint. Zu Jahreszeiten, in denen es naturgemäß an Sonnenlicht und gelblicher Färbung mangelt, ist der Mensch in einem verstärkten Maße empfänglich für die wärmende Wirkung des Gelben. So schreibt Goethe: »Diesen erwärmenden Effekt kann man am lebhaftesten bemerken, wenn man durch ein gelbes Glas, besonders in grauen Wintertagen, eine Landschaft ansieht. Das Auge wird erfreut, das Herz ausgedehnt, das Gemüt erheitert; eine unmittelbare Wärme scheint uns anzuwehen.«[137]

Wie die Erscheinung einer »weißen« Sonne zu einer »gelben« werden kann, so können wir erleben, daß sich ein weißer Gegenstand zu einer gelben Farbigkeit wandelt, wenn auch nur vorübergehend. Beim Lesen eines Buches begegne ich diesem Phänomen: Der Mittelstreifen des aufgeschlagenen Buches, da also, wo die beiden Seiten sich zueinander zur Bindung biegen, erscheint plötzlich in einem satten Gelb. Wie aber verändert das weiße Papier zwischen den beiden gedruckten Kolumnen seine Farbe?

Benutzt man die Ordnungskategorien Goethes, um sich auf diese Weise einer plausiblen Antwort zu nähern, kann man zunächst feststellen, daß dies kein »physiologisch« erzeugtes Farbphänomen ist. Denn damit das Auge selbst ein Gelb produziert, wo es ursprünglich Weiß empfängt, müßte es durch einen Farbkontrast gereizt werden – etwa durch ein Violett im Umfeld des Ereignisses. Die Gelberscheinung läßt sich aber auch nicht einer der von Goethe genannten »chemischen Farben« zuordnen, denn daß das vorliegende Papier weiß ist, ist nicht zu bezweifeln.

Es muß also das beschriebene Phänomen das einer »physischen Farbe« sein. Das heißt in dem vorgetragenen Fall, daß die sich in der Biegung gegenüberstehenden Buchseiten wechselseitig das reflektierende Licht austauschen. Somit entsteht eine Trübung (bzw. Streuung) des Lichts, die an dieser Stelle die weiße Buchseite gelb erscheinen läßt. Stellt man zur Kontrolle der einen weißen Seite eine graue gegenüber, ist, wie zu erwarten, kein Gelbeffekt zu beobachten. Vielmehr wird sich das weiße Papier in der Biegung dem gegenüberliegenden Grau anpassen.

Selbstverständlich ist der physische Effekt der Wandlung des Weißen zum Gelben unter entsprechenden Lichtverhältnissen auch an anderen weißen Gegenständen zu beobachten. Mit den Worten Goethes entsteht das Gelb »durch schwache Zurückwerfung von weißen Flächen.«[138] Goethe versucht nach langjährigen, eingehenden Beobachtungen der Farben, Allgemeingültiges auszusagen, wenn er zur »sinnlich-sittlichen Wirkung« der gelben

Farbe schreibt: »Sie führt in ihrer höchsten Reinheit immer die Natur des Hellen mit sich und besitzt eine heitere, muntere, sanft reizende Eigenschaft.«[139] Goethe geht hier über ein subjektives ästhetisches Urteil hinaus, indem die Eigenschaften des Gelb mit den Urerfahrungen dieser Farbe begründet werden. Es bleibt dabei zu beachten, daß, wenn Goethe ein solch positives Urteil fällt, er das Gelb in seiner »höchsten Reinheit« meint. Ein getrübtes Gelb weiß er anders zu bewerten: »Wenn nun diese Farbe, in ihrer Reinheit und hellem Zustande angenehm und erfreulich, in ihrer ganzen Kraft aber etwas Heiteres und Edles hat, so ist sie dagegen äußerst empfindlich und macht eine sehr unangenehme Wirkung, wenn sie beschmutzt oder einigermaßen ins Minus gezogen wird (zur Minusseite des Farbkreises zählt Goethe die blauhaltigen Farben, Anm.d.V.). So hat die Farbe des Schwefels, die ins Grüne fällt, etwas Unangenehmes.«[140] »Wenn die gelbe Farbe unreinen und unedlen Oberflächen mitgeteilt wird, wie dem gemeinen Tuch, dem Filz und dergleichen, worauf sie nicht mit ganzer Energie erscheint, entsteht eine solche unangenehme Wirkung. Durch eine geringe und unmerkliche Bewegung wird der schöne Eindruck des Feuers und Goldes in die Empfindung des Kotigen verwandelt, und die Farbe der Ehre und Wonne zur Farbe der Schande, des Abscheus und Mißbehagens umgekehrt.«[141]

Auch wenn die Wirkung einer ursprünglich reinen Farbe durch leichte Trübung von Goethe hochdramatisch vorgetragen wird, so fällt jedem, der sich einmal selbst auf den Umgang mit Farben einläßt, auf, wie ein geringes Mischen des reinen Gelb dieses wesentlich verändert – eine Spur des Schwarzen etwa macht aus dem Gelb ein Olivgrün.

Die Helligkeit der Farbe Gelb, die sie gegenüber anderen Farben auszeichnet, macht sie aber auch besonders verletzlich. So kann es nicht verwundern, daß sich die Wirksamkeiten der verschiedenen gelben Nuancen als sehr gegensätzlich erweisen, wie wir im weiteren erfahren können.

Das Gelb der Reife, das Gelb der Zitrone

Das eingangs erwähnte Bild van Goghs »Der Sämann« verweist uns auf ein weiteres Naturereignis, für das die Gelbempfindung charakteristisch ist: die Zeit der vegetativen Reife. Im Bild ist es das Kornfeld. So tritt vielfach in der Pflanzenwelt das Gelb als Vorbote des Grün auf – etwa als keimende Pflanze oder Knospe – und auch als Nachfolger des Grün und signalisiert uns die Reife so manch einer Frucht: der Zitrone, Banane, Melone, des Kürbis, der Quitte. In unseren Regionen werden im Herbst die Blätter gelb, goldgelb, rötlich bis hin zum entkräfteten Zustand in Braun. In diesem Sinne ist Gelb die Farbe des Frühherbstes, die Farbe der Reife und der Ernte. Denken wir an den vegetativen Prozeß vom Gelbgrün und satten Grün der Erneuerung im Frühling über das sommerliche Gelb der Reife bis zum Braun der Überreife, der Fäulnis und des Absterbens, so ist das Gelb die Farbe des Überganges.

Gelb ist auch die Farbe derjenigen Landschaft, die der Glut der Sonne ausgesetzt ist: der Wüste. Sie ist die Farbe der Tiere, die sie in diesen Regionen als Schutzfarbe tragen: das gelbe Fell der Löwen, Tiger, der Giraffen.

Wie auch bei anderen Farben, die Wirkung der Gelbempfindung ist zunächst geprägt durch die Begegnung mit dieser Farbe in der natürlichen Umwelt. Das Erleben von Sonnenschein und das des Sommers wird in unserem Gedächtnis unter »gelb« gespeichert, was nicht ausschließt, daß noch andere Farbvorstellungen mit Sonne und Sommer und Herbst assoziiert werden. Wo begegnen wir in unserem Umfeld Gegenständen, deren Erscheinung in charakteristischer Weise mit Gelb in Verbindung steht?

Fraglos etwa in der Zitrone, die für die Farbbezeichnung »Zitronengelb« Pate steht. Die Begegnung mit dieser Farbe löst bei Wassily Kandinsky eine physische Wirkung aus: »Das grelle Zitronengelb tut dem Auge nach längerer Zeit weh, wie dem Ohr eine hochklingende Trompete. Das Auge wird unruhig, hält den Anblick nicht lange aus und sucht Vertiefung und Ruhe in Blau oder Grün.«[142] Auch eine psychische Wirkung schreibt Kandinsky der Farbe in Analogie zu Empfindungen durch andere Sinne zu: Deshalb kann man seiner Meinung nach annehmen, »… daß z.B. helles Gelb einen sauren Eindruck macht aus der Assoziation der Zitrone.«[143]

Die Strahlkraft des Gelben

An dieser Stelle ist, wie bei der Behandlung anderer Farben, einzufügen, daß die Empfindung und damit die Wirkung einer Farbe von ihrem farbigen Umfeld beeinflußt ist. Und das gilt besonders für die gemalte bzw. gedruckte Farbmaterie. Die Helligkeit des Gelb, die gern als »leicht«, »heiter« und »sonnig« empfunden wird, erscheint auf weißem Grund als unsicher und konturlos. Der Mangel an Kontrast zum weißen Grund mindert erheblich die Leuchtkraft des Gelben und auf größere Entfernung verschwindet das Gelb im Weißen. Diese Leuchtkraft kommt hingegen vor einem dunklen Umfeld, etwa dem komplementären Blauviolett, zur rechten Entfaltung. Müssen wir doch berücksichtigen, daß eine gemalte gelbe Scheibe nicht die Leuchtintensität haben kann wie die gelbe Scheibe der Sonne.

Die Eigenschaften einer Farbe, so auch der gelben, sind also für unser Auge von relativer Wirksamkeit, sei es auf der Empfindungsskala von warm und kalt, von hell und dunkel, von rein und getrübt oder von exzentrisch und konzentrisch. Auf der Ebene der Empfindungen wird jeweils eine Farbe an einer anderen gemessen. Kandinsky gibt ein Beispiel für die Ausdehnungskraft des Gelb, das sich durchaus nachvollziehen läßt:

»Wenn man zwei Kreise macht von gleicher Größe und einen mit Gelb füllt und den anderen mit Blau, dann merkt man schon nach kurzer Konzentrierung auf diese Kreise, daß das Gelb ausstrahlt, eine Bewegung aus dem Zentrum bekommt und sich beinah sichtbar dem Menschen nähert. Das Blau aber eine konzentrische Bewegung entwickelt (wie eine Schnecke, die sich im Häuschen verkriecht), und vom Menschen sich entfernt.«[144]

Die Tatsache, daß eine Farbe in Relation zu anderen Farben jeweils unterschiedliche Wirkungen erzielt, läßt jedoch nicht folgern, daß sie keine beständigen Eigenschaften besitze. Vielmehr werden die Wesensmerkmale einer Farbe erst durch den Vergleich mit den anderen erkennbar. Wenn also, wie an anderer Stelle ausgeführt, das Weiß die hellste, strahlendste und somit expandierendste Farbe ist, so besitzt das Gelb gerade diese charakteristischen Merkmale gegenüber den übrigen Farben, denn sie steht dem Weiß am nächsten. Es ist demnach das Charakteristische für eine Farbe, was diese überwiegend von anderen unterscheidet.

Das Gelb – die Goldfarbe

Es gehört auch zum Schicksal der Farbe Gelb, daß sie charakteristische Eigenschaften besitzt durch die Gemeinsamkeit mit einer anderen Farbe: der Metallfarbe Gold. Viele der Assoziationen, welche die Farbe Gelb auslöst, sind in ihrer Eigenschaft begründet, dem Weiß, dem Licht, der Sonne wie auch der Farbe des Goldes näher verwandt zu sein, als alle anderen Farben. Eine Erkenntnis, die Goethe schon der griechischen Antike zuschreibt: »So entsteht die Goldfarbe, wenn das Gelbe und das Sonnenhafte, verdichtet, stark leuchtet…«.[145] Eine derartige Symbiose von Sonne und Gold mit der Farbe Gelb verschafft dieser ein hohes Ansehen.

So war das Gelb im alten China als eine verehrungswürdige Farbe dem Kaiser, dem »Sohn des Himmels«, vorbehalten. Nur er, und niemand sonst, durfte gelbe Kleider tragen. Gelb war Ausdruck höchster Weisheit, aber auch der Macht. Gelbe Kleider trägt auch der Schöpfergott des Hinduismus: Wischnu.

»Gelb ist zugleich die spirituelle Farbe des Buddhismus: Mönche und Nonnen tragen das safran-gelbe Gewand als Zeichen ihres Strebens nach Licht und Erleuchtung. Eine Hauptströmung lamaistischen Mönchtums nennt sich nach der Farbe ihrer Kleidung ›Die Gelb-Mützen‹. Der gelbe Mönch, der gelbe geistliche Würdenträger in seiner Stille und Weltüberlegenheit ist zu einer archetypischen Figur im Bewußtsein nicht nur des östlichen, sondern auch des westlichen Menschen geworden.«[146]

Archaischer Kult hat in seiner Götterverehrung dem jeweiligen Sonnengott die Farbe Gelb zugeordnet. So heißt es vom griechischen Sonnengott Helios, sein himmlisches Gewand sei glänzend gelb, wenn er den Fluten entsteige.[147]

Ob es sich nun um die Sonnensymbolik des chinesischen Kaisertums, den babylonischen Sonnen- und Lichtgott Schamasch, den altägyptischen Gott Amun-Re, den römischen Sonnengott Sol oder um den Sonnenkult der Azteken handelt, immer war die Farbe Gold-Gelb im Spiel. Also auch, wenn diese Kulturen keinerlei Kontakte untereinander besaßen: Gelb gilt als Farbe der Sonnenverehrung und kann somit als archetypisches Symbol angesehen werden.

Und gewiß ist es nicht abwegig, wenn man bei den biblischen Textstellen, die »göttliches Licht« beschreiben, sich dieses als gold-gelb veranschaulicht. So, wenn es von Jahwe heißt: »Du hüllst dich in Licht wie in ein Kleid…« (Psalm 104, 2) oder Jesu Selbstzeugnis: »Ich bin das Licht der Welt« (Johannes 8, 12).

Deutlich wird, daß die Kultfarbe Gelb nicht nur »Licht« und »Sonne« assoziieren läßt, sondern gleichermaßen das »Gold«. Wird doch die Oberfläche dieses Edelmetalles immer wieder als »glänzend gelb« beschrieben (vgl. Kapitel »Gold«).

Da die nächsten Verwandten des Gelb Weiß und Gold sind, wird es verständlich, daß Eigenschaften und Sinngehalte dieser Farben sich im Gelb wiederfinden. Das Gelb strahlt Licht (Weiß) und Glanz (Gold) aus.

In diesem Zusammenhang erscheint es zunächst bedenkenswert, daß die Bibeltexte das reine Gelb unerwähnt lassen. Sie reden allerdings davon, daß »der Herr auf Sodom und Gomorra Schwefel und Feuer regnen« läßt (Genesis 19,24) und in der Offenbarung kommt mit der sechsten Posaune wiederum »Feuer, Rauch und Schwefel« und Reiter tragen »schwefelgelbe Panzer« (Offenbarung 9,17f.). Die Farbe des Schwefels steht hier für Schrecken und Untergang. Und wo bleibt die positive Seite des Gelben? Macht die Bibel keinen Gebrauch von der Symbolkraft dieser Farbe, für »Sonne« und »Licht«? Eine Antwort auf diese Frage kann in der Äquivalenz von »glänzend gelb« und »goldfarbig« bzw. in der Vertreterrolle des Gelb für das Goldfarbige gesucht werden. Akzeptiert man die Verwandtschaft beider Farben, so wird man sich auch vergegenwärtigen, daß die Bibel vom Buch Genesis bis zur Offenbarung – vom Paradies, »wo es Gold gibt« bis zur Vision vom Jerusalem »aus reinem Gold« – voll des Goldes ist.

Die zahlreichen Textstellen erwähnen das »Gold« einerseits als das hoch-geschätzte Edelmetall, etwa wenn Salomons Reichtum in Goldtalenten bemessen wird (1 Könige 10,14), andererseits geht es aber auch um die glänzend-gelbe Oberfläche, wenn es beispielsweise heißt, »er ließ die Kerubim mit Gold überziehen« (1 Könige 6,28).

So ergibt sich aus dem Kontext, ob das jeweilig genannte »Gold« auch als gelbliche Farbe zu verstehen ist. Vielleicht hat die Farbe des hochgeschätzten Goldes die Autoren der biblischen Texte das Gelb vergessen lassen.

Geht man der Herkunft des Wortes »Gelb« nach, wird einem die etymo-logische Verwandtschaft der Farbe zu Eigenschaften wie »glänzend«, »schimmernd« und der damit verbundenen Substantivbildung »Gold« deut-lich gemacht. Das »Gelb« wie das »Gold« finden sich gleichermaßen in dem indogermanischen Stamm »gehl« wieder. Goldgelb kommt in dem alten Spruch »Safran macht den Kuchen gehl« zum Ausdruck, so auch in dem Wort »Gehlchen« als Name für den Pfifferling. Auch weniger ange-nehme Verbindungen werden aufgedeckt, wie die zur »Galle« oder die Ableitung »vergilbt«, unter der wir dem Sinn nach »alte, unansehnlich« gewordene, ursprünglich weiße Oberflächen verstehen.

Nachdem das »Gelb« über lange Zeit gemieden worden war, hat diese Farbe in den katholischen Ortskirchen wieder Eingang in die Liturgie gefunden. Man hat sich mit der Farbe ausgesöhnt. Der Vatikan hat sie in Verbindung mit Weiß zu den Farben seines Emblems erhoben. Und dies hat seine Geschichte – eine heraldische Geschichte: Die Farbregel der Heraldik besagt, daß in einem Wappen nur eine der beiden Metallfarben eingesetzt werden darf. Dennoch zeigt das historische Wappen des König-reichs Jerusalem – das Ziel der mittelalterlichen Kreuzfahrer – beide Farben: goldene Kreuze auf silbernem Grund. An diesem Vorbild orientiert sich später die gelb-weiße Fahne des Vatikans mit dem päpstlichen Emblem der goldenen und silbernen Schlüssel Petri.

Aus festlichen Anlässen weht heute das Gelb-Weiß vielerorts von den Kirchtürmen und an Ortseingängen sehen wir das gelbe Kirchenzeichen, welches auf die Zeiten der katholischen Messen verweist.

Die Nähe zur Metallfarbe Gold hat Wirkung wie Zeichenfunktion des Gelben vielfach geprägt. So hat der Glanz des Wertvollen im Gelb einen Widerschein gefunden und ihr für bestimmte traditionelle Anlässe die Stellvertreterrolle für die Goldfarbe verliehen.

Besonders deutlich wird das im Umgang mit der Konvention der heraldischen Farben. Der im Mittelalter festgelegte Kanon besteht aus den Metallfarben Gold und Silber, sowie Schwarz, Rot, Blau und Grün. Die Primärfarbe Gelb bleibt ausgeschlossen, wird jedoch für bestimmte heraldische Anwendungen ersatzweise für das Gold benötigt – etwa für den Druck von Wappen oder das Färben von Fahnentuch. Es ist uns beispielsweise geläufig, bei der Nennung der Flagge der Bundesrepublik »Schwarz-Rot-Gold« zu sagen, wenn auch ihre Farben Schwarz, Rot und Gelb sind. Diese Rolle des Gelben, ersatzweise für Gold zu stehen, ist von uns gelernt und akzeptiert. Ist von der Antike bis in das Mittelalter das Tragen von goldbesetzter Kleidung der weltlichen wie der geistlichen Obrigkeit vorbehalten, sind es die nachgeordneten Stände, die geneigt sind, auch in ihrer Kleidung etwas vom strahlenden Glanz goldener Farbigkeit zeigen zu können. So übernimmt auch in der Mode das Gelb die Stellvertretung für das hochgeschätzte Metall. Denn das früh bekannte Gewürz und Heilkraut Safran wird als gelbes Färbemittel entdeckt; und somit erfüllt sich der Wunsch nach gelben Stoffen, angeglichen dem Glanz und der Prächtigkeit des Goldes.

Spielt in der Heraldik und in der Mode das Gelb die Rolle des Stellvertreters, so tritt in der Geschichte der Malerei das Gelb für bestimmte Sujets die Nachfolge der metallischen Goldfarbe an. Weit verbreitet hat man in der byzantinischen und der mittelalterlichen Malerei dem Gold die Symbolkraft des »Heiligen« zugedacht – sei es als Hintergrund von Heiligenbildern und von Ikonen, sei es als Farbe des Himmels oder des Heiligenscheins. Die Konvention gab dem Gold den Vorzug vor allen anderen Farben.

Im ausgehenden Mittelalter ist es Matthias Grünewald, der den Schritt in die Malerei der Neuzeit wagt. Er löst die Farben aus der Strenge ritueller Regeln und geht allein deren Ausdruckskraft nach. Das Gold verliert so den Platz auf seiner Palette. In Grünewalds bekanntem Bild der »Auferstehung« auf dem Isenheimer Altar (1510-1515) wird die Tradition des goldenen Heiligenscheins aufgegeben zu Gunsten einer Aura leuchtenden

Gelbs, umgeben von einem gewaltigen Bogen der übrigen Farben des Regenbogens. Das Gelb im Ensemble der anderen Farben ist von faszinierender Wirkung. Diese läßt sich treffend mit den Worten der Hildegard von Bingen wiedergeben, welche die Herrlichkeit Gottes beschreibt als Herrlichkeit, »die wie ein Strahlenstrom der Sonne erscheint«. So kann man sagen, daß Grünewald das Gelb aus seiner Abhängigkeit vom Gold befreit hat.

Kennzeichen der Verachteten

Licht und Sonne, aber auch das Gold, sind elementare Erfahrungen des Menschen, von deren Glanz und Wertschätzung die Farbe Gelb einigen Nutzen zieht. Darüber hinaus gibt es aber durchaus auch andere Erfahrungen, die zu weniger angenehmen Gedankenverbindungen mit »Gelb« Anlaß geben. Die Gelbfärbung der Haut bei bestimmten Leber- oder Blutkrankheiten führte beispielsweise zur allgemeinen Vorstellung, daß der Gallenfarbstoff bei vielerlei Ärgernissen sichtbar in Erscheinung tritt. Was auch immer die Kausalität sei zwischen Erkrankungen von Leber, Niere und dem cholerischen, mißtrauischen Verhalten der betroffenen Menschen, der Volksmund übertrug das gallegelbe bzw. gelbsaure des Aussehens ganz allgemein auf die Farbe Gelb als Symbol für »Neid« und »Eifersucht«.

So wie das Gelb hier, als Symptom einer Krankheit, als eine fahle, blasse Farbe erfahren wird, die unangenehme Empfindungen auslöst, so kann die besondere Auszeichnung dieser Farbe, rein, lichtvoll, leicht, glänzend, warm, behaglich und wertvoll zu erscheinen, durch eine geringfügige Veränderung empfindlich verletzt werden. Wie erwähnt, schon eine leichte Trübung des Gelben kann dessen angenehme Eigenschaften in ihr Gegenteil verkehren. Ein gebrochenes Gelb, als schmutzig empfunden, verleitet dann dazu, die stattgefundene ästhetische Abwertung auch mit moralischen Urteilen in Verbindung zu bringen: »Aus dieser Einstellung heraus wurde Gelb seit dem 13. Jahrhundert in Europa Kennzeichen verschiedener am Rande der Gesellschaft lebender, verachteter Bevölkerungsgruppen. Insbesondere Juden und Dirnen war seit dieser Zeit die Farbe als Standeszeichen vorgeschrieben. Das 4. Lateran-Konzil beschloß 1215, daß Andersgläubige, insbesondere Juden, sich durch ihre Kleidung von den Christen unterscheiden sollten. Zu ihrer Kennzeichnung führte man in den meisten Ländern Europas einen ›gelben Fleck‹ aus Stoff ein, der an der Brust sichtbar getragen werden mußte.«[148]

In Deutschland waren im Mittelalter spitze gelbe Hüte oder Abzeichen in gelben Ringen üblich, die die Juden während dieser Zeit als Kennzeichen tragen mußten. So heißt es in lokalen Berichten: »In Augsburg bestanden die Abzeichen der Juden von 1444 an in gelben Ringen. In einer Bestimmung für die Kölner Diözese vom Jahre 1451 wird ein ›circulus de filis croceis‹ genannt, anderwärts im 16. Jahrhundert ein großer gelber Ring von Messing oder Tuch. Luther sagt, ›wie man die bettler und juden an den gelen rinken kennet‹. Die Reformation von 1530 in Augsburg bestimmte, dasz die juden einen gelben ring an dem rock oder kapfen (Kappe) allenthalben unverborgen, zu ihrer erkandnus, öffentlich tragen.«[149] Und zum Vergleich: »In Freiburg i.Br. mußten auch die Mütter unehelicher Kinder gelbe Hauben tragen.«[150]

»Man kann vermuten, daß die Einschätzung der gelben Farbe der Grund dafür war, daß das Gelb bei der Neuabfassung des liturgischen Farbkanons nach dem Konzil von Trient 1570 nicht in das Missale Romanum übernommen wurde. In dieser negativen Bedeutung wurde Gelb in der christlichen Ikonographie vielfach verwendet...«.[151]

Die Markierung von Minderheiten mit Hilfe der Farbe Gelb ist bis in das 20. Jahrhundert zu verfolgen. Im dunkelsten Kapitel deutscher Geschichte ist der gelbe Judenstern das Glied einer teuflischen Kette, deren logische Abfolge man so charakterisieren kann: Sie beginnt mit der Definition des Fremden. Hat man es definiert, kann man es separieren. Hat man es separiert, kann man es deportieren. Hat man erst deportiert, kann es mit der physischen Vernichtung enden.

Die Benutzung des Gelben als Farbe für die Verachteten ist symptomatisch dafür, inwieweit die Menschen zu vielerlei Hilfsmitteln greifen, um die Schwachen und Fremden der Gesellschaft zu markieren. Daß in den genannten Fällen die Farbe Gelb als Instrument der Unterdrückung geeignet schien, ist in der Willkür und im Ungeist der Menschen begründet, die versuchen, mit einer solchen Kennzeichnung Teile der Bevölkerung auszugrenzen, gar zu vernichten. Denn vom »Charakter« des Gelben lassen sich derart negative Eigenschaften nicht ableiten.

Achtung – die gelbe Kutsche

Frei von inhaltlichen Bindungen hat man dem Gelb, wegen seiner Auffälligkeit als hellste unter den sogenannten »bunten« Farben, die Rolle als Farbsignal für »Achtung« zugewiesen. Uns bekannt durch die Verkehrsam-

peln, regelt das gelbe Lichtsignal die Phase zwischen der »freien Fahrt« des grünen und dem »Halt« des roten Lichts. Eine metaphorische Verwendung des gelben Achtungsignals ist nicht in dem Maße zu beobachten, wie dies beim grünen »Frei« und beim roten »Stop« geläufig ist. Dennoch hat das Gelb seine Rolle im Straßenverkehr als Farbe der »erhöhten Aufmerksamkeit«: Gelb ist die Kleidung der Schülerlotsen und gelb die Mütze der Schulanfänger. Das Signal »Achtung« gilt auch an anderer Stelle: die gelbe Schutzkleidung der Segler, die gelbe Blindenbinde oder das gelbe Warnzeichen für »Radioaktivität«.

Eine der größten Institutionen Deutschlands mit einem flächendeckenden Netz von Dienstleistungen signalisiert seine Präsenz durch die Farbe »Gelb«: Postämter, Briefkästen, Fahrzeuge usw. sind gelb. Will sich die Post durch die gelbe Farbe Be-Achtung verschaffen oder ist die Entscheidung für diese Hausfarbe anders zu begründen? Ist ein sinnvoller Bezug zwischen der Farbe Gelb und der Institution Post ursprünglich gegeben oder war die Entscheidung von willkürlicher Art?

Mit der Frage nach dem Ursprung des Postgelbs weckt man das romantische Bild des Postillions, ein glänzend goldgelbes Horn blasend, hoch auf der gelben Postkutsche sitzend, seine Pferde zu hurtigem Gang antreibend. Und so findet auch in den Annalen der deutschen Post die »gelbe Kutsche« der sächsischen Post Erwähnung, die seit 1716 auf der Strecke Leipzig-Braunschweig verkehrte.

Doch »die Frage nach der Herkunft des deutschen Postgelbs ist nicht klar zu beantworten. Die postgeschichtliche Literatur bietet zwar verschiedene Erklärungsversuche, die sich bei näherem Hinsehen jedoch als wenig stichhaltig erweisen… Falsch ist die noch heute weit verbreitete Ansicht, daß das Postgelb zu allen Zeiten die Einheitspostfarbe gewesen ist. Bis weit in das neunzehnte Jahrhundert hinein wiesen Uniformen der Postbediensteten, Postfahrzeuge und Briefkästen in Deutschland eine Farbenvielfalt auf, was unter anderem auf die damalige Zersplitterung des Postwesens in den deutschen Territorien zurückzuführen ist«.[152]

In der Farbenvielfalt der Postfahrzeuge in den deutschen Ländern setzte sich in Preußen erst 1850 das »Postgelb« durch. Anzufügen ist, daß das leuchtend helle Gelb empfindlich auf den Staub der Straßen reagierte und den Postkutschen schnell ein schmutziges Aussehen verlieh. Deshalb versuchte man aus Gründen der Schönheit, aber auch der Kosten für das häufige Säubern und Neulackieren, immer wieder, auf dunklere Farbgebung auszuweichen. »Die Luftverschmutzung in den größeren Städten beschleunigte diese Reaktion noch. Das Nachdunkeln der (gelben) Farbe bereitete

Malern und Lackierern bei anfallenden Ausbesserungsarbeiten erhebliche Probleme, den entsprechenden Farbton jeweils exakt zu treffen. Um die Postfahrzeuge überhaupt in einem ansehnlichen Zustand zu erhalten, mußte der gesamte Anstrich nahezu jährlich erneuert werden.«[153]

Dennoch hielt die spätere Reichspost an der gelben »Hausfarbe« fest. Unterbrochen wurde diese Tradition während der nationalsozialistischen Herrschaft durch die Einführung der Farbe Rot. Nach dem zweiten Weltkrieg wurde in beiden Teilen Deutschlands das Postgelb wieder als Hausfarbe verbindlich. Das leuchtende Gelb hat sich durchgesetzt. In der Sprache der Behörde wird das so begründet: »Gelb ist eine Signalfarbe, die sich als Orientierungshilfe für das Auffinden postalischer Anlagen von der polychromen Umwelt und Geschäftsreklame bewußt und deutlich abheben soll.«[154]

Wie das Signalgelb der Verkehrsampel, welches »Achtung« gebietet, so gründet auch das »Postgelb« auf Konvention und nicht auf einer gemeinsamen Eigenschaft mit dem, was es bezeichnet. Das eine wie das andere Gelb ist also willkürlich gewählt, unter Berücksichtigung seiner besonderen Qualität als hellste unter den Primärfarben. Die willkürliche Zuordnung von Farben zur Kenntlichmachung von Institutionen wird gerade in diesen Tagen von der Bundespost vorgeführt: Deren Entflechtung in drei verschiedene Dienstbereiche ist mit der Einführung dreier Hausfarben verbunden: Blau für den Postbankdienst, Rot für die Telekom und das bisherige Gelb für den Postdienst. Von Amts wegen werden so die drei Primärfarben in Anspruch genommen. Von einer erfolgten Konvention, einem »Postbankblau« und einem »Telekomrot«, kann man erst sprechen, wenn das Publikum dies akzeptiert.

Die zwei Gesichter des Gelben

So unbestritten auch die Signalkraft dem Gelben innewohnt, und häufig da in Anspruch genommen wird, wo man an die Aufmerksamkeit appelliert, so widersprüchlich müssen am Ende die Objekte erscheinen, welche die Farbe »Gelb« bezeichnen bzw. symbolhaft vertreten soll.

Die eingangs gemachten Exkurse zum Gelb bei van Gogh und bei Goethe zeigten die weite Spanne der jeweiligen Gelb-Palette; so reichte deren Wirkung beim einen vom »Sonnenhaften und Schönen« bis zum »Krankhaften«, beim anderen vom »Heiteren und Edlen« bis hin zum »Kotigen«.

Zur Erklärung dieses ambivalenten »Charakters« wird oft auf die unterschiedlichsten Tonvarianten des Gelben verwiesen. Doch macht man es sich wohl zu leicht, wenn man das Gelb einfach in ein angenehmes und ein unangenehmes differenziert; wenn man also seine Deutung zum Göttlichen, Glänzend-Sonnenhaften, Lichtvollen und zum Positiven dem warmen Goldgelb gutschreibt, seinen Hang zum Satanischen, Kränklichen, zum Wahn und zum Negativen hingegen dem fahlen, grünlichen, schwefligen Gelb anlastet.

Von Fall zu Fall mag eine solche Klassifizierung in »zwei Gesichter« des Gelben nützlich sein. Dennoch ist, wie bereits an anderer Stelle betont, bei unmittelbarer Wahrnehmung einer Farbe das farbige Umfeld für deren Wirkung mitbestimmend, und bei ihrem verbalen Auftritt ist es der Kontext, der die Interpretation beeinflußt. Hierbei können tradierte Urteile und auch Vorurteile, also Klischees, der Farbe zu einer Bedeutung verhelfen, die aus ihr selbst nicht zu begründen ist. Ein Gelb, von einem Dichter vorgetragen, vermag eine Stimmung zu entfalten, die dieser Farbe eine besondere Akzeptanz verleiht, ja sie zur Modefarbe werden läßt. So schreibt Oskar Wilde gegen Ende des 19. Jahrhunderts die »Yellow Symphonie«:

> »EIN OMNIBUS KRIECHT ÜBER DIE BRÜCKE:
> GELBER SCHMETTERLING.
> DA UND DORT EIN PASSANT:
> KLEINE MÜCKE RUHELOS.
>
> KÄHNE VOLL VON GELBEM HEU,
> LENKEN ZUM SCHATTEN DES UFERS,
> ÜBER DEM DER DICKE NEBEL HÄNGT
> WIE EIN GELBER SEIDENSCHAL...«[155]

Oskar Wilde machte in jenen Tagen das Gelb in London populär.

Das »andere Gesicht« des Gelben begegnet uns in Mythen, Sagen und in den ungeschriebenen Redensarten des Aberglaubens. Den Hexen, Gnomen und auch dem Satan wird vorzugsweise die Farbe Gelb zugewiesen. Am bekanntesten ist wohl Luzifers schwefelgelber Dunst, dessen schädlicher Geruch der Farbe einen schlechten Leumund verleiht. Ist das Schwefelgelb bei van Gogh eine Nuancierung der gelben Farbe, frei von Vorurteilen, so ist es im Kontext des satanischen Auftritts ein Symbol des Bösen.

Die Metapher von der »gelben Schlange«, der des Neides, die nach dem Volksmund für das Böse schlechthin steht, kennt vermutlich kein natu-

ralistisches Herkommen aus dem Tierleben. Zur Entstehung solch symbolisch gemeinter Redensarten sagt Barbara Klie treffend: »Der Volksmund,
dieser derbe Färbemeister, der aus minimalen Farbspuren blaue, rote,
weiße Flüsse schafft und den Rotfuchs, das Buntvieh auf die Weide
schickt, hat sich selten um Nuancen gekümmert, er wirtschaftet immer
aus dem Vollen.«[156]

Die Besetzung des Gelb mit negativen Bedeutungen durch den Volksmund
ist auch heute noch weit verbreitet. Eva Heller hat das untersucht und ist
zum Ergebnis gekommen, daß die Befragten im Gelb das Symbol für Neid
(43%), für Eifersucht (43%) und Geiz (31%) sehen.[157]

Auch das sehr eigenwillige Urteil Kandinskys, das sicherlich nicht vom
Urteil des Volksmundes beeinflußt ist, trägt nicht gerade zum guten Ruf
der Farbe Gelb bei. So meint er: Das Gelb »beunruhigt den Menschen,
sticht, regt ihn auf und zeigt den Charakter der in der Farbe aufgedrückten
Gewalt, die schließlich frech und aufdringlich auf das Gemüt wirkt«.[158]

Wenn den Farben sowohl positive wie auch negative Eigenschaften zugeschrieben werden, um sie dann zeichenhaft für die verschiedensten Ereignisse menschlichen Daseins einzusetzen, dann ist dabei folgendes zu
bedenken: Es gibt viele solcher Ereignisse und nur verhältnismäßig wenige
Farben, die uns zu nennen geläufig sind. Folglich bleibt es nicht aus, daß
diese wenigen Farben – es sind die in diesem Buch behandelten – mit
mehrfachen und oft widersprüchlichen Bedeutungen besetzt werden.

Derart kursierende ambivalente Bedeutungen von Farben sollten nicht
verhindern, daß man einer Farbe mit offenem Auge und ohne überkommene Vorurteile begegnet. In der unmittelbaren sinnlichen Erfahrung des
Augenblicks wird am ehesten das persönliche Urteil über eine Farbe
gefunden und die mittelbar überkommene ambivalente Bedeutung von
Farben zurückgedrängt. Ein Beispiel: Der wegen seiner satten gelben
Blüte »Butterblume« genannte Löwenzahn läßt seine volkstümliche Bezeichnung vergessen, begegnen einem diese Blüten in dichten Verbänden
auf farbfrischen grünen Wiesen, als Künder des aufgebrochenen Frühlings.
Denn jetzt erscheint der Vergleich mit der Farbe der Butter zu weich und
zu wenig leuchtend. Das Gelb erscheint in strahlenden Flächen, die sie
tragenden Wiesen dagegen als ein kontrastreicher tiefgrüner Grund. Die
Leuchtkraft des in Mengen blühenden Löwenzahns ist von so faszinierender Kraft, daß man die Wiesen nicht beleuchtet, sondern selber leuchten sieht. Gottes Natur hat der Sonne einen Partner geschaffen – möchte
man bei diesem Anblick meinen. Das Gelbe wird aus eigenem Vermögen
zum »Sonnenhaften« – ohne sich zur »Goldfarbe« wandeln zu müssen.

DAS GELB
GLEICHT DEM SONNENLICHT
ALS EIN SIGNAL
AUFBRECHENDEN FRÜHLINGS,
AUCH GLEICHT ES
DEM SICH NEIGENDEN SOMMER
IN STRAHLENDER HELLE
WIE KEINE ANDERE FARBE –
DAS GELB.
DEM REINEN NAHE
DEM UNBERÜHRTEN WEISS
WIE KEINE ANDERE FARBE
LICHTVOLL LEICHT
HEITER UND BEHAGLICH –
DAS GELB.
DEM GLANZ DES GOLDES NAHE
WIE KEINE ANDERE FARBE
WENN AUCH NICHT DER GIER
DES BESITZENS PREISGEGEBEN –
DAS GELB.
WIE KEINE ANDERE FARBE
DURCH TRÜBUNG VERLETZLICH
DEM SCHMUTZ VERFALLEN
DOCH WIEDERKEHREND
GLÄNZEND REIN
AM MORGEN MIT DER SONNE
ERSCHEINT SIE
DIE HELLSTE DER FARBEN –
DAS GELB.

Noldes Gelb in »Christus und die Kinder«

In Grünewalds Auferstehungsbild steht das Gelb als höchste Steigerung der Spektralfarben für »das Licht der Welt«, für Christus. Vier Jahrhunderte später entsteht ein ganz anderes Christusbild, in dem jedoch wieder das Gelb den Höhepunkt aller Farben des Spektrums darstellt: Erich Noldes »Christus und die Kinder« (1910) (*Bild 14*, s.S. 120a).

Es sind die Kinder, die »zu ihm kommen« und ein heiteres Gelb wider-strahlen, dessen Quelle fraglos in der Mitte des Bildes, in Christus zu suchen ist. Nolde setzt das ganze Orchester der Spektralfarben ein, um das Gelb in den Gesichtern und Körpern der Kinder in den hellsten und wärmsten Tönen hervorzuheben. Er tut dies auf zweierlei Weise: Zum einen läßt er die warmen Farben – das Rot und das Orange – das Gelb so begleiten, daß dieses an Wärme gewinnt, in den Schattenpartien der Kinder durch grüne, blaue und violette Töne unterstützt. Diese kalten Farben werden von Nolde auf der linken Seite des Bildes großflächig gegen das Gelb kontrastiert und geben diesem eine weitere lichte und dynamische Steige-rung. So kommt das Unverständnis der Jünger nicht allein durch deren Mimik zum Ausdruck, sondern darüber hinaus in dem verhaltenen Gelb und dem Rot ihrer Gesichter im Umfeld blau-violetter und grüner Dunkel-heit. Im Zentrum des Bildes steht Jesus in Rückenansicht nur wenig abgehoben durch ein frisches Blaugrün. Das sonnenhafte Gelb in den frohen Gesichtern der Kinder verweist den Betrachter des Bildes auf den, der dieses Licht spendet: auf Jesus, dessen Segen leuchtet.

Um der Wirksamkeit von Noldes Gelb näher zu kommen, haben wir diese Vergrößerung als Bildausschnitt gewählt (*Bild 15*, S. 120b): Es faszinieren die vielfältigen Empfindungen, die das Gelb auf diesem Bildausschnitt auslöst. Ist es doch konfrontiert und begleitet vom ganzen Farbspektrum – von Rot, Orange, Grün, von Blau und Violett. Da erst das farbige Umfeld die Wirkung einer Farbe bestimmt, ist hier dasselbe Gelb in der jeweiligen Nachbarschaft ein anderes. Dieser Wandel gibt dem Gelb spontane Impulse des Warmen, Hellen und des Heiteren. Wenn Goethe dem Gelb als solchem »heitere, muntere, sanft reizende Eigenschaft« zuschreibt, so erfährt diese Farbe durch die reine Palette der Spektralfarben noch eine besondere Steigerung.

Spiegelt sich in den Gesichtern der Kinder »frohe Botschaft«?

Das Bild von Emil Nolde erschließt die Wirkung der Begegnung mit Jesus. Die ihm zugewandten Kinder sind hell erleuchtet, das ihn umarmende Kind ist eine Lichtgestalt. Diese Farbgebung vergegenwärtigt die Wirkung Jesu auf die Kinder als Licht und Leben. Wer von Jesus angeschaut wird, dem erschließt sich Leben. Es gibt Menschen, denen zu begegnen Lebenskräfte stimuliert und anregt, denen zu begegnen einem selbst Lebenskraft eröffnet. Der Kontrast zwischen dem Licht, das Jesus ausstrahlt und dem distanzierenden Blau und Dunkelgrün, wie es sich auf dem Rücken Jesu findet, zeigt diese Begegnungssituation ganz deutlich. Auch die irritierten Jünger Jesu, die nur in ihrem Gesicht etwas vom Gelb spiegeln, ansonsten aber eher in den dunklen Farben verbleiben, gehören zu diesem Kontrast, der das Gelb der Kinder umso mehr aufleuchten läßt.

Aufleuchten ist die Botschaft des Bildes – Aufleuchten der menschlichen Existenz in der Begegnung mit Gott. Im Christentum ist es die zentrale Botschaft: *Gott ist leuchtende Beziehungsdynamik.*

Markus beschreibt in seinem Evangelium diese Begegnung knapp aber deutlich: »Und sie brachten zu ihm Kinder, damit er sie berühre; aber die Jünger fuhren an sie. Dies gesehen habend aber – Jesus wurde unwillig und sagte zu ihnen: ›Laßt die Kinder kommen zu mir, nicht hindert sie! Denn den so Beschaffenen gehört das Reich Gottes. Wahrlich, ich sage euch: Wer nicht annimmt das Reich Gottes wie ein Kind, keinesfalls wird hineinkommen in es. Und die Arme geschlossen habend sie segnete er, auflegend die Hände auf sie« (Markus 10,13-16).[159]

Aufgrund von Unverständnis und mangelnder Sensibilität wollen die Jünger die Kinder daran hindern, in die Begegnung mit Jesus zu kommen. Jesus setzt sich durch und zwar deutlich: Er fährt sie an. Viel haben die Jünger vom Reich Gottes noch nicht begriffen. Die aufleuchtende Kraft der Beziehung ist Dynamik; diese spiegelt sich in den Kindern und nicht in den Jüngern. Dennoch, vom Kopf her haben sie schon etwas vom Reich Gottes begriffen, ihre ganze Existenz ist aber noch in der Distanz des dunklen Blau und Grün, des Violett.

Dagegen sind die Kinder durchdrungen von der Helligkeit des Gelb und Rot. Die Mutter rechts oben im Bild ist bereits angesteckt von ihrem völlig durchleuchteten Kind in Gelb. Wenn ihr euch nicht durch die Begegnung mit Gott zum Aufleuchten bringen laßt, so habt ihr vom Reich Gottes nichts begriffen. So sind die Kinder bereits die Zeugen für das Licht, für die heilsame und heilende Begegnung des Aufleuchtens menschlicher Existenz. Wer ist für wen Vorbild? Das strahlende Gelb in Noldes Bild veranschaulicht es uns: Die Begegnung zwischen Jesus und den Kindern dreht die Maßstäbe herum. Die Kinder werden von ihm zum Vorbild für die Erwachsenen gemacht.

Grün

»DAS LAND BRACHTE JUNGES GRÜN HERVOR, ALLE ARTEN VON PLANZEN,
DIE SAMEN TRAGEN, ALLE ARTEN VON BÄUMEN,
DIE FRÜCHTE BRINGEN MIT IHREM SAMEN DARIN.
GOTT SAH, DAß ES GUT WAR.«
Genesis 1,12

O edelstes Grün

»O Grün des Fingers Gottes. Kein Baum grünt ohne Kraft zum Grünen, kein Stein entbehrt der grünen Feuchtigkeit, kein Geschöpf ist ohne diese besondere Eigenkraft, die lebendige Ewigkeit selber ist nicht ohne die Kraft zum Grünen. In der Morgenfrühe, wenn die Sonne bei ihrem Aufgang sich machtvoll erhebt, steht das Grün in seiner größten Kraft.«

»O edelstes Grün, in der Sonne du wurzelst, du leuchtest in strahlender Helle im Kreise, den kein irdisches Sinnen begreift.«

»Nun sind alle Winde voll vom Moder des Laubes, und die Luft speit Schmutz aus, so daß die Menschen nicht einmal mehr recht ihren Mund aufzumachen wagen. Auch welkte die grünende Lebenskraft durch den gottlosen Irrwahn der verblendeten Menschenseelen« (Hildegard von Bingen, 1098-1179).[160]

Das Grüne wird von Hildegard von Bingen nicht nur als eine Farbe unter anderen erfahren, vielmehr als eine transzendente paradiesische Kraft, mit welcher der Mensch gedankenlos umgeht und somit riskiert, sich und alle Geschöpfe dieser Lebenskraft zu berauben. Alles Grün ist nach Hildegard durch den »Irrwahn« der Menschen vom Verdorren bedroht. Insofern werden die globalen Gefahren unserer Umwelt von heute bereits von der Mystikerin des 12. Jahrhunderts in aller Deutlichkeit aufgezeigt.

»Grün« steht also hier nicht nur für die sinnliche Erfahrung des Menschen von allen Dingen der Natur, die über eine solche farbige Eigenschaft verfügen, es steht auch sinnbildlich für alles Naturhafte und ist darüber hinaus religiöses Symbol. Das Leben und Wirken der Hildegard macht aber auch begreifbar, daß sich Symbole erst über das Sinnliche ereignen. So werden wir zunächst die sinnliche Erfahrung befragen müssen, wollen wir etwas über Farben – hier besonders über das Grün – erkunden. Eine so absolute Hervorhebung des Grüns, wie sie uns eingangs in den Worten der Hildegard begegnet, ist zwar für unser Vorhaben ein bemerkenswerter erster Ansatz; um jedoch etwas von den Eigenschaften dieser Farbe und ihrer Wirksamkeit zu erfahren, können wir das Grün nicht isoliert betrachten.

Das Grün – und die anderen Farben

Wir werden zunächst versuchen, das Grün im Umfeld seiner Erscheinungen, in seiner Beziehung zu anderen Farben und als jeweiliges Element von Farbsystemen zu beurteilen. Ordnet man das Grün ein als einen Teil des traditionell geschlossenen Farbkreises, findet man es eingebunden zwischen zwei Nachbarn und einem komplementären Gegenüber – den drei Grundfarben rot, blau und gelb. Das sind die elementaren Beziehungen, unter denen das Grün seine Position zu behaupten hat.

»Das Auge verlangt… und schließt in sich selbst den Farbkreis ab. In dem vom Gelben geforderten Violetten liegt das Rote und Blaue; im Orange das Gelbe und Rote, dem das Blaue entspricht; das Grüne vereinigt Blau und Gelb und fordert das Rote, und so in allen Abstufungen der verschiedensten Mischungen. Daß man in diesem Falle genötigt werde, drei Hauptfarben anzunehmen, ist schon früher von den Beobachtern bemerkt worden.« (Goethe)[161]

»Das Grüne fordert das Rote« soll heißen, daß beide Farben in einem komplementären Kontrast zueinander stehen. Wenn wir eine Zeitlang einen grünen Fleck fixieren, so produziert die Netzhaut danach in Ergänzung einen roten. Das gilt auch in der Umkehrung: Das Rote fordert das Grüne (siehe Kapitel »Rot«), das dem Rot diametral im Farbkreis gegenüber in der Spannung größten Kontrastes steht; im Miteinander, also in der Mischung beider, löst sich diese Spannung in neutraler Farblosigkeit auf – als Malfarben in einem Grau und als Lichtfarben in Weiß.

Daß das Grün in sich Blau und Gelb vereinigt und zu Rot in einem komplementären Kontrast steht, ist – theologisch gesehen – tiefergehend

129

zu interpretieren. Rot als Zeichen von Leben, Blut und Hingabe wird ergänzt durch Grün, mit dem das durch Gott ermöglichte Wachstum des Lebens ausgedrückt wird. »Die Wüste wird grünen« ist die visionäre Aussage im Blick auf das Handeln Gottes. Indem das Rote das Grüne fordert, beide im Farbkreis diametral gegenüberstehend in der Spannung des größten Kontrastes, ist die innere Verbindung von Rot und Grün als Lebensgrundlage und Wachstum zu verstehen.

Grün ist Basis des Lebens – naturwissenschaftlich unter dem Begriff »Photosynthese« bekannt.

Die sanften bis aufdringlichen Grüntöne signalisieren die Dichte des Lebens in allen Schattierungen. Die Bilder von Claude Monet, der in seinem Freilichtatelier diesem Phänomen des wechselnden Lichtes nachgegangen ist, belegen dies eindrucksvoll.

Liturgisch ist die Farbe Grün die Jahresfarbe, d.h. die Sonntage im Jahreskreis werden in grün gefeiert. Dies macht wiederum die komplementäre Stellung zu Rot als der liturgischen Farbe für die hohen Feste deutlich.

Unser Sehen betreffend ist die Polarität von Grün und Rot organisch angelegt, denn eine der drei Gruppen von Rezeptoren der Netzhaut ist in gekoppelter Weise zuständig für die grünen und roten Reize, die vom Licht vermittelt werden. So eleminiert unser Auge unter bestimmten Umständen das Sehen einer Farbe, wenn man die Netzhaut zur Produktion der komplementären Gegenfarbe reizt. Machen wir den folgenden Versuch: Mit Hilfe einer kräftig grünen Transparentfolie betrachten wir bei tristem Wetter unser Umfeld, etwa in der Hoffnung, jetzt alles um uns in einem angenehmen Grün zu sehen. Dem ist zunächst so, aber nach einer Weile vergeht dieser Eindruck mehr und mehr; das Umfeld erscheint wieder grau wie zuvor.

Die Erklärung dafür ist im komplementären Gegensteuern des neuronalen Systems zu sehen: Wenn die Netzhaut, entgegen der Gewohnheit, ausschließlich mit einer Farbe gereizt wird, produziert sie allmählich die ausgleichende Kontrastfarbe – in unserem Fall Rot. In der zunehmenden Überlagerung beider Komplementärfarben sehen wir schließlich nur noch Helldunkel.

Nehmen wir dann die »grüne Brille« ab, wirkt die Gegenfarbe noch für einige Zeit nach; das Umfeld erscheint leicht rötlich wie in der Abenddämmerung, bis sich endlich die graue Wirklichkeit wieder einstellt (vgl. Kapitel »Rot«).

Der sinnesphysiologische Hintergrund der Polarität von Grün und Rot ist in der Koppelung beider im sogenannten »Rot-Grün-System« der Zellen der Netzhaut zu sehen. Wird dieses System mit grünen Lichtsignalen versorgt, zeigt es Aktivierung, während gleichzeitig seine rote Kapazität gehemmt bleibt. Nach einiger Zeit der einseitigen Belastung durch das Grüne werden die bis dahin gehemmten roten Impulse selbst aktiv und nach Beendigung der Grünreizung mehrere Augenblicke für uns sichtbar.[162]

Diese komplementäre Koppelung Rot-Grün verursacht auch das reizvolle Phänomen grüner Schatten bei roter Beleuchtung. Goethe hat ein solches Naturereignis anläßlich eines abendlichen Winterspazierganges im Harz erlebt und sehr anschaulich geschildert (vgl. Kapitel »Rot«). Selbst wenn man um die Zusammenhänge des Phänomens weiß, wirkt es dennoch überraschend und mitunter irritierend.

Beispiel: Bei sommerlicher Mittagssonne unter einer orangeroten Markise sitzend, erscheinen mir die grünlichen Schatten meiner Hände auf dem weißen Tisch zunächst sehr befremdlich, fast geisterhaft; wenn auch die Ursache erklärbar ist, denn das eigentliche Grau des Schattens wird vom Auge unter dem Eindruck des roten Lichtes durch die eigens produzierte Kontrastfarbe Grün beeinflußt, behält das Ereignis seinen geheimnisvollen Reiz.

Die sich gegenseitig herausfordernden Kontraste des Grünen durch das Rote und des Roten durch das Grüne, sind von Goethe ausgiebig beobachtet und in seiner Farbenlehre dargestellt worden. In Versform finden wir dieses Kontrastpaar im zweiten Teil des »Faust« wieder, wenn der Chor der Rosen streuenden Engel spricht:

>»KNOSPENENTSIEGELTE
> EILET ZU BLÜHN,
> FRÜHLING ENTSPRIEßE,
> PURPUR UND GRÜN«

Und dazu nochmals Hildegard von Bingen, die ihre sinnliche Grünerfahrung, übersinnlich reflektierend, in ihrem »Lied auf Grün« in Worte faßt. Auch hier, in den wenigen wiedergegebenen Verszeilen, fordert das Grüne nach der vom Auge verlangten Totalität das komplementäre Rot heraus. Denn die Worte »Sonne«, »Glut«, »Morgenrot«, »Liebe«, »Herzkraft«, »flammen« lassen uns nichts anderes als die Farbe Rot assoziieren, die in kontrastreicher Spannung dem Grün das höchste Maß an Wirksamkeit verleiht:

>>DU GRÜN
BIST UMSCHLOSSEN VON LIEBE,
UMARMT VON DER HERZKRAFT HIMMLISCHER GEHEIMNISSE...
DU SCHIMMERST AUF WIE DAS MORGENROT,
DU FLAMMST WIE DER SONNE GLUT.<<[163]

Was Goethe zuvor über die Fähigkeit des Auges sagt, Farbe zu sehen und auch farbige Reize selbst zu produzieren, ist bereits das Grundmodell des gestalterischen Umgangs mit Farbstoffen: der Farbkreis, bestehend aus den drei Grundfarben und den ihnen jeweils diametral gegenüber befindlichen Mischfarben Violett, Orange und Grün.

Versteht man nun unter >>Grundfarben<< die, welche in ihrer Reinheit keinerlei Anteile anderer Farben aufweisen, also nicht durch Mischung mehrerer anderer herstellbar sind, dann sind dies Rot, Gelb und Blau, aus denen wiederum paarweise die genannten Hauptmischfarben oder >>sekundären Farben<< gewonnen werden.

Bereits bei seinen frühen Malversuchen erfährt ein Kind, daß diese drei Farben Rot, Gelb, Blau und das Schwarz in seinem Tuschkasten, dazu das Weiß des Papieres, ausreichen, um andere Farben mischen zu können – so auch das Grün.

Die Triade der genannten Grundfarben – auch >>primäre Farben<< genannt – hat in ihrer Anwendung bis heute nicht an Gültigkeit verloren. So haben die Hersteller von Druck- und Künstlerfarben im europäischen Raum diese drei Grundfarben in verbindlicher Absprache normiert: Magenta (Purpurrot), Cyanblau und Gelb.

Dennoch, stellt man Alt wie Jung die Frage nach den drei elementaren Malfarben, so wird fast immer das Grün mitgenannt. Offensichtlich spielt bei spontaner Antwort die emotionale Zuneigung eine so große Rolle, daß das Wissen um die Mischung des Grün aus den eigentlichen Grundfarben Gelb und Blau mitunter verdrängt wird.

>>Schon das Mischen. Natürlich wußte er, daß Gelb und Blau gemischt Grün ergibt. Aber erst einmal machen. Die zwei so verschiedenen Farben – verheiratet – bekommen so ein Kind!<<[164]

Was ist es nun, was die Farbe Grün gegenüber den anderen sekundären Farben, dem Violett und dem Orange, so hervorhebt, daß sie von vielen allgemeinhin als ein gleichberechtigter Partner der Grundfarben angesehen wird?

Grün – eine Grundfarbe?

Beobachtet man, durch diese Fragestellung veranlaßt, das Grün in Konkurrenz zu den beiden anderen genannten Mischfarben auf dem stufenlosen Farbkreis, kann man feststellen, daß sich das Orange aus einem immer rötlicher werdenden Gelb zu einem immer weniger gelblichen Rot entwickelt. Man kann diesen Übergang von Gelb nach Rot, und umgekehrt, beschreiben, ohne das Orange ausdrücklich beim Namen zu nennen. Vergleichbares läßt sich auch im Verlauf des Farbkreises von Rot nach Blau sagen, ohne das Violett als solches zu bezeichnen.

Verfolgt man hingegen den Weg von Gelb nach Blau, so wird die entstehende Mischung sehr bald als Grün bewußt erfahren, vom Gelbgrün bis zum Blaugrün. Unserem Empfinden nach erhebt das Grün den Anspruch auf elementare Eigenständigkeit, und das in der ganzen Spanne vom Gelbgrün (Lindgrün) bis hin zum Blaugrün (Türkis) – wie auch immer die verschiedensten Grüntöne benannt werden.

Bestätigt findet man diese Einschätzung des Grün, wenn der Versuch unternommen wird, die drei Sekundärfarben optisch auf ihr Herkommen zu analysieren. Sind dem Orange und dem Violett die Beteiligung der jeweiligen Grundfarben anzusehen, so fällt es schwer, im Grün die Mischung aus Blau und Gelb zu erkennen. Ist das Grün erst einmal aus Blau und Gelb entstanden, etwa durch Mischen beim Malen, versucht es, sein Herkommen aus einer solchen Vereinigung zu verleugnen.

»Hätte man also Runge auf diesen Unterschied von Grün und Orange aufmerksam gemacht, so hätte er vielleicht die Idee, es gäbe nur drei Grundfarben, aufgegeben« (L. Wittgenstein).[165]

Obwohl sich Goethe im didaktischen Teil seiner Farbenlehre, bei der Behandlung der Grundfarben und den aus ihnen gemischten Orange, Violett und Grün, ausdrücklich dieser Farbnamen bedient, beschreibt er an späterer Stelle deren Streben nach Kontrastpaarung so:

»GELB FORDERT ROTBLAU
BLAU FORDERT ROTGELB
PURPUR FORDERT GRÜN
UND UMGEKEHRT.«[166]

Dem Grün räumt er damit implizit gegenüber Orange und Violett eine hervorgehobene eigene Stellung ein, wie sie nicht knapper und prägnanter ausgedrückt werden kann. So wird das Grün von Goethe in seiner »sinnlich-sittlichen Wirkung« folgendermaßen charakterisiert:

»Wenn man Gelb und Blau, welche wir als die ersten und einfachsten Farben ansehen, gleich bei ihrem ersten Erscheinen, auf der ersten Stufe ihrer Wirkung zusammenbringt, so entsteht diejenige Farbe, welche wir Grün nennen.«[167] »Unser Auge findet in derselben eine reale Befriedigung. Wenn beide Mutterfarben sich in der Mischung genau das Gleichgewicht halten, dergestalt, daß keine vor der andern bemerklich ist, so ruht das Auge und das Gemüt auf diesem Gemischten wie auf einem Einfachen.«[168]

Damit verleiht Goethe der Wirkung des Grünen den Status »wie-einer-Grundfarbe«. Er argumentiert – wie bereits erwähnt – mit der Erstlingsstellung der beiden »Mutterfarben« und deren Herleitung; dem Gelb als erster Stufe der abgedunkelten Helligkeit, des getrübten Sonnenlichts, und dem Blau als erster Stufe der aufgehellten Finsternis, dem nächtlichen Azur des Himmels – einer zentralen Aussage seiner Farbenlehre. Aus dieser Hervorhebung der beiden Grundfarben Gelb und Blau leitet Goethe in deren Mischung wiederum die Hervorhebung des Grüns gegenüber den beiden anderen Sekundärfarben ab.

Eine weitere elementare Farbmischung, die gleichfalls eine Auszeichnung des Grüns bewirkt, ist die der Trübung der drei Grundfarben mittels Schwarz. Während die Mischung mit Blau keine neue Farbe erzeugt als nur die Fusion Blauschwarz und die Mischung mit Rot immerhin ein Braun, erzielt die Schwarztrübung des Gelben etwas neues: ein olivfarbenes Grün. In dieser Mischung mit dem Gelb übernimmt das Schwarz in einer sehr effektvollen Weise die Stellvertretung des Blauen.

Will man also, nach den hier genannten Beispielen, das Grün in die Erfahrung der Menschen von vier Grundfarben einschließen, findet man dafür in der Geschichte weitere Argumente. Immer dann, wenn versucht wird, Elementarien des Lebens mit der Symbolkraft bestimmter Farben zu belegen, geschieht das im Ensemble dieser Vier: »... Heraklit (um 544-483 v.Chr.) und ganz ausdrücklich der Philosoph Empedokles (434-395 v.Chr.) unterscheiden die 4 Elemente Feuer (Rot), Wasser (Blau), Erde (Grün) und Luft (Gelb). Empedokles ist auch der Meinung, es gäbe ›Grundfarben‹, die den Elementen gleich an Zahl seien, also 4 Grundfarben. Noch populärer bis auf den heutigen Tag ist die Temperamentenlehre des griechischen Arztes Hippokrates (460-377 v.Chr.) geworden. Er unterscheidet den

- ☐ Choleriker (Rottyp)
- ☐ den Phlegmatiker (Blautyp)
- ☐ den Melancholiker (Grüntyp)
- ☐ und den Sanguiniker (Gelbtyp).«[169]

Und in unserer Zeit stellt der Farbpsychologe Max Lüscher seine These vom 4-Farben-Menschen auf: »Ein 4-Farben-Mensch erlebt, denkt und handelt aus 4 Selbstgefühlen. Diese 4 Selbstgefühle sind:

- ☐ stabile Selbstachtung (Grün)
- ☐ aktives Selbstvertrauen (Rot)
- ☐ zufriedene Selbstbescheidung (Blau)
- ☐ aufgeschlossene Selbstentfaltung (Gelb).

Er ist ein Mensch, der sich in allen 4 Bereichen, also in seiner Ganzheit, harmonisch verwirklicht, und auf alle Fälle ein Mensch, der sich glücklich fühlt, der viel intensiver erlebt und der das Leben faszinierend interessant findet.«[170]

Wenn auch Grund genug besteht, sich gegenüber den programmatischen Zuordnungen von Farben, wie hier dargestellt, skeptisch zu verhalten, so veranschaulichen doch diese Thesen, daß das Grün stets als elementar erachtet wird. Grün ist offensichtlich eine menschliche Urerfahrung.

Wie nun drückt sich die Vorliebe der Menschen zu bestimmten Farben allgemeingültig aus? Etwa in der Farbwahl ihrer Kleidung?

Der grüne Rock

Geht man der Geschichte der Bekleidung nach – sei es der der Kleiderordnung bei Hofe, der des Adels, der Stände, der Liturgie, der Fakultäten oder der der Livreen und Uniformen –, so gibt diese wenig Anlaß, durchgehende elementare Bevorzugungen für die eine oder andere Farbe auszumachen. Doch läßt sich immerhin feststellen, daß Grün in den jeweiligen Farbordnungen seinen gleichberechtigten Platz neben den Grundfarben behauptet.

So spielt das Kontrastpaar Rot-Grün im liturgischen Farbkanon des Mittelalters eine tragende Rolle. »Im Gegensatz zu dem vielfältigen Gebrauch der liturgischen Farben in verschiedenen Ländern Europas, stehen die systematischen Angaben Papst Innozenz' III. zur Tradition der römischen Kirche, die er um 1200 in seinem Traktat »De sacro altaris mysterio« zusammenfaßt. Diese Farbregeln... umfassen die vier Farben Weiß, Rot, Grün und Schwarz, mit der Nebenfarbe Violett.«[171]

Man kann von stringenten mittelalterlichen Standesordnungen bis zu den heutigen schnell wechselnden Modetrends durchgängig dem Kanon der primären und sekundären Farben nebst Schwarz, Weiß, Braun und Grau begegnen und kann auch gewisse Hervorhebungen des Grüns entdecken. So wird Grün etwa im 17. Jahrhundert in der Kleidung der Bürger und später besonders ausgeprägt in der Jagdbekleidung oder im Frühjahr vorzugsweise von jungen Menschen getragen. Dazu gehört auch die Hochzeitstracht in der grünen Farbigkeit der Volkstrachten im Deutschland und Österreich des 18. Jahrhunderts, die im Gegensatz zur roten Kleidung der Ledigen einen neuen Lebensabschnitt offensichtlich macht; man spricht von der »grünen Hochzeit«.[172]

Die jeweilige Bevorzugung von Farben in der Geschichte der Mode zeigt wohl Indizien eines ethnosozialen Verhaltens – auch bei der Behandlung anderer Farben wird das erkennbar –, doch das alles läßt keine Schlüsse zu auf eine archetypische Einstellung der Menschen zur Farbe. Denn die feststellbaren Normen der Kleiderfarben sind zeitlich wie räumlich von unterschiedlichem Wechsel und manche Wahl der Kleiderfarbe ist individueller Art oder vom Zufall geleitet.

Eine reiche Palette von Grüntönen

Die Geschichte der Malerei ist – was die Wahl der Farben betrifft – ein Weg der Emanzipation von konventionellen wie religiös-rituellen Farbnormen jeweiliger Kulturepochen bis hin zur Beliebigkeit individueller Farbenwahl in der Postmoderne unserer Tage. So sind dann auch die strengen, rechteckigen Farbgefüge von Piet Mondrian – aus Weiß, Schwarz und den ungemischten primären Farben Rot, Blau, Gelb komponiert – als ein Elementarereignis spannungsvollen Gleichgewichtes von Form und Farbe eher die Ausnahmeerscheinung in der Kunstgeschichte.

Was eine mögliche Dominanz der Farbe Grün betrifft, so ist diese an die Wahl der Motive gebunden. Es sind die Impressionisten, die ihr Atelier verlassen, um Mensch und Landschaft in der Farbigkeit des natürlichen Lichts zu studieren. Beispielsweise lebt Claude Monet viele Jahre in seinem

Landhaus im normannischen Dorf Giverny wie in einem Freilichtatelier, um mit dem Lauf der Sonne das Phänomen des wechselnden Lichts in seiner Malerei »en plain air« zu erfassen. Es entstehen im Garten von Giverny faszinierende Bilder der Natur – so auch dominierend »grüne Bilder«, wie »Die Brücke über den Seerosenteich« (1889) (*Bild 16*, S. 136a). Welch eine reiche Palette von Grüntönen weiß Monet hier ins Bild zu bringen! Am meisten beeindruckt auf diesem Bild die grüne Brücke, deren Tragebalken in der Wölbung mit dem kräftigsten Grün des ganzen Bildes gezeichnet sind. Aus theologischer Sicht kommen einem verschiedene Assoziationen, die allerdings nicht jedem Betrachter des Bildes plausibel sein müssen. Die Brücke ist gebaut, um Menschen und Tiere zu tragen, sie vor der Gefahr des ins Wasserfallens zu bewahren. Die grüne Brücke ist angesichts der theologischen zeichentheoretischen Deutungsgehalte von Grün die Überwindung von Dürre, von ausgetrocknet sein, von nicht leben können. Alle im Bilde dargestellten Gegenstände sind vom Grün durchdrungen.

Der übergrünte, in allen Nuancen von Grün leuchtende Wald, der sich im Hintergrund des Bildes auf der Uferseite des Teiches abzeichnet, ist wie der Schoß des Lebens; ohne Grün ist Leben auf dieser Erde nicht möglich. Vor dem Geflecht von lebensspendenden Pflanzen fällt erneut der grüne Tragebalken der Brücke ins Auge. Der tragende Grund des Lebens ist grün und Gott hat die grünen Pflanzen als Grundlage des Lebens geschaffen.

Ein Maler hat nicht nur Vorlieben in der Wahl seiner Motive, er hat selbstverständlich auch Vorlieben in der Wahl seiner Farben. Daraus resultiert manches sehr individuelle Urteil über die eine oder andere Farbe, auch vernichtender Art. Man muß keinesfalls der Verurteilung einer Farbe, auch wenn diese von einem namhaften Maler wie Wassily Kandinsky stammt, folgen. Doch unterdrücken sollte man eine so eigenwillige Äußerung nicht: »Grün ist die Hauptfarbe des Sommers, wo die Natur die Sturm- und Drangperiode, den Frühling überstanden hat und in eine selbstzufriedene Ruhe getaucht ist… Wie das in Gelb gemalte Bild immer eine geistige Wärme ausströmt oder ein blaues zu abkühlend erscheint, so wirkt das Grüne nur langweilend. Die Passivität ist die charaktervollste Eigenschaft des absoluten Grün, wobei diese Eigenschaft von einer Art Fettheit, Selbstzufriedenheit parfümiert wird. Deswegen ist das absolute Grün im Farbenbereich das, was im Menschenbereich die sogenannte Bourgeoisie ist; es ist ein unbewegliches, mit sich zufriedenes, nach allen Richtungen beschränktes Element. Dies Grün ist wie eine dicke, sehr gesunde, unbeweglich liegende Kuh, die nur zum Wiederkauen fähig mit blöden, stumpfen Augen die Welt betrachtet.«[173]

Dieser höchst eigenwilligen Äußerung Kandinskys stehen Bilder anderer Maler entgegen, in denen das Grün von durchaus sinnprägendem Ausdruck ist – voll Freude an der Natur. Bei Marc Chagall – dem Poeten der Farbe – finden wir grüne Bilder, die dieser Farbe symbolische Kraft verleihen. Hier seien drei genannt: Unter den zwölf farbprächtigen Glasfenstern der Synagoge des medizinischen Zentrums Hadassah in Jerusalem – die Fenster »Aser« und »Issacher« (zwei von den zwölf Stämmen Israels) und das Glasfenster »Paradies« in der Mainzer Kirche St. Stephan.

Der zweite Sohn Jakobs, den dieser mit Leas Dienerin Silpa zeugte, wurde »Aser«, der »Glückliche« genannt. Sein Stamm besaß das fruchtbare und friedliche Gebiet zwischen Karmel und Phönizien an der Mittelmeerküste:

> »Vor den Söhnen sei Aser gesegnet« (Deuteronomium 33,24).
> »Aser verbleibt am Ufer des Meeres,
>   ruhig wohnt er an seinen Buchten« (Richter 5,17).

So zeugt das Bild von reichen grünen Feldern, grünen Pflanzen und Früchten; die Friedenstaube, der gekrönte Adler, der siebenarmige Leuchter sind in Grün getaucht. Chagall hat ein besonderes Grün eigens aus einer Schmelze von Blau und Gelb für diese Fenster hergestellt, das nicht nur eine variantenreiche Skala von Grüntönen hervorbringt, sondern auch gleitende Übergänge vom Grün zu Blau und Gelb.

»Issachar« – ein weiteres farbprächtiges Fenster von beherrschendem Grün. Helle, duftige Grüntöne stehen für eine üppige Vegetation und paradiesische Freuden. Der ruhende grüne Esel mit blauen Kopf am unteren Rand des Glasfensters genießt offensichtlich die friedvolle Landschaft. Im Zentrum die symbolische Geste der segnenden Hände in farbiger Steigerung der Kontraste von Grün und Rot. Das Grün steht für die Fruchtbarkeit des Landes Issachar, dessen Erzeugnis vor allem der Wein ist:

> »Du hobst in Ägypten einen Weinstock aus, du hast Völker
> vertrieben, ihn aber eingepflanzt. Du schufst ihm weiten Raum;
>   er hat Wurzeln geschlagen und das ganze Land erfüllt«
> (Psalm 80,9.10).

Vor dem Hintergrund des atmosphärischen Blau entwickelt sich in warmen, satten Grüntönen die paradiesische Schöpfung – so in Chagalls Mainzer Glasfenster vom »Paradies«. Das Schöpfungsgeschehen scheint vollbracht: Himmel, Sonne und Erde, Pflanzen, Tiere und Menschen sind geschaffen:

»Das Land brachte junges Grün hervor,
alle Arten von Pflanzen, die Samen tragen,
alle Arten von Bäumen, die Früchte bringen...«
(Genesis 1,12).
»Gott, der Herr, ließ aus dem Ackerboden allerlei Bäume wachsen,
verlockend anzusehen und mit köstlichen Früchten...«
(Genesis 2,9).

So grünt es, rote und gelbe Früchte bieten sich von grünen Bäumen an, die Sonne wärmt und erhellt das Geschehen und Engel beobachten es. Chagall macht die Schöpfungsgeschichte als ein Erlebnis von Farben für uns erfahrbar.

Das angewandte Grün

Auf der Suche nach einem Anwendungsbereich der Farbe Grün, der nicht in Abhängigkeit von Motiven steht oder modischen Gepflogenheiten unterliegt, ist man auf die Heraldik und die Farbgebung der Regional- und Nationalflaggen verwiesen. Hier stoßen wir auf eine verhältnismäßig kleine Anzahl bevorzugter Farben, die in überzeugender Weise das bestätigen, was wir zuvor an elementarer Erfahrung aufzeigen konnten.
Die heraldische Tradition – in der die Farbe Grün eine gleichberechtigte Rolle spielt – wird sicher nur in begrenzter Weise auf die Entstehung der Nationalflaggen eingewirkt haben. Dennoch ergibt sich bei der vielfältigen Farbigkeit der Fahnen aller Länder ein ähnliches Bild wie zuvor: bei Bevorzugung des Rot folgen gleichermaßen Weiß, Gelb, Blau, Grün und seltener Schwarz, während beispielsweise die Farben Orange und Violett vernachlässigt sind. Dabei kann unberücksichtigt bleiben, daß im ehemaligen kommunistischen Einflußbereich das Rot und im islamischen das Grün bevorzugte Farben der jeweiligen nationalen Flaggen sind bzw. waren.
Die Gleichrangigkeit des Grün mit den primären Farben findet in der olympischen Fahne einen überaus prägnanten Ausdruck: Auf weißem Grund finden sich fünf miteinander verbundene Ringe, die die Erdteile symbolisieren in den Farben Schwarz, Rot, Gelb, Blau und Grün. Und diese elementare Palette stimmt in frappanter Weise mit dem neuronalen Farbsystem der Fotorezeptoren der menschlichen Netzhaut überein, worauf später noch einzugehen ist.

Wird das Grün in der Praxis des Farbmischens gegenüber anderen Mischungen als eine besonders eigenständige Farbe empfunden, so ist das, wie oben dargelegt, tatsächlich nachvollziehbar. Spricht man hingegen von der Wirkung der Farbe über deren Empfindung hinaus, hat man es mit einem weiten Feld der menschlichen Psyche zu tun. So fällt es schwer, allgemeingültige Wirkungsurteile zu fällen, zumal die Einstellung zu Farben immer eine individuelle Einstellung ist, noch dazu eingebunden in zeiträumlich sehr unterschiedliche soziokulturelle Vorgaben.

Weiterhin verstecken sich beispielsweise hinter dem verbalen »Grün« objektiv mehr als hundert differenziert wahrnehmbare Farbtöne, die wir als »grün« bezeichnen, und jeder Grünton wiederum äußert sich in jeweils anderer Umgebung oder unter anderer Beleuchtung als ein anderer Ton.

So muß man mit einer gewissen Reserviertheit an sehr verallgemeinernde Urteile über die Wirkung des Grüns auf die Stimmung des Gemüts gehen. (Auf die empirisch gewonnenen Einsichten der modernen Farbpsychologie wird an anderer Stelle eingegangen; vgl. Kapitel »Blau«).

In praktischer Anwendung sagt Goethe in Bezug auf die beruhigende Wirkung des Grüns: »Deswegen für Zimmer, in denen man sich immer befindet, die grüne Farbe zur Tapete meist gewählt wird.«[174]

Diese Nutzbarmachung des Grüns in Wohngemächern mag so, wie sie hier zitiert wird, betont zeitgeschichtlich bedingt sein, also dem modischen Wechsel unterliegen – bei aller Achtung der hier behandelten Vorzüge dieser Farbe. Die Aussagen über den Charakter der Farbe Grün, wie auch den jeder anderen Farbe, unterliegen den Empfindungen, Erfahrungen und Gewohnheiten dessen, der diese Aussagen macht. Das muß umso mehr dann betont werden, wenn man derartige Aussagen zur Gültigkeit einer Regel erheben will.

»Ich kann mir nicht denken, daß Goethes Bemerkungen über den Charakter der Farben und Farbzusammenstellungen für den Maler nützlich sein können; kaum für den Dekorateur… Wer vom Charakter einer Farbe redet, denkt dabei immer nur an eine bestimmte Art ihrer Verwendung« (L. Wittgenstein).[175]

Die sinnliche Erfahrung – Grün

Es läßt sich nachvollziehbar etwas über die beruhigende Wirkung des Grünen sagen. Diese ist im Vergleich zum Kontrastpartner Rot festzustellen, dessen aktivierende, erregende und mitunter beunruhigende Wirkung nicht zu bezweifeln ist, besonders dann, wenn diese Farbe unseren Blickraum beherrscht, etwa bei einem nächtlichen Großbrand oder dem weniger beunruhigenden Erlebnis eines glutroten Sonnenunterganges. Hingegen wird jeder einmal seine Augen zur Erfrischung in eine sattgrüne Wiese getaucht und das als angenehm und beruhigend empfunden haben. Sicher spielt hier die Kontrasterfahrung, etwa die vom hektischen Leben im Grau eines städtischen Alltags, eine Rolle.

»Wir brauchen das Grün, um Ruhe zu finden, und es ist die überwältigende Vorherrschaft des Grün in der Flora unserer Welt, da es uns anzieht, weil es Bleiben und Frieden verspricht, aber es ist ebenso die anfängliche keimende Farbe, Hoffnung auf Werden und Wachsen...«[176]

Auch in diesem Zusammenhang ergibt sich wie zuvor die Frage nach der bzw. den Ursachen der Wirkung einer Farbe. Es ist also zu überlegen, inwieweit sich sinnliche Erfahrung von Farben auf deren Bewertung und Bevorzugung auswirkt, dabei bedenkend, daß jedes Urteil in eine ethno-kulturelle Umwelt eingebunden ist.

Wir gehen bei unserer Betrachtung davon aus, daß die Natur – Landschaft und Pflanzenwelt – überwiegend mit der Farbe Grün besetzt ist und so jahreszeitlich bedingt im Frühling, im Kontrast zu den Farben des zur Neige gehenden Winters, besonders bejahend erfahren wird. Der Text eines Volksliedes drückt die Grün-Sehnsucht nach harten Wochen des Winters aus:

> »NACH GRÜNER FARBE MEIN HERZ VERLANGT
> NACH DIESER SCHWEREN ZEIT;
> DER ARGE WINTER WÄHRT SO LANG,
> DER WEG WARD MIR VERSCHNEIT...«[177]

Goethe geht in seiner »Geschichte der Farbenlehre« auf die grünbeherrschte Vegetation ein, wie in der griechischen Antike von den Naturwissenschaftlern und Philosophen Aristoteles und Theophrast beschrieben: »In allen Pflanzen ist der Anfang der Farbe grün, und die Knospen, die Blätter und die Früchte sind im Anfang von dieser Farbe. Man kann auch ebendasselbe am Regenwasser sehen, denn wenn es eine Weile gestanden hat, und sodann vertrocknet, so erhält es eine grüne Farbe. Auf diese Weise geschieht es, daß allem demjenigen, was aus der Erde wächst, die grüne Farbe zuerst angehört; denn altes Wasser, worauf die Sonnenstrahlen gewirkt haben, hat anfänglich diese Farbe, hernach wird sie allmählich schwarz; vermischt man sie aber aufs neue mit dem Gelben, so erscheint sie wieder grün.«[178]

Immergrüne Auen – Symbol des Lebens

Die Sprache der Bibel, die überwiegend sinnbildlich Helldunkel malt, erwähnt vor allen anderen Farben das Grüne. So heißt es in der Schöpfungsgeschichte, nachdem Gott »das Licht von der Finsternis« schied (Genesis 1,4), »Das Land brachte junges Grün hervor« (Genesis 1,12). Von Anbeginn der biblischen Geschichte ist das Grün mit der Schöpfung der Natur auf das Engste verknüpft. Besser noch: Das »Grüne« steht für die Natur und die »Natur« steht für die Schöpfung. So heißt es in Gottes Bund mit Noach: »Alles Lebendige, das sich regt, soll euch zur Nahrung dienen. Alles übergebe ich euch wie die grünen Pflanzen« (Genesis 9,3).

Gottes Wort aus dem Munde der Seher und Propheten läßt das Grün den Menschen eine Lebensgrundlage sein, und er schließt es in seinen Segen ein – auch den Tieren gegenüber:

»Fürchtet euch nicht, ihr Tiere auf dem Feld! Denn das Gras in der Steppe wird wieder grün…« (Joël 2,22).

Das Grün als ein Zeichen des Lebens schlechthin kommt gerade auch dann zum Ausdruck, wenn sich Gottes Kraft und Strafgericht in Naturkatastrophen ankündigt: »…Eisblumen sprießen wie Dornen. Das Grün der Berge versengt er wie durch Hitze…« (Jesus Sirach 43,19.21). »So spricht Gott, der Herr: Ich will Feuer an dich legen, jeden grünen Baum… wird es verzehren« (Ezechiel 21,3). Und zur Plage der Heuschrecken steht im Buch Amos: »Sie machten sich daran, alles Grün im Lande zu vertilgen« (Amos 7,2).

Im Neuen Testament sind es die apokalyptischen Visionen des Johannes, die dem Grün der Natur mit der Vernichtung drohen: »Es verbrannte ein Drittel des Landes, ein Drittel der Bäume und alles grüne Gras« (Offenbarung 8,7). Neben der sinnbildlichen Verwendung des »Grünen« – hier besonders in seiner symbolischen Erhöhung als Gottes Schöpfung – finden wir es im Alten Testament auch einfach als Merkmal eines Landes vor, das in den

Augen der Israeliten als fruchtbar angesehen wird. So wird das Nachbarland Moab wiederholt als »Grünland« bezeichnet, vom »Grün des Libanons« ist die Rede und von den »immergrünen Auen« am Jordan.

Das »Grün« ist in der Bibel auch für die Bildung von Metaphern gut, also für sogenannte »Wie-Vergleiche«. Es dient das gerade erwähnte »Grün des Libanons« dazu im Buch Jesus Sirach die Größe des Hohenpriesters Simeon mit den Herrlichkeiten der Schöpfung zu vergleichen. So heißt es, daß er aus dem Zelt heraustrat »wie ein Regenbogen, der in den Wolken erscheint… wie das Grün des Libanon an Sommertagen« (Jesus Sirach 50,7.8). Im Dankeslied König Davids steht: »Wer gerecht über die Menschen herrscht, wer voll Gottesfurcht herrscht, der ist wie das Licht am Morgen, wenn die Sonne aufstrahlt an einem Morgen ohne Wolken, der nach dem Regen grünes Gras aus der Erde hervorsprießen läßt« (2 Samuel 23,3.4).

Wie ein immergrüner Baum erscheint der Glaube des Menschen: »Gesegnet der Mann, der auf den Herrn sich verläßt und dessen Hoffnung der Herr ist. Er ist wie ein Baum, der am Wasser gepflanzt ist und am Bach seine Wurzeln ausstreckt: Er hat nichts zu fürchten, wenn Hitze kommt; seine Blätter bleiben grün…« (Jeremia 17,7.8). Und der Herr verkündet durch den Propheten Hosea seine Absicht der Versöhnung mit den Reumütigen durch eine Natur-Metapher: »Ich bin wie der grünende Wacholder, an mir findest du reiche Frucht« (Hosea 14,9).

Auch heute und nicht nur in unseren Regionen, wo das vegetative Grün in Üppigkeit erfahren werden kann, sondern gerade auch da, wo Wassermangel, Dürre und folglich Not herrschen, ist das Grün begehrt als hoffnungsvolles Symbol einer Besserung. Wenn nur in Regenzeiten oder bei kostenaufwendiger künstlicher Bewässerung das Gedeihen von Pflanzen zu erwarten ist, wird das von den Bewohnern solch karger Landschaften herbeigesehnte Grün zum Symptom für das Heranreifen lebensnotwendiger Früchte. Hier gilt das Bild vom dürstenden Wanderer in der Wüste, der das Grün einer Oase am Horizont als rettendes Anzeichen für etwas Trinkbares deuten kann.

»›Grüne Dinge tun‹ bedeutet bei den alten Ägyptern Gutes hervorbringen. Grün ist die Farbe des Gottes Osiris, er ist in der frühen ägyptischen Mythologie der Gott des Nils und der Fruchtbarkeit. Seine Hautfarbe ist grün, er hat den Beinamen ›Der große Grüne‹.«[179] So ist Grün besonders dort, wo es mangelt, ein Zeichen des Lebens und Überlebens und eignet sich zum Symbol des Heils. Grün ist die Fahne des Propheten Mohammed und seiner arabischen Nachfolger. Mohammed verheißt den Gläubigen nach einem gottgefälligen Leben ein Paradies voll Freude und Genuß.

»Grün sei die im Paradies herrschende Farbe – eine Vorstellung, die ein Wüstenvolk begeistert.«[180] Und in grüner Kleidung wird Mohammed meist dargestellt.

Der angenehme Eindruck von Grün wie auch die aus der Not geborene Vorstellung von dieser Farbe bleibt nicht nur auf die Eigenschaft »grün« der Pflanzen, Bäume, Wiesen und Felder beschränkt. Grün ist vielmehr der Inbegriff von »Natur«.

Über eine besondere Erlebnisfähigkeit gegenüber der »viriditas« – der Grünheit, der Keimkraft – verfügt die eingangs zitierte Hildegard von Bingen. Ihre Neigung zu allem Grünen überträgt sie beispielsweise auf den Smaragd, seiner Farbe wegen: Er »entsteht in der Morgenfrühe beim Sonnenaufgang. Das Grün der Erde und der Gräser blüht dann am frischesten, weil die Luft noch kalt, die Sonne aber schon warm ist und die Kräuter das Grün so gierig einsaugen wie das Lamm die Milch. Die Hitze des Tages reicht kaum aus, um dieses Grün zu kochen und zu nähren... Der Smaragd ist deshalb ein starkes Mittel gegen alle Schwächen und Krankheiten des Menschen, weil die Sonne ihn zeugt und sein Stoff dem Grün der Luft entstammt.«[181] Die so erlebte »Grünkraft« umfaßt offensichtlich nicht nur die genannten Sinngehalte des Grüns, die das menschliche Auge erfaßt, sondern will darüber hinaus in ihm eine Quelle der Schöpfung sehen, eine sich immer wieder erneuernde Kraft des Lebens. Allerdings stellen die modernen Menschen mit dem Ruf nach »mehr Wachstum« gerade in widersinniger Weise das eigentliche Wachstum, das des Grünen, in Frage.

Grün – Metapher für Naturschutz

Es sind metaphorische und symbolische Verwendungen des »Grünen« besonders da vorzufinden, wo Natur als Mangel erfahren und wo sie angegriffen wird. Nicht allein die angenehme und beruhigende Vorstellung, den Blick in das Grün einer Landschaft zu tauchen, »ins Grüne« fahren zu können, scheint mehr und mehr gefährdet. Die natürliche Lebensgrundlage des Menschen ist durch das Verhalten der Menschen beeinträchtigt. So wird das Grün zur Farbe für »Naturschutz«, zur Farbe für die, die den Schutz der Natur auf ihre Fahnen geschrieben haben, etwa die Bewegungen »Die Grünen« und »Greenpeace«. Grün wird als Zeichen »Grüner Punkt« für eine naturverträgliche Verpackung eingesetzt. Es entsteht eine Umweltindustrie und Ökotechnik und mit ihr eine neue Terminologie: ein »grüner

Markt« mit »grünen Produkten« und »grünen Dienstleistungen«. So heißt es auf der Wirtschaftsseite einer Zeitung über die guten Chancen dieser Branche: »Was grün ist, wächst.« Und an anderer Stelle wird auf neue Produkte einer Firma verwiesen – unter dem Hinweis: »Sie setzen auf die grüne Karte.«

In diesem Sinn ist auch ganz allgemein mit dem Grün die Assoziation der Rückgewinnung und Bewahrung der natürlichen Umwelt verbunden; und darauf beruht wahrscheinlich, wie in vergleichbaren Lebenssituationen geäußert, die landläufige Redensart vom Grün als der »Farbe der Hoffnung«. Doch wird auch mit Sinnbezug auf das vegetative Wachstum das Grün als die Farbe des »wachsenden Glaubens« bezeichnet.

Die sinnbildliche Anwendung des Grüns in der Alltagssprache hat weite Verbreitung. So wird in den Begriffen wie »Grüner Plan« oder »Grüne Woche« der sachbezogene Hinweis auf den Bereich der Landwirtschaft deutlich. Die Farbe »Grün« dient jedoch nicht nur als Eigenschaft von Gegenständen, sie ist auch Tätigkeit: sei es trivialpoetisch »es grünt so grün« oder als eine mehr amtliche Botschaft, daß eine städtische Anlage »begrünt« wird.

Weiterhin spiegelt sich die menschliche Neigung zum Grün der Vegetation in der Bildung von Metaphern wieder: »Auf einen grünen Zweig kommen« heißt soviel wie »erfolgreich sein«; ein »Evergreen« steht für ein Musikstück, welches über einen längeren Zeitraum immer wieder sein Publikum findet; mit der »grünen Seite« ist die Herzseite gemeint; das grüne Signal als internationale Konvention für »freie Fahrt« im Straßenverkehr wird auch analog in anderen Lebensbereichen als ein optimistisches »Vorwärts« verstanden.

Derart positiv besetzte Sinnbilder wirken wiederum rückbezogen verstärkend auf die allgemein bejahende Anmutung der Farbe Grün. Die unmittelbare sinnliche Erfahrung des Grün und seine Verwendung als bildliches oder sprachliches Zeichen stehen in einer wechselseitigen Beziehung zueinander.

Eine positiv empfundene Metapher von der »grünen Lunge« einer Großstadt oder das städteplanerische Vorhaben einer »Begrünung« ist wiederum vor dem Hintergrund einer zunehmenden Zerstörung der Natur durch den Menschen zu sehen. Vor diesem Hintergrund steht der »grüne Baum« für Leben. Und jedes einzelne Exemplar will auf diesen Anspruch hin behandelt sein. Bertold Brecht hat nach dem Zweiten Weltkrieg dem anonymen Retter der Pappel am Karlsplatz in Berlin in folgendem Gedicht gedankt:

»EINE PAPPEL STEHT AM KARLSPLATZ
MITTEN IN DER TRÜMMERSTADT BERLIN
UND WENN LEUTE GEHN ÜBERN KARLSPLATZ
SEHEN SIE IHR FREUNDLICH GRÜN.

IN DEM WINTER SECHSUNDVIERZIG
FROR'N DIE MENSCHEN, UND DAS HOLZ WAR RAR
UND ES FIELEN DA VIELE BÄUME
UND ES WURD IHR LETZTES JAHR.

DOCH DIE PAPPEL DORT AM KARLSPLATZ
ZEIGT UNS HEUTE NOCH IHR GRÜNES BLATT:
SEID BEDANKT, ANWOHNER VOM KARLSPLATZ
DASS MAN SIE NOCH IMMER HAT!«

Und wenn es in der Berliner Mundart heißt, es ginge raus zu »Mutter Grün«, so klingt in diesem salopp vertraulichen Ton die Hochachtung vor der Schöpfung mit.

Geschichte des Grün

Jemanden auffordern, sich an seine »grüne Seite« zu setzen, ist im Ursprung ein Herzenswunsch, denn es ist die Seite des Herzens damit gemeint. So taucht auch hier wieder die komplementäre Bindung des Grün zum Roten auf. Wird doch mit »Herz« die Farbe »Rot« assoziiert.
Das weite Feld der hier skizzenhaft erwähnten Assoziationen, die wir in gegebenen Kontexten mit dem Attribut »grün« und besonders mit dem aktiven Verb »grünen« verbinden, findet in einem kleinen Exkurs zur Geschichte dieser Worte etwas von seiner ursprünglichen Entsprechung. Schlägt auch im Sprachgebrauch die Herkunft eines Wortes auf dessen heutige Sinnsetzung nicht ungewandelt durch, kann man jedoch von Fall zu Fall den etymologischen Einsichten etwas Nutzbringendes für den aktuellen Einsatz dieses Wortes entlocken.
So verfügt das althochdeutsche »gruonen« und das mittelhochdeutsche »grüejen« über eine Interpretationsbreite von vegetativen Begriffen wie

»grünen«, »wachsen«, »triebkräftig«, »blühend«. Die von Hildegard von Bingen zitierte »Grünkraft« ist daher im damaligen Sprachgebrauch in ein breiteres Sinnverständnis eingebunden als in heutiger Verwendung. Wir sind gewohnt, den Sinngehalt eines sprachlichen Zeichens und dessen konnotatives Umfeld erst aus dem jeweiligen Kontext ihres Gebrauches zu interpretieren.

Die bejahende Einstellung zum Grün schließt hingegen nicht aus, daß seine Bezeichnungen und abgeleiteten Metaphern in anderen Zusammenhängen auch weniger positiv bewertet werden. So sagt man beispielsweise – in Analogie zu unreifen Früchten – über junge Menschen, die angeblich keine ausreichende sittliche Reife besitzen, sie seien noch »grün« oder »Grünschnäbel«.

Noch negativer sind Worte besetzt, wie »Grünspan«, »Grünkreuz« oder »Giftgrün«, »grüner Star« für eine Erkrankung der Linsen des Auges, »grüne Minna« für ein Polizeiauto oder »grüne Hölle« für den tropischen Urwald. Ein fahlgrünes Aussehen des Menschen wird mit Krankheit und Tod in Verbindung gebracht. So heißt es von einem der apokalyptischen Pferde: »Und ich sah: Und da! Ein fahlgrünes Roß. Der darauf Sitzende – sein Name ist: Tod« (Offenbarung 6,8).

Dennoch ändert das nichts an den überwiegend angenehmen Empfindungen, die das Sehen von Grün und das Sprechen über Grün beim Menschen bewirken. Aber derartige Diskrepanzen zwischen den Sinngehalten, die einem Wort – so auch dem Grün – zugewiesen werden, machen uns nochmals deutlich, daß der Sinn von Sprache wie auch der von sinnlicher Wahrnehmung in den jeweiligen Zusammenhängen entsteht.

So sind lexikalische Erklärungen von Farbbegriffen mitunter wenig geeignet, solche Klärungen zu leisten. Kontextlos bleibt ihre zwangsläufige Aufzählung von Widersprüchlichkeiten unbefriedigend. So heißt es im »Lexikon christlicher Kunst«: »Grün: Farbe des Frühlings, der Hoffnung auf Auferstehung und Unsterblichkeit (Paradies). Aber auch als erdverbundene Farbe Beziehung zur Hölle, zum Teufel und seinen Dämonen.«[182]

Grün – innerhalb von Farbsystemen

Damit nicht genug: »Grün« ist nicht nur eine Empfindung, ein Farbstoff, ein Name, ein Signal, ein Sinnbild. »Grün« ist nicht zuletzt als Spektralfarbe ein meßbares physikalisches Phänomen, ist ein bestimmter Wellenlängenbereich des für den Menschen sichtbaren Lichts, auf den bestimmte Fotorezeptoren des menschlichen Auges empfindsam reagieren. Auch aus physikalischer Sicht gibt es deshalb Argumente für die Wirksamkeit des Grüns beim Menschen. Die langwelligen (aktiven) und die kurzwelligen (passiven) Strahlen werden durch die mittleren Wellenlängen, die das Empfinden des Grün auslösen, ausgeglichen.[183] Das besagt doch, daß die Charakterisierung des Grün als ausgleichend und beruhigend auch aus der Position seiner physikalischen Mitte zwischen aktiv und passiv, auch zwischen hell und dunkel, eine Begründung findet.

Haben wir bislang von Grund- und Mischfarben und deren Anordnung im Modell des Farbkreises gesprochen, so war dabei in erster Linie von Farbstoffen und von farbigen Merkmalen natürlicher Dinge die Rede. Macht man sich jedoch Gedanken über die Farbe Grün, sollten die Lichtfarben, ihre Theorien und Modelle, nicht vernachlässigt werden.

Thomas Young[184] ging in seiner Theorie der Lichtfarben zunächst von den Grundfarben Rot, Gelb und Blau aus, setzte jedoch später an ihre Stelle Rot, Grün und Blauviolett. Die seinerzeit bereits vertretene These von den drei Grundfarben wurde von Young auf ihre Ursächlichkeit untersucht – und zwar nicht in der Natur des Lichts, sondern im Sehsystem des Menschen.

So verweist die Sinnesphysiologie unserer Tage auf drei neuronale Systeme der Netzhaut, die jeweils als gekoppelte Kontrastpaare auf die sie ansprechenden Lichtreize reagieren: Hell-Dunkel, Rot-Grün und Blau-Gelb. Das Farbsehen ist also das Produkt eines 4-Farben-Systems, in dem das Grün als gleichrangiger Partner der drei Grundfarben etabliert ist.[185] Das Medium Fernsehen, das die Vielfältigkeit der farbigen Welt aufnimmt, verschlüsselt, sendet und empfangen läßt, tut dies mit einem System von Rot, Blau und Grün, deren additive Mischung Weiß ergibt. Ein Fernsehingenieur wird also Grün als Grundfarbe anzusehen haben. Der Maler hingegen, dessen materieller Grundbestand an Malfarben aus Rot, Gelb und Blau besteht, wird kraft seiner Erfahrung das Grün als Mischfarbe erleben. Sprechen wir von »Farbe«, so müssen wir uns bewußt machen, wovon wir sprechen.

»Was läßt sich dafür sagen, daß Grün eine primäre Farbe ist, keine Mischfarbe von Blau und Gelb? Wäre es richtig zu sagen: ›Man kann das nur unmittelbar erkennen, indem man die Farbe betrachtet?‹ Aber wie weiß ich, daß ich dasselbe mit den Worten ›primäre Farbe‹ meine wie ein andrer, der auch geneigt ist, Grün eine primäre Farbe zu nennen? Nein, hier entscheiden Sprachspiele.« (L. Wittgenstein)[186]

Das apodiktische Urteil darüber, ob Grün eine primäre oder eine sekundäre Farbe ist, kann nicht das Ergebnis unserer bisherigen Überlegungen sein. Vielmehr bleibt zu resümieren, ob und in welchen Situationen das Grün aus dem Kreis der übrigen Farben hervortritt – sei es als optisch meßbares physikalisches Phänomen, oder als Empfindung durch die physiologische Reizverarbeitung, als sinnliche Erfahrung der Farbigkeit von Gegenständen oder als ein Mittel malerischer Darstellung, als Farbstoff oder als Lichtfarbe, als Metapher oder Symbol.

Das bisher Bedachte läßt erkennen, daß offensichtlich das Grün in verschiedenen Zusammenhängen eine Stellung als primäre Farbe beansprucht bzw. zu beanspruchen versucht:

☐ Als elementare Lichtfarbe gehört das Grün dem Farbspektrum an, gleichberechtigt gegenüber den anderen Farben – in Reinheit und Intensität. Das Naturereignis eines Regenbogens, in sechs Streifen von Rot über Orange, Gelb, Grün, Blau bis Violett (Newton nennt die siebte Spektralfarbe Indigo), wird von uns als Ganzheit erfahren, deren Teile einander nicht dominieren.

☐ Die Neuronen der menschlichen Netzhaut sind als ein Vierfarbsystem angelegt, welches das Grün mit dem Rot und das Gelb mit dem Blau koppelt. Auch hier wird das Grün mit den drei Partnern als primäre Farbe wirksam. Zu viert vermitteln sie dem Menschen alle Farben seiner visuellen Umwelt. Auch im Bereich der Physiologie, wie zuvor in dem der Physik, verlangt das Grün die Stelle einer Elementarfarbe.

☐ Ein Querschnitt der Streifen des Regenbogens, wiederum zu einem Rund geschlossen, läßt den Farbkreis entstehen. In diesem stehen zwischen den drei primären Farben jeweils eine sekundäre – gemischt aus den beiden primären Nachbarfarben.
Durch das beobachtete höhere Maß an Eigenständigkeit gegenüber den anderen Mischfarben Orange und Violett, versucht das Grün, sein Herkommen aus Gelb und Blau zu ignorieren, um somit wie eine primäre Farbe zu erscheinen.

☐ Die Anwendung der Farbstoffe, aus der eine Präferenz erkennbar wird, die nicht engen zeiträumlichen Einschränkungen unterliegt, finden wir im Farbkanon konventioneller Ordnungen – wie der Heraldik, der National- und Regionalembleme, der Verkehrssignale. Auch hier steht das Grün gleichgewichtig neben den primären Farben, während die konkurrierenden Sekundärfarben Orange und Violett in den genannten Bereichen nicht oder nur selten berücksichtigt sind.

☐ Anders bei der Behandlung der Lichtfarben; seit Young und Helmholtz beruht das Modell der Lichtwellen auf der Triade der primären Farben Rot, Grün und Blau. Dieser Tatbestand macht es um so verständlicher, daß die Menschen, die sich weder in Theorie noch in Praxis mit der Unterschiedlichkeit von Lichtfarben und Farbstoffen beschäftigen, im Grün eine ungemischt reine Malfarbe vermuten. Zumal das Grün nach den genannten Beobachtungen seine Anteile aus Blau und Gelb kaum sichtbar werden läßt.

☐ Aus der Tatsache, daß alles Pflanzliche überwiegend grün ist, und daß der Anblick des Grünen in der Natur auf den Menschen offensichtlich angenehm und beruhigend wirkt, kann die Grünempfindung als eine ausgleichende Kraft in der Spannung zwischen der natürlichen und der vom Menschen geschaffenen Umwelt angesehen werden. Und überall da, wo dieses Gleichgewicht außer Kontrolle zu geraten droht, ist es die Farbe Grün, die in Form eines bildlichen oder sprachlichen Zeichens für den Schutz und gegen die Bedrohung der natürlichen Umwelt in Anspruch genommen wird. Das Grün steht, über seine Rolle als dominierende Eigenschaft der Vegetation hinaus, in archetypischer Weise für die »natürliche Lebenswelt« des Menschen. Biblische Texte wie etymologische Betrachtungen des »Grünen« unterstützen eine solche Sinndeutung.

☐ In dieser Verknüpfung mit dem Begriff der »Natur« wird Grün in Wort und Bild in vielfältiger Art analog benutzt, um menschliche Lebenssituationen, und nicht immer nur die angenehmen, zu veranschaulichen. Überwiegend jedoch – eine Reihe von Metaphern belegt das – wird das Grün für positive Zielsetzungen des Lebens sinnbildlich verwandt. So erwartet der Mensch mitunter, daß ihm auf eine hoffungsvolle Zukunft »grünes Licht« gegeben wird.

Auf eine knappe semiotische Form gebracht, kann man der Farbe Grün syntaktische, semantische und pragmatische Potenzen zuschreiben:[187]

☐ In der Beziehung zu anderen Farben verfolgt das Grün eine gleichberechtigte Stellung zu den Grundfarben und fordert das komplementäre Rot.

☐ In der Beziehung zu den bezeichneten Objekten steht das Grün, über seine Funktion als charakteristisches Attribut bestimmter Dinge hinaus, ganz allgemein zum übergeordneten Begriff der »Vegetation«.

☐ Im kommunikativen Gebrauch wird das Grün im Kontext der sinnlichen Erfahrung der natürlichen Umwelt als etwas Lebensbejahendes empfunden, gestaltet, gedeutet und zum Schutz der Natur genutzt.

Diese bejahende Einstellung des Menschen zum Grün als Gegenstand der Betrachtung, als bildliches oder verbales Zeichen und seine Gleichrangigkeit mit Rot, Gelb und Blau in der Physiologie des Sehens, läßt die Frage aufkommen, ob die Evolution des Sehsystems die Grünempfindlichkeit der Menschen begünstigt oder umgekehrt, ob diese Einstellung zum Grün ur-sächlicher Art ist, also am Grün der natürlichen Umwelt orientiert ist. Diese Frage zu stellen, mag müßig sein, wie die nach dem Urereignis von Henne oder Ei. Wichtig scheint am Ende nur, die Augen offen zu halten für das, was uns Farben in ihrer Sinnfülle erleben lassen.

»Grün« – bei Gottfried Keller

»Der grüne Heinrich« – der Titel des bekannten Erzählwerkes aus dem 19. Jahrhundert von Gottfried Keller verleitet, zu untersuchen, ob das »Grün« darin eine für uns aufschlußreiche Rolle spielt. Zunächst – also besonders im ersten autobiographisch angelegten Teil des Romans – erleben wir die breite Farbpalette in der Sprache Kellers. Das findet eine sinnvolle Erklärung darin, daß der Jüngling Heinrich Lee bzw. der Autor das Umfeld seiner heimatlichen Züricher Bergwelt mit den Augen eines angehenden Malers sieht. So versteht es sich, daß die Schilderung von Tälern, Bergen, Wäldern, Wiesen und Gärten immer wieder das Adjektiv »grün« herausfordert. Doch bleibt die Sprache nicht nur Mittel der Naturbeschreibung, sie drückt auch heimatliche Bindung aus, wenn er beispielsweise aus der Wohnstube schauend die »grünen Gärtchen« als »kleine Paradiese« erlebt und von »stillen Gelassen mit grünen Fenstergärtchen« spricht.
Keller reichert das »Grün« immer wieder sinnbildhaft an. So wird die heimatliche Landschaft zum »grünen Teppich«, hügelig in den Voralpen in »grünen Wogen« schwingend und der Autor schickt sich an, »das grüne Reis einer Dichtung zu pflanzen«. Der heranwachsende Jüngling muß sich, mit der einen oder anderen Situation konfrontiert, als ein noch »grüner Junge« sehen. Dem Leser des Romans wird das Grüne auch als Farbe näher gebracht, wenn der »grüne Heinrich« bei seinen künstlerischen Übungen entdeckt, »daß Gelb und Blau das verschiedenste Grün herstellen«, oder wenn er mit dem analytischen Blick des Malers die Tiefe der Schweizer Bergwelt in der atmosphärischen Perspektive des sich verändernden Grün beschreibt, als »zuerst grüne, dann immer blauer werdende Bergrücken«. Mitunter wird eine Variante des Grünen sinnbetont verwandt, etwa in der

eingeflochtenen Legende von dem unglücklichen Kind Meretlein »in einem blaßgrünen Damastkleide« oder im kontrastierenden Rot in Annas Gewand – »ihr grünes mit den roten Blümchen«.

Mit dem Besuch der Schule kommt Heinrich zu seinem grünen Namen. Die Mutter – streng und sparsam – ließ ihm »aus der Schützenkleidung« des früh verstorbenen Vaters einen Anzug schneidern. »Die erste männliche Kleidung, welche ich erhielt, war grün.« Der Vater hat viel grüne Kleidung hinterlassen, so daß Heinrich bis zu seinem 12. Lebensjahr damit versorgt wurde und deshalb in der Schule und auf der Gasse der »grüne Heinrich« ist. Er spricht von seiner »grünen Popularität«. Zur Zeit seiner Konfirmation: »Die grünen Kleider meines Vaters waren endlich zu Ende«, nun wurde neues grünes Tuch gekauft; »die grüne Farbe war mir einmal eigen geworden«.

Heinrichs »Grün« signalisiert die frühe Entbehrung des Vaters und enge Bindung zur Mutter. Seine Erinnerung an den Vater im Schützenrock hinterläßt in ihm das »Bild mit der lieben grünen Farbe«.

Auch die ersten zärtlichen Begegnungen mit dem weiblichen Geschlecht sind grün gezeichnet. So trifft er Judith wie das Mädchen Anna in einem rustikalen grünen Dekor: Die eine hatte »soeben einen Korb mit grünem Salat gereinigt« und die andere »hatte eine mächtige Wanne voll grüner Bohnen« vor sich. Es ist im Zusammensein mit beiden von »grünen Kleidern«, »grünen Kränzen«, »grünen Schleiern« und viel »grüner Natur« die Rede. Für sein unausgereiftes Wesen wird Heinrich mit »grüner Specht« geneckt und von Heinrichs »grüner Seele« ist die Rede.

Mit dem Verlassen seiner Heimat, dem Kunststudium in einer fremden Stadt, entsagt Heinrich seiner grünen Kleidung, die Sprache Kellers verliert zusehends an Farbigkeit. Ein wenig »graue« und »braune« Eigenschaften bleiben als Farbe. Es scheint jetzt die Ausnahme, wenn er etwa zum altdeutschen Künstler-Maskenfest in München ein »laubgrünes Narrenkleid« trägt.

Nach Jahren verarmt, die Künstlerlaufbahn aufgebend, gibt es in Heinrichs grünem Leben einen Bruch – verdeutlicht durch die umfängliche Beschreibung eines Traumes, in dem er eine Fülle von Gold und goldenen Dingen erlebt.

Wir erfahren von dem Sinnbild, daß »man aus einem grünen Tannenbaum drei Dinge macht: eine Wiege, einen Tisch und einen Sarg.« In der Fremde wird ihm der »Tisch« entzogen. Er entsinnt sich der grünen Bindung an die von ihm vernachlässigte Mutter und strebt entkräftet der grünen Heimat zu. Und grüner werden auf dem Wege die Dinge, die ihm begegnen: Aus

der Hand von Dortchen, dem vierten weiblichen Wesen auf seinem Lebensweg – seine Mutter eingeschlossen –, erhält er unerwartet alte eigene künstlerische Studienblätter zurück; »schön grün« werden diese genannt; er kommt wieder wie ehemals zu einem »grünen Rock«; er malt einige »Grünigkeiten« und der erste Gruß seines Heimatlandes: »Basel war mit Grün bedeckt« und vor der Vaterstadt: »Die Sonne spielte auf dem betauten Grün«.

Dann der überstürzte Schluß des Romans in seiner Erstfassung: »Sein Leben brach und er starb in wenigen Tagen… Seine Leiche hielt ein Zettelchen von Dortchen fest in der Hand, worauf das Liedchen von der Hoffnung geschrieben war… es ist auf seinem Grabe ein recht frisches und grünes Gras gewachsen.« Der letzte Satz des Romans – über seinen Tod hinaus wird der »grüne Heinrich« von Hoffnung und Grün begleitet.

»Grün« – von Roger Bissière

Abstrahiert man die Grunderfahrung der natürlichen Umwelt, indem das dem Vegetativen Wesentliche zur Darstellung kommt, so im Bild »Grün« von Roger Bissière (1960), kommt das dem Vegetativen wesenhafte zum Ausdruck: Eine Variation des Grünen in aufwärts strebender Richtung (*Bild 17*, S. 152a).

Das Handwerkszeug des Malers läßt die Farbe Grün zum »wachsenden Grün« werden, die Kraft der Natur, die himmlische Grünkraft scheint sich vor unseren Augen dynamisch zu entfalten.

In seiner Abstraktion des Natürlichen erscheint das Bild »Grün« theologisch bedeutungsvoll. Die in aufwärts strebender Richtung variierenden Grüntöne, die oben nicht offen ins Unendliche gehen, sondern eingerahmt bleiben, signalisieren Wege verschiedener Art mit Unterbrechungen und Wegstationen von Farbstufen in hell-dunkel, in kalt-warm.

Die beeindruckende Vielfalt der Grüntöne ist dabei von besonderer Auffälligkeit. Die bereits ins Gelb gehenden, sonnensymbolisierenden Verdichtungen, zeigen, daß Grün ohne Licht, physikalisch gesprochen »Sonne«, nicht zustande kommen und auch nicht leben kann. In dunklen Kellern wachsen keine Blumen, auch wenn diese Keller warm sind. Lichtes Grün ist mit der theologischen Vision verbunden, daß das Licht die Dunkelheit überwindet und die Menschen ins Heil führt.

Eingerahmt sind diese Wege von dunklen Grüntönen, die es dem Zentrum des Bildes mit den lichten Tönen ermöglichen, besonders zu beeindrucken. Die Bedeutung einer solchen Farbkomposition wäre durch eine erzählende Bildinterpretation nicht wahrnehmbar.

Vertiefen wir uns darum ganz auf die Farbigkeit des Bissière-Bildes und lassen wir uns leiten von unserer sinnlichen Erfahrung, so erweitert sich der bloße Titel dieser Komposition von seiner nüchternen Bezeichnung »Grün« zu einer Sinnkette von nicht enden wollenden Deutungsgliedern: Vom Grün zu Pflanzen – von Pflanzen zum Wachstum – vom Wachstum zur Natur – von der Natur zur Schöpfung – von der Schöpfung zum Schöpfer …

Violett

»ROT UND BLAU ERGIBT VIOLETT = LIEBE UND GLAUBE
ERGIBT GEFÜHLSBETONTE FRÖMMIGKEIT.«[188]
»FINSTERNIS, TOD UND ERHABENHEIT IM VIOLETT,
EINSAMKEIT UND HINGABE IM BLAUVIOLETT,
HIMMLISCHE LIEBE UND GEISTLICHE HERRSCHAFT IM ROTVIOLETT,
DAS SIND MIT WENIG WORTEN EINIGE AUSDRUCKSWERTE DER VIOLETTEN WELT.«
J. Itten[189]

Veilchenblau

Aus Blau und Rot gemischt ist das Violett eine sogenannte »Sekundärfarbe«. Im Gegensatz zur anderen Sekundärfarbe, dem Grün, hat es in seiner Geschichte nie deren Eigenständigkeit, Dominanz und Beliebtheit erreicht. Vielmehr hat das Violett immer unter dem Einfluß seines roten und blauen Herkommens gestanden.

Würde man den Namen »Violett« entbehren müssen, ließe sich diese Farbe – je nach Zuwendung – mit »rötlichem Blau«, mit »Rotblau« oder »bläulichem Rot« hinreichend beschreiben. Außerdem gibt sie wegen ihrer relativen Dunkelheit dem Betrachter wenig Gelegenheit zur Differenzierung violetter Nuancen. Der Name »Violett« drückt bereits so etwas wie Verzicht auf Eigenständigkeit aus. Denn seinem Herkommen nach bedeutet er nichts anderes als »Veilchenblau« – dem französischen »violet« und somit dem lateinischen »viola« entlehnt.

Im Schatten des Purpurs

Ist der Name »Violett« vom Blau der beliebten Blume herzuleiten, so finden wir andererseits eine Anbindung des Violett an das Rot, besser gesagt, an den »Purpur«. Biblische Texte erwähnen immer wieder diese kostbare Farbe als roten, violetten und blauen Purpur. Insbesondere im Zusammenhang mit dem Auftrag Gottes an Mose, ein Heiligtum zu errichten, werden wiederholt neben Gold und Silber die kostbaren Materialien des »violetten und roten Purpurs« genannt. Seltener wird der »violette Purpur« allein hervorgehoben: »Dann nehmen sie alle zum Dienst im Heiligtum erforderlichen Geräte, legen sie auf ein Tuch aus violettem Purpur...« (Numeri 4,12).

Diese aus dem Schleim der Purpurschnecke gewonnene Farbe ist in den drei genannten Qualitäten – rot, violett, blau – aufgetreten, weil es drei Arten dieser Schnecke gibt. Gegenüber den anderen damals bekannten Farben ist Purpur lichtbeständig. Diese Eigenschaft wurde als Ausdruck der Ewigkeit besonders geschätzt.

Waren es zuerst die Phönizier, die diese aufwendige Kunst der Herstellung und der Färberei beherrschten, sind es später die oströmischen Kaiser, die allein das Monopol der Purpurfärberei besaßen. »Nur als Geschenke dieser Kaiser kamen purpurfarbene Stoffe ins Abendland. Auch der Purpurmantel, in dem Karl der Große gekrönt wurde, war ein Geschenk aus Konstantinopel«.[190]

Die Kostbarkeit der Farbe war in früherer Zeit – etwa ab 1500 v.Chr.- im hohen Aufwand seiner Gewinnung begründet. Eva Heller gibt dafür einen Hinweis: »Der Chemiker Paul Friedländer versuchte 1908 die chemische Analyse des Farbstoffes. Dazu mußte Friedländer Purpur zuerst selbst herstellen. Er kaufte in den Markthallen von Triest 12000 Purpurschnecken, verarbeitete sie nach alter Art und bekam schließlich 1,4 Gramm Purpurfarbe. Eine Menge, die ausreicht, um ein Taschentuch zu färben. Man hat ausgerechnet, daß zum Färben eines Krönungsmantels drei Millionen Purpurschnecken gebraucht werden.«[191]

Der Drüsenschleim der Purpurschnecke blieb jedoch nicht die alleinige Quelle des kostbaren Farbstoffes. Die Kermesschildlaus wird ein weiterer Lieferant des Purpurs. Und nicht zu vergessen ist, daß die Phönizier auf ihren Erkundungs- und Handelsfahrten bis zu den Kanarischen Inseln kommen und dort die Orchilla-Flechte entdecken, aus der sie ebenfalls Purpur herstellen (1100 v.Chr.).[192] Aus dieser Zeit stammt der Name »Purpurarien« für die Inseln Fuerteventura und Lanzarote.

Immer also, wenn in historischen Texten die über alles geschätzte Farbe »Purpur« genannt wird, kann damit »Violett« gemeint sein – auch wenn jeder darunter »Purpurrot« versteht. So schreibt Goethe zur »sinnlich-sittlichen Wirkung« des Rot: »Man entferne bei dieser Benennung alles, was im Roten einen Eindruck von Gelb oder Blau machen könnte. Man denke sich ganz reines Rot, einen vollkommenen, auf einer weißen Porzellanschale aufgetrockneten Karmin. Wir haben diese Farbe ihrer hohen Würde wegen manchmal Purpur genannt, ob wir gleichwohl wissen, daß der Purpur der Alten sich mehr nach der blauen Seite hinzog.«[193]

Man könne sich des spezifischen Ausdrucks »Violett« bedienen, wenn der Zwischenraum von Rotblau zu Blaurot zu bestimmen sei, meint Goethe. »Ingleichen haben wir das Wort Purpur gebraucht, um das reine, in der Mitte stehende Rot zu bezeichnen, weil der Saft der Purpurschnecke, besonders wenn er feine Leinwand durchdrungen hat, vorzüglich durch das Sonnenlicht zu dem höchsten Punkt der Kulmination zu bringen ist.«[194]

Ist zunächst der Purpur eines der wertvollsten Geschenke der Israeliten, um ihren Gott zu ehren – so deren Abgabe von violettem und rotem Purpur, um das zu errichtende Heiligtum zu schmücken (vgl. Exodus 25,4) – wird später der violette Purpur zum Zeichen von Macht und Würde. Das findet seinen namentlichen Ausdruck im »kaiserlichen Purpur« und später im »Kardinalspurpur«. Im Mittelalter erleidet jedoch der violette Purpur in der Hierarchie der Kirche eine Rückstufung: Der Kardinalspurpur wird jetzt mit Kermes gefärbt, wird somit Karminrot und die katholischen Bischöfe bescheiden sich später mit violettem Ornat. Doch verbleibt den Kardinälen ein wenig des Violetten: und zwar in Form des vom Papst verliehenen Ringes aus Amethyst – einem Halbedelstein, einem der Grundsteine des himmlischen Jerusalems.

Im Schatten des kostbaren und somit begehrten Purpurs ist dem Violett aus biblischer Zeit bis in das Mittelalter etwas von göttlicher Macht und des Ausdrucks von Würde und Ewigkeit zugekommen. Mit dem Verlust an Symbolkraft des Purpur ist auch der Glanz des Violett verblaßt.

Als liturgische Nebenfarbe

Ein ähnlich untergeordnetes Verhältnis zum Rot ist dem Violett in dem vom Papst Innozenz III. erlassenen Kanon der liturgischen Farben zugedacht: Den Hauptfarben Weiß, Rot, Grün und Schwarz wird das Violett als eine Nebenfarbe zugeordnet. »Die Nebenfarbe Violett bleibt dem Tag der unschuldigen Kinder und dem Sonntag Laetare vorbehalten.« Damit »gewinnt Violett als Trauer- und Bußfarbe neben Schwarz an Bedeutung«.[195] »Im liturgischen Gebrauch ist sie mit dem Begriffsfeld Buße verknüpft, mit Sühne und Einkehr. Die zu gleichen Teilen verbundenen Grundfarben (Rot und Blau) vereinigen Weisheit und Liebe; auf alten Passionsbildern trägt der Erlöser einen violetten Mantel. Ebenso ist das Violett die Kirchenfarbe während der Besinnungszeit des Advents.«[196]

Die liturgischen Farben sind Ausdruck des Bestrebens, »den Charakter und die Stimmung der gottesdienstlichen Feier je nach Tag und Art derselben auch in der Farbe der Paramente eindrucksvoll zur Äußerung zu bringen, mit andern Worten, der Symbolik, die man mit den Farben infolge der ihnen eigenen Stimmung und ihrer Wirkung auf das Gemüt«[197] verbindet. Wenn man phänomenologisch die Anlässe sucht, für die die liturgische Farbe Violett vorgeschrieben ist, dann kann mit auf den Vorgänger des heute geltenden Meßbuches, das Missale Romano-Seraphicum verwiesen werden. Die violette Farbe wird dort vorgeschrieben von der ersten Vesper des ersten Adventssonntages bis zur Mitternachtsmesse des Geburtsfestes des Herrn. Des weiteren in der sogenannten »Septuagesima« der Fastenzeit, »Usque at Sabbatum Sanctum ante Missam«, also bis vor die Feier der Osternacht.

Erstaunlicherweise wird hier noch vorgeschrieben, daß auch alle Prozessionen – mit Ausnahme derer des Heiligen Altarsakramentes – an Hochfesten oder Dankprozessionen in Violett abzuhalten sind.

Auch die weiteren Anlässe führen zu der eigentlichen Intention der Farbe Violett: Messen der Passion Christi, zur Vergebung der Sünden, zur Bitte um die Gnade eines guten Sterbens, zur Aufhebung eines Schismas, gegen die Heiden, in Kriegszeiten, für den Frieden, in Seuchengefahr, für die Kranken u.a.m. Die Farbe Violett findet in der Liturgie dort Verwendung, wo es um Buße und Reue geht, dort, wo die Sündhaftigkeit des Menschen vor Gottes Angesicht getragen wird, »überhaupt bei allen Gelegenheiten, bei denen Buße, Sühne, Bitte zum Ausdruck gebracht werden soll.«[198]

Ausgehend von den beiden Hochzeiten der Umkehr – Fasten- und Adventszeit – wurden im Laufe der Tradition verschiedene Einzelanlässe damit in Verbindung gebracht: »Sofern die violette Farbe dem düsteren Grau der Asche gleicht, predigt sie einen ernsten Bußgeist und wahre Bußgesinnung; sofern sie dem dunklen Kolorit des Veilchens ähnlich ist, welches bescheiden im Grase, im Tal- und Waldgrunde vor den Blicken des Menschen sich verbirgt und nur seinem Schöpfer blüht und duftet, kann sie als Sinnbild anspruchsloser Demut, heiliger Abgeschiedenheit, sanfter Herzenstrauer, schmerzlichen Sehnens und stillen Heimwehs nach dem Himmel betrachtet werden. Das dunkle, ernste Violett drückt somit Trauer aus, aber nicht vollständige und allseitige, sondern durch Strahlen der Freude gemäßigte und gemilderte Trauer.«[199]

»Die Symbolik der violetten Farbe läßt sich auch noch in etwas anderer Weise darthun. Sofern nämlich die violette Farbe *dunkelblau* ist, sinnbildet sie im allgemeinen Trauer und Schmerz (denn diese erzeugen im Gesicht eine dunkle Bläue), – und sofern sie *veilchenblau* ist, deutet sie zugleich an, daß diese Bußtrauer und dieser Bußschmerz aus einem demütigen und gedemütigten Herzen hervorgehe (denn das Veilchen ist Symbol der Demut und des Demütigen).«[200]

Violett ist also eine Trauerfarbe, nicht jedoch die Todestrauer, sondern die Trauer in der Buße. Deshalb wurde Violett für liturgische Zwecke in früher Zeit selten gebraucht, da Schwarz als die Farbe der Buße galt. Zunächst nur als Nebenfarbe zu Schwarz zählt Violett schließlich im Gefolge der vom Konzil von Trient (1545-1563) herausgegebenen Farbenregeln zu den liturgischen Hauptfarben – neben Weiß, Grün, Rot und Schwarz.

Wenn man diese liturgischen Einschätzungen der Farbe Violett gewichtet, dann bleibt die Frage, inwiefern Menschen heute im Alltag diese Farbensymbolik noch verstehen können. Trauer, Umkehr und Buße wird in außerliturgischen Kommunikationszusammenhängen nicht mit Violett dargestellt. Es ist unverständlich, daß in der Liturgiewissenschaft zur Deutung der Kirchenfarben über das hinaus, was von Innozenz III. und den anderen Liturgikern des Hochmittelalters gesagt wurde, kaum neue Ergebnisse vorgelegt wurden.[201]

Das Violett der Mode

Die liturgischen Farben beeinflussen profane und höfische Kleidung – so tragen die englischen und französischen Könige als vornehmste Form der Trauer Violett.

In der bürgerlichen Kleidung spielt das Violett eher eine untergeordnete Rolle. Und Goethe beobachtet in seiner Zeit: »Die weibliche Jugend hält auf Rosenfarb und Meergrün, das Alter auf Violett und Dunkelgrün.«[202] Das modische Violett wird als extravagant, als dekadent angesehen. Der Volksmund sagt von einer älteren Dame, die im fliederfarbenen Kleid nochmals Aufmerksamkeit erregen möchte, »Lila sei der letzte Versuch«.

Eine esoterische und nostalgische Strömung unserer Tage hat in der Mode das Violett zur Hochkonjunktur gebracht. Die Farbe würde verzaubern, sie sei apart und exzentrisch, obwohl nur eine statistische Minderheit sie als

Lieblingsfarbe deklariert. Der Farbpsychologe Max Lüscher sieht bei denen, die Violett bevorzugen, »den Wunsch, ›magische Beziehungen‹ einzugehen,... zu zaubern und bezaubert zu werden«.[203]

Das magische Violett

Nach eigener visueller Erfahrung des Violetten befragt, erhält man vielfach die Antwort, daß Violett die Farbe der Dämmerung sei, in der die Farbigkeit vergeht. Für andere leuchtet aus dem tiefen Blau der Nacht schwach ein magisches Rot. Das Zwiespältige im Violett scheint durch die Wirksamkeit seiner roten und blauen Anteile begründet.

Das im Violett als »magisch« Empfundene hat seine Tradition. Astrologie, Magie und Zauberei haben sich des Violetts angenommen. So wird dem sonnenfernsten Planeten, dem Neptun, die lichtärmste Farbe zugeordnet: das Violett. Diese Farbe drücke »...das Verborgene und Jenseitige seines Wesens aus – einen tiefen innerlichen Ernst, der sich mit unruhiger Sehnsucht paart. Zwar fehlt dieser feierlichen Farbe, die im Alltag unerträglich wirkt, jede Freudigkeit; sie ist jedoch der Ausdruck für das Wesen Neptuns, dem durch hohe Schwingung und durch Inspiration die höheren Grade der Weisheit zugänglich sind.«[204]

Mit ähnlichen Argumenten wird aber auch dem Planeten Jupiter, neben Purpur und Indigo, das Violett zugeordnet. Ein jeweils für die Tierkreise entwickelter Farbkanon sieht das Violett mal bei den Fischen, mal beim Krebs angesiedelt. Es ist das tiefgründige und geheimnisvolle dieser Farbe, das sie mit der Magie und der Zauberei verbindet – bis in unsere Tage: so bevorzugt der Zauberer im Zirkus den glänzend violetten Mantel.

In der dunkelsten der Farben des Spektrums kommen offensichtlich die genannten Eigenschaften zur Wirkung. Dazu der eingangs zitierte Bauhausmeister Johannes Itten:

»Als Gegenpol zu Gelb, dem Wissen, ist das Violett die Farbe des Unbewußten, des Geheimnisses, das bald drohend, bald beglückend, je nach den Kontrastierungen, beeindruckt und oft bedrückt.«

»Violett ist die Farbe der nicht-wissenden Frömmigkeit und verdunkelt oder getrübt die Farbe des düsteren Aberglaubens. Hintergründige Katastrophen brechen aus dem Dunkelvioletten hervor. Sobald es aufgehellt wird, wenn Licht und Verständnis die dunkle Frömmigkeit erhellen, dann entfalten sich zärtliche und liebenswürdige Farbtöne.«[205]

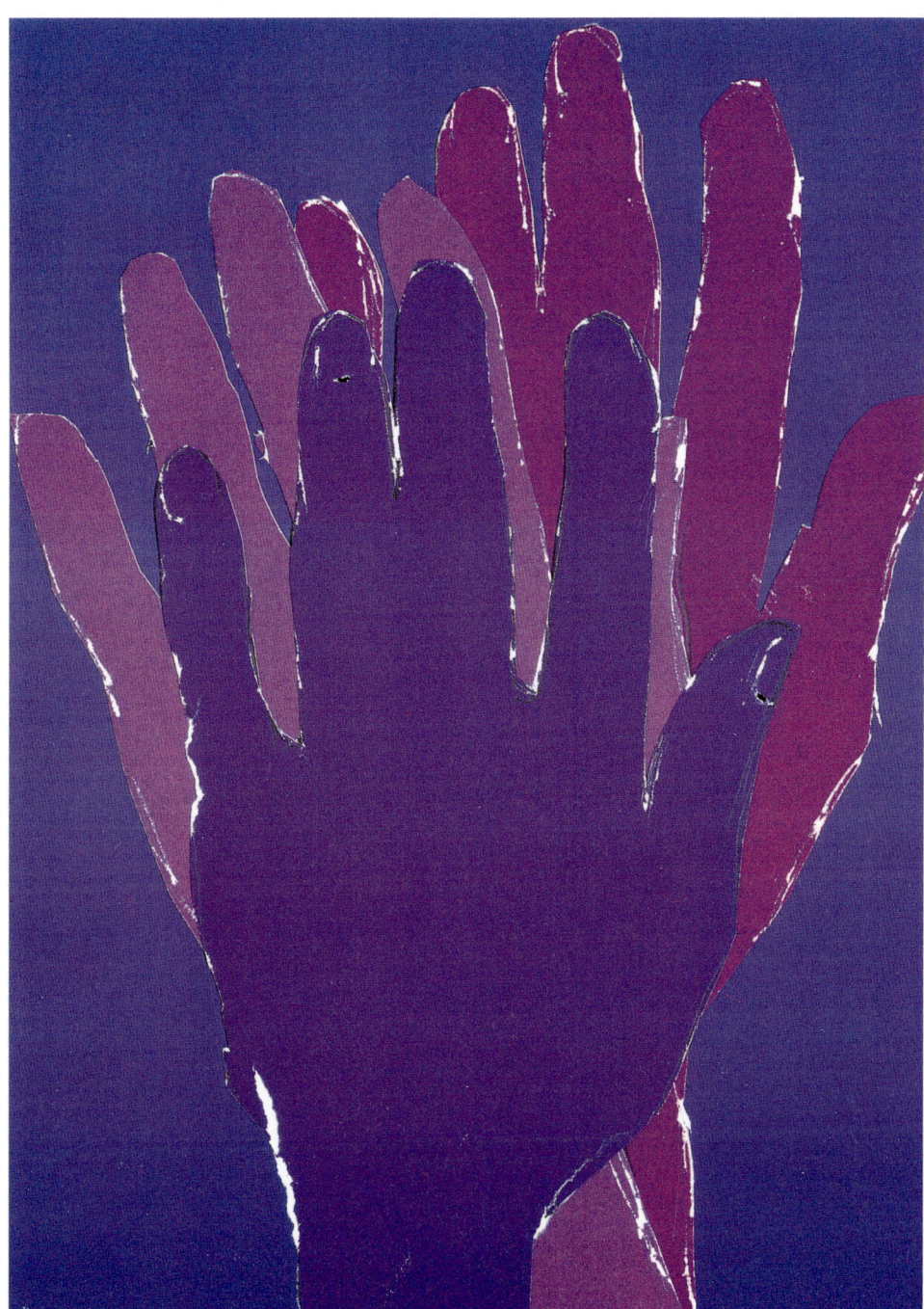

Und Wassily Kandinsky – wie Itten ein Meister des Bauhauses und ebenfalls Maler und Theoretiker –, dessen drastische Urteile über Farben wir bereits mehrfach kennengelernt haben, sagt: »Violett ist ein abgekühltes Rot im physischen und im psychischen Sinn. Es hat deswegen etwas Krankhaftes, Erlöschtes (Kohlenschlacken!), hat etwas Trauriges in sich. Diese Farbe wird nicht umsonst als passend für Kleider alter Frauen gehalten.«[206]

Das Vi-o-lett

Es fehlt nicht an Begriffen, das Feld zwischen Rot und Blau zu bezeichnen, dennoch wird vom Violett selten Gebrauch gemacht. »Was die deutsche Terminologie betrifft, so hat sie den Vorteil, daß wir vier einsilbige… Namen besitzen, nämlich Gelb, Blau, Rot, Grün«[207] (Goethe). Wir können diesen Katalog der einsilbigen Farbnamen durch die ergänzen, die nicht dem Farbspektrum zuzuordnen sind: Schwarz, Weiß und Grau. Die Namen »Violett« und auch »Orange« sind sprachlich komplexer und genießen so nicht die prägnante Kürze der einsilbigen Farbnamen im Sprachgebrauch. Wie die Erzeuger von Violett – das Rot und das Blau – ihr Kind dominieren, zeigt uns die Alltagssprache deutlich: So ist landstrichweise eine Kohlart als »Blaukraut« und andernorts als »Rotkohl« bekannt, obwohl dieser Kohl im rohen wie im gekochten Zustand weder rot noch blau ist, sondern – für jedermann erkennbar – violett.

Der Hinweis Goethes auf den sprachlichen Aspekt der Farben hat selbstverständlich auch seine phonetische Seite. Alle bis hierher von uns behandelten Farben sind von einsilbiger Bezeichnung, die etwas knappes und geschäftsmäßiges an sich hat, während hingegen der Dreiklang vi-o-lett anspruchsvoller erscheint. Einerseits klingt hier der Reiz des Fremden, des Außergewöhnlichen mit, andererseits auch das, was Itten von der Wirkung der Farbempfindung selbst assoziiert: »zärtliche und liebenswürdige Töne«. Läßt man sich auf den Klang des vi-o-lett ein und läßt man den Assoziationen freien Lauf, dann hört man vielleicht etwas von den sanften tiefen Tönen einer Viola, die wiederum mit den Duftklängen eines Veilchens korrespondieren und schließlich empfindet man die Farbe selbst als sanft und tiefklingend. Doch die menschliche Psyche hat ihre jeweils individuelle Ausprägung. So mag bei einem zur Melancholie neigenden Menschen ein solch multi-sinnliches Klangmuster eher schwermütige Gefühle auslösen.

Zwischen Rot und Blau

Bei der Vielfalt und auch Widersprüchlichkeit der beobachteten Wirkung des Violetten ist man immer wieder auf die Gegensätzlichkeit der ursprünglich beteiligten Farben Rot und Blau verwiesen. Die eine als Ausdruck blutvollen, dynamischen Lebens, gefühlvoll und diesseitig, die andere als Ausdruck des kühlen Geistigen, des Fernen. Im Schmelztiegel des Violetten scheint beides miteinander zu ringen, um dann schließlich zu versiegen. Aus einer Ästhetik des 19. Jahrhunderts erfahren wir das so: »... es ist finsteres Licht, kalte Wärme, erstarrte Lebendigkeit. Es ist nicht mehr Blau, bescheiden kühle Lichtarmut, sondern es ist Rot, vordringender heller und warmer Lichtschein. Aber es ist auch nicht Rot, sondern ein auf der Stufe der Düsterheit und Kälte des Blauen zurückgehaltenes und so in sein eigenes Gegenteil verkehrtes Rot. Es ist ein krankhaft gesteigertes Blau und ein kränklich abgeschwächtes Rot... Trauer und Unzufriedenheit, Drang nach Versöhnung, Ringen aus Tod zum Leben, Neigen des Lebens zum Tode ist Charakter des Violett.«[208]

Die verschiedensten Urteile über das Violett lassen nicht verwundern, daß es, bei der Befragung nach der Lieblingsfarbe, nicht zu den bevorzugten Farben gehört. Eine farbpsychologische Bewertung dessen, der dennoch das Violett bevorzugt, lautet so: »Derjenige, dessen stärkste Sympathie dem Violett gilt, ist kein Weltveränderer. Er ist zufrieden mit dem, was er hat. Violett ist die Farbe der Genügsamkeit, der Ruhe und einer introvertierten Lebenshaltung. Man ist mit sich selbst und der Welt im reinen. Man sucht nach Geborgenheit, Sicherheit und Zärtlichkeit. Violett-Bevorzugung deutet auf Gefühlstiefe und auf Gemüt hin, auf Orientierung am Gegebenen und auf zweckgerichtetes Handeln... Violett-Bevorzuger sind verbindliche Leute mit Fähigkeit zu treuer Freundschaft, ehrlich und zuverlässig. Sie können für religiöses Denken aufgeschlossen, zu opfernder Hingabe fähig sein. Aber man findet bei ihnen auch verhaltene Leidenschaft: ›Stille Wasser sind tief‹. Violett-Bevorzugung kann auf übersteigertes Mitteilungsbedürfnis, auf vorschnelles Reden, spekulatives Denken, unüberlegtes Handeln und manchmal sogar auf Selbstgerechtigkeit hinweisen.«[209]

Ist man nicht versucht, zu sagen, daß eine solche psychologische Beurteilung auf »spekulativem Denken« beruht? Erhalten wir doch ein statistisches Menschenbild, das weder dem Menschen noch der Farbe gerecht werden kann. Dennoch – bei allen Vorbehalten gegenüber solchen Verallgemeinerungen – die hier genannte introvertierte Lebenshaltung der Violett-Bevorzuger scheint mit dem ineinander Aufgehen von Rot und Blau, wie auch mit der Symbolik des Nach-Innen-Gekehrtseins, der Bußfertigkeit, zu korrespondieren.

Immer wieder sind farbpsychologische Befragungen und Auswertungen kritisch danach zu beurteilen, ob es sich bei ihnen um einen verbalen Prozeß von Frage und Antwort handelt oder um einen sinnlich anschaulichen mit konkreten Farben.

Auf die Wechselwirkung zwischen der unmittelbaren Farbempfindung und seiner sprachlichen Bezeichnung haben wir schon an anderer Stelle verwiesen. Wie also die sinnliche Erfahrung des Violetten etwas vom Namen – vielleicht auch vom Duft – des Veilchens vermittelt, so vermittelt der Klang des »Veilchens« etwas von der sinnlichen Erfahrung des Violetten. Derartig unter der Schwelle des Bewußtseins angelegte Vernetzungen unserer Sinnesorgane und ihrer Gedächtnisspeicher werden vielfach durch Werbestrategien genutzt. Um den Duft des Veilchens oder auch des Flieders zu assoziieren, bevorzugt beispielsweise die Parfümeriebranche als Firmen- oder Produktfarbe das Violett.

Im Verhältnis zu anderen Farben

Wenn dennoch Gründe für eine Vernachlässigung des Violett innerhalb des Farbspektrums vorliegen, so wird man sie in der sinnlichen Erfahrung zu suchen haben. So hat das Violett – als dunkelste Farbe des Spektrums – an der Traurigkeit des Schwarzen mitzutragen. Und es verdankt wohl seinem Rotanteil, der Leben spürbar macht, daß es nicht in die Trauerarbeit des Schwarzen gänzlich einbezogen wird. Vielmehr wird das Violett in symbolischer Erhöhung für Buße und Besinnung in Anspruch genommen. Ein weiterer, noch schwerer wiegender Grund für die Vernachlässigung des Violett ist in der Wirksamkeit der konkurrierenden Farben des Spektrums zu sehen. Eine Wirksamkeit, welche in der Grunderfahrung der Naturereignisse begründet liegt. Etwa dem Blau zum Himmel, dem Rot zu Blut und Leben, dem Gelb zur Sonne und dem Grün zur Vegetation. Dem hat an archetypischer Sinneserfahrung das Violett nichts von gleichem Wert entgegen zu setzen. So weiß Ingrid Riedel zu berichten, daß eine Mehrheit von Befragten mit Violett »Abenddämmerung« assoziiert.[210] Violett wird als die Farbe erfahren, die den Tag verabschiedet und das Dunkel der Nacht ankündigt. Es ist somit nur folgerichtig, wenn Eckart Heimendahl zur symbolischen Bedeutung des Violett erklärt: »Keine Farbe bewohnt so sichtbar den Zwischenbereich von Leben und Tod.«[211]

Eine Beziehung besonderer Art hat Violett zu seinem Kontrastpartner Gelb: Es steht als dunkelste Farbe der hellsten Farbe des Spektrums in sinnvollem Zusammenhang gegenüber als der Schatten, der das Gelb des Sonnenlichts zur rechten Wirkung kommen läßt. Im Kontext dieser Partnerschaft wird das Violett zu einem Förderer der Kraft des Lichtes.

In der Malerei hat diese Funktion nachhaltig durch van Gogh Gestalt gefunden. So in dem bereits erwähnten Bild »Der Sämann« (*Bild 12*, S. 112a). Die kräftig hingesetzten violetten Schatten der Ackerfurchen lassen im Verein mit dem Gelb von Himmel und Kornfeld einen glutheißen Sommertag empfinden. Van Gogh hat, wie die Impressionisten seiner Zeit, die natürlichen Schatten von dumpfer Schwärze befreit.

Es bleibt nicht allein dem Maler überlassen, mit analytischem Blick beim gelblichen Licht eines Sommertages das Violette im Dunkel der fallenden Schatten aufzuspüren; nein, jeder von uns ist dazu in der Lage, läßt er sich nur auf das Spiel der Farben ein. Die Erscheinung violetter Schatten bei gelbem Licht ist dem komplementären Arbeiten unserer Augen zu verdanken. Denn, wenn die gelbe Kapazität des Sehorgans stark belastet ist, produziert es die violette Gegenfarbe, die für uns da sichtbar wird, wo das gelbe Licht nicht hinreicht, wo Schatten ist.

Das Phänomen der violetten Schatten ist also ein Hinweis auf das Bemühen des Auges um farbiges Gleichgewicht. Ästhetische Prinzipien, mit denen in der Malerei – etwa im Bilde van Goghs – dem intensiven Gelb ein Violett entgegengesetzt wird, um die Bildkomposition im Gleichgewicht zu halten, sind bereits modellhaft in unserem Sehorgan begründet.

Die dem Violett innewohnende Beziehung zu den Farben Blau und Rot hat ihm manche symbolische Erhöhung verliehen, geprägt durch die Kraft der beiden Primärfarben. Kommt im altchinesischen Yin-Yang-Zeichen das weibliche Element im Yin und das männliche im Yang zum Ausdruck – bisweilen in Rot und Blau dargestellt – so entsteht in deren Mischung – im Violett – auch eine inhaltliche Mischung: »Die archetypische Gestalt der Doppelgeschlechtlichkeit, der griechische Hermaphroditus, ist mit der Symbolik des Violett verbunden«.[212]

Erhalten die Farben Blau und Rot den symbolischen Gehalt von Himmel und Erde, wird folglich das Violett zum Mittler zwischen dem Himmel und dem Leben auf Erden erhoben. So kommt dem Violett eine Rolle im Kanon der liturgischen Farben zu.

Buße und Bitte

Zwischen Blau und Rot steht das Violett; es mahnt zur Einkehr, zur Umkehr, zur Buße und Reue und es verspricht Hoffnung auf neues Leben. Die gestreckten, sich nach oben wendenden Hände – nicht nur zwei, sondern drei als Zeichen der Gemeinschaft – versuchen auf dem Bild »Violett« (*Bild 18*, S. 160a)[213] etwas von Buße und Bitte auszudrücken. Wie eine Pflanze, die das mangelnde Licht im Strecken nach oben erreichen will, zeigt sich das Bündel der Hände in farblicher Verfremdung.

Weder ein Grün vegetativen Wachsens, noch die Farbe menschlicher Haut kommt der möglichen Erwartung des Betrachters entgegen. Er wird mit dem Unerwarteten konfrontiert: dem Violett. Die verfremdete Farbe gewinnt Aufmerksamkeit und eigenständigen Ausdruck. Die violette Skala vom Rotviolett, das noch Anzeichen von pulsierendem Leben zeigt, bis zum verhaltenen Blauviolett des Bildgrundes, das auf eine Erhellung der dämmerigen Stimmung hoffen läßt, benutzt das dargestellte Motiv, um sich als Farbe Geltung zu verschaffen: So tritt der symbolische Gehalt des Violetten hervor, den wir mit »Buße und Bitte« interpretieren, mit innerer Not, die sich nach Befreiung sehnt, der Schatten menschlicher Existenz, wie er sich in Schuld, der Bitte um Vergebung und der Umkehr ausdrückt.

Wie Schuldigwerden zu verstehen ist, wird gerade angesichts des Unschuldwahnes in den verschiedensten Bereichen der Gesellschaft besonders wichtig. Die violetten Hände bitten um Heilung der Scherben des Lebens, bitten um Vergebung in Erwartung des großen Lichtes – im Kirchenjahr im Licht der Weihnachts- und Osternacht.

Der blaue Hintergrund erschließt die Tiefendimension des Geheimnisses, in die alle Schuld und Vergebung gelegt ist, ebenso wie die blau-violette Hand im Vordergrund. Das tiefe Rot-Violett der hinteren Hand signalisiert etwas von dem schon anbrechenden Licht der Heilung heraus aus den Schatten der Dunkelheit und Verzweiflung. Die hell-violette Hand symbolisiert Erlösungshoffnung und inneren Frieden.

Die Gesamtkomposition in Violett eignet sich für die Wahrnehmung des Geheimnisses von biographischer als auch gemeinschaftlicher Schuld- und Vergebungserfahrung. Umkehr ist nicht der Akt des Einzelnen, sie bedarf der Zusage von Vergebung der verschiedenen Hände. Von daher gesehen sind die »Drei violetten Hände« Symbolik kommunikativer Vergebung; sie können aber auch gleichzeitig die Hand eines einzelnen Menschen im Wandel sein, wie sie neue Farbe gewinnt im Prozeß der Schuld, der Vergebung und der Heilwerdung.

Orange

»EINE FARBE, DIE WOHLTUT, WEIL SIE ALLE KONFLIKTE ENTSPANNT,
LEICHT UND HEITER DIE FROHE SEITE DES LEBENS ZEIGT –
WIE BLAU, SEINE GEGENFARBE, DEN ERNST.
WENN EINE FARBE FREI VON JEDEM ERNST IST, DANN ORANGE.«
E. Heimendahl[214]

Morgenorange?

Die Farbe Orange – entstanden aus der Mischung von Rot und Gelb –
steht stark unter dem Einfluß des roten Erzeugers. Das soll heißen, daß wir
das Orange zwar empfinden, es jedoch verbal verleugnen, indem wir es
mal als »Rot« und mal als »Goldgelb« bezeichnen. Dafür folgende Beispiele:
Ehe die Abendsonne in den Dunstbereich der Erde eintaucht, also ehe sie
uns glutrot erscheint, macht sie den Farbverlauf von Weiß über Gelb zum
Orange durch. Doch niemand von uns wird sie in ihrem orangenen Zustand
als »Abendorange« bezeichnen, sondern als »Abendrot«. Und so manch
eine besungene »Morgenröte« ist – schaut man nur richtig hin – wie unser
Bild ein »Morgenorange« (*Bild 19*, S. 168a).[215]
Im Fernsehen beobachtet man die Reportage eines Großbrandes und sieht
die ganze Fläche des Bildschirms in ein orangenes Meer von Flammen
getaucht. Dennoch spricht der Reporter von einem verheerenden »glutroten«
Ereignis. Gleichermaßen sehen wir Bilder glühenden Eisens aus Hochöfen
oder solche fließender Lavaströme eines ausbrechenden Vulkans – als »rot«,
als »glutrot« kommentiert –, auch wenn »orange« die richtige Farbbezeichnung wäre. Ist vielleicht die sprachliche Klangfarbe des »glutrot« kräftiger
und daher für die Beschreibung derartiger Ereignisse treffender als das
lautlich sanftere »orange«?
Doch nicht nur in der unmittelbaren Begegnung – oder der mittelbaren
Begegnung durch Bilder – mit dem Orange wird diese Farbe mit den Namen

einer ihrer Erzeugerfarben bezeichnet, auch in der Literatur finden wir Beispiele der Verdrängung des Orange: Wir erinnern uns an zwei reizvolle Szenen der Novelle von Mörike »Mozart auf der Reise nach Prag«: zum einen an die Szene, in der Mozart gedankenversunken im Garten des Grafen zum Dieb einer von wohlgezählten Orangen wird, und zum anderen an diejenige des Ballspiels mit Orangen am Golf von Neapel. Mörike bevorzugt zunächst die Frucht als »Pomeranze« zu bezeichnen, und auf deren Farbe eingehend beschreibt er sie einmal als eine »gelbe kugelige Masse« und ein anderes Mal als »goldene Äpfel«. Gegenüber Gelb und Gold hat die eigentliche Farbe Orange – mit der die genannte Frucht den Namen teilt – beim Dichter keine Chance, genannt zu werden. Das fremdsprachliche Herkommen dieses Farbnamens kann wohl nicht der Grund sein, in der Novelle ungenannt zu bleiben.

Das ungenannte Orange

Bereits im Kapitel »Rot« zeigte sich die Eigenschaft der Farbe »Rot« gegenüber anderen – besonders gegenüber seinen Nachbarn innerhalb des Farbkreises – beherrschend zu wirken. Das heißt, unsere Augen sind für das Rot im Orange, wie auch im Violett, so empfänglich, daß es den Sekundärfarben schwer gemacht wird, ihre Eigenständigkeit durchzusetzen. Wird also das Orange der auf- oder untergehenden Sonne kaum zur Kenntnis genommen, so bleibt unserer Farbe wenig, was wir begründet als archetypisch bezeichnen könnten. Wir können uns gerade darauf berufen, daß sie mit der Südfrucht farblich wie namentlich identisch ist.
Die Vernachlässigung ihrer Wahrnehmung schlägt sich entsprechend im sprachlichen Gebrauch des Namens »Orange« nieder. Wird beispielsweise das Rot in den Bibeltexten sehr häufig als gegenständliche Beschreibung und noch öfter in symbolischer Sinnsetzung genannt, bleibt das Orange hingegen unerwähnt – wie auch immer in den Urschriften diese Farbe bezeichnet worden wäre. So stellt Gershom Sholem in seinen Untersuchungen zu »Farben und ihre Symbolik in der jüdischen Überlieferung und Mystik« fest, daß die in der Bibel vorkommenden Farbbezeichnungen oft undeutlich sind und für Zwischen- und Mischfarben sogar ganz fehlen.[216]
Die symbolische Nutzung des Orange – sie mag sich unter den Namen »Rot« oder »Goldgelb« verborgen haben – hat somit keine ausdrücklichen

Spuren hinterlassen. Es kann daher nicht verwundern, daß beispielsweise in »Knaurs Lexikon der Symbole«[217] die Farbe Orange nicht vorkommt – obwohl alle anderen Farben des Spektrums ausgiebig auf ihre Symbolkraft hin behandelt werden.

Blättert man in der Geschichte der liturgischen Farben, der kirchlichen Kleiderordnung und der dekorativen Accessoires, werden alle landläufigen Farben genannt: Blau, Rot, Gelb, Grün, Violett, Schwarz, Weiß, Braun, Gold und Silber. Im Auf und Ab dieser Geschichte erscheinen auch einige von ihnen zeitweilig unter Verbot, doch gänzlich ohne jede Beachtung bleibt das Orange. Auch in einem Aufriß über die Geschichte der Farben profaner Kleidung und Volkstrachten von Heide Nixdorf und Heide Müller werden alle die gerade genannten Farben erwähnt – über »Orange« wird geschwiegen.[218]

Schon Goethe behilft sich mit einer Umschreibung, wenn er die Farbe Orange meint. Unter der »Sinnlich-Sittlichen Wirkung der Farben« schreibt er über das Rotgelb, setzt das Orange in Klammern dahinter, und dann über das Gelbrot (Mennig, Zinnober).[219] Goethe, als scharfsinniger Beobachter der Farben, kennt sicher keine Voreingenommenheit gegenüber der Farbe Orange, aber ihren Namen verdrängt er, wenn er sie wie folgt beurteilt: »Das Rotgelbe gibt eigentlich dem Auge das Gefühl von Wärme und Wonne, indem es die Farbe der höhern Glut sowie den mildern Abglanz der untergehenden Sonne repräsentiert. Deswegen ist sie auch bei Umgebungen angenehm und als Kleidung in mehr oder minderm Grade erfreulich oder herrlich.«[220]

Über die Wirkung der Farbe Orange wird also Erfreuliches berichtet, genannt aber wird sie unter dem Namen der Eltern, der des Kindes bleibt unerwähnt.

Das Orange gehört nicht zu dem kleinen Kreis der heraldischen Farben und unter den Nationalflaggen erscheint es recht selten – doch dann durchaus mit Bedeutung ausgestattet: So wird das Orange der indischen Nationalfahne als »Safran« bezeichnet und symbolisiert Naturreichtum und dessen Nutzung. Das Orange in den Flaggen Irlands und Südafrikas geht auf – wenn auch unterschiedliche – Verbindungen zum Hause Oranien zurück: in Südafrika auf die seinerzeitige Besiedlung durch die Niederlande und in Irland auf das Wappen Wilhelms von Oranien; es steht dort für den protestantischen Teil der Bevölkerung. Zu den Niederlanden selbst: Hier finden wir die staatliche Orangefarbe nur noch in den Standarten des Königshauses. Während die ursprünglichen Farben der Niederlande aus dem 16. Jahrhundert Orange, Weiß und Blau sind, wird unter dem Prinzen von Oranien 1630 das Orange durch Rot ersetzt; wie es heißt, aus Gründen

der besseren Erkennbarkeit. Wieder einmal wird das Orange vom Rot verdrängt. Dennoch bleibt die Farbe Orange in den Niederlanden populär. So ist vorzugsweise der Sportdreß von Nationalspielern orange. Volkstümliche Namen für diese Sportler sind »Oranje-Hemden« oder »Oranjes«.

Der Austausch des Orange zu Gunsten des Rot in der niederländischen Flagge, weil dieses eindringlicher wahrnehmbar ist, erinnert uns an die Rede von »glutrotem« Feuer, auch wenn es eigentlich orange erscheint. Das Rot ist visuell und auditiv kraftvoller als das Orange. Das ist ein Aspekt, der die vielfache Verdrängung der Farbe Orange erklären kann.

Die Empfindsamkeit unserer Augen bestätigt diese Zurückstellung des Orange jedoch nicht. Im Gegenteil, Untersuchungen mit dem Tachistokop, einem Gerät, das für Bruchteile von Sekunden mehrere unterschiedliche Farben zeigt, ergeben: Das Orange wird am schnellsten wahrgenommen – erst danach kommen in angegebener Reihenfolge Rot, Blau, Schwarz, Grün und Gelb.[221] Damit wird verständlich, daß Müllabfuhr, Straßenbau, Straßenreinigung und ähnliche Unternehmen für ihre Fahrzeuge und Gerätschaften die Farbe Orange bevorzugen, um die Verkehrsteilnehmer zu erhöhter Aufmerksamkeit aufzufordern.

Bei der etymologischen Suche nach dem Ursprung des Wortes »Orange« (ob Frucht oder ob Farbe) werden wir auf das »pomme d'orange« verwiesen, bezeichnet nach der südfranzösischen Stadt Orange, über welche seinerzeit die Südfrucht eingeführt wurde. Es wird darüber hinaus vermutet, daß das französische »or« (»Gold«) bei dieser Namensgebung Pate gestanden habe, wegen der goldgelben Farbe der Frucht. So stoßen wir auch hier auf eine Quelle der Verdrängung des »Orange«. Wir erinnern daran, daß Mörike von »goldgelben Äpfeln« spricht, wenn er Orangen meint.

Das Orange beim Namen zu nennen, hat also eine relativ junge Geschichte. Das mag als eine Erklärung dazu dienen, daß wir es in älteren Schriften nicht finden können.

Die Wirkung des Orange

»Da sich keine Farbe als stillstehend betrachten läßt, so kann man das Gelbe sehr leicht durch Verdichtung und Verdunklung ins Rötliche steigern und erheben. Die Farbe wächst an Energie und erscheint im Rotgelben mächtiger und herrlicher.«[222] Goethe meint, daß die Eigenschaften der beiden Grundfarben Rot und Gelb in ihrem Erzeugnis, dem Orange, zu einer gesteigerten Wirksamkeit angehoben werden – unter dem Namen Rotgelb.

Johannes Itten nennt das Kind beim Namen: »Orange als Mischung von Gelb und Rot steht am Brennpunkt der größten strahlenden Aktivität. Es besitzt sonnenhafte Leuchtkraft in der Sphäre des Materiellen, welche im Rotorange das Maximum an warmer, aktiver Energie erreicht.«[223] Der Maler und Farbtheoretiker Itten verfügt sicher über ein großes Maß an Erfahrung, wenn er sein Urteil über das Orange fällt. Doch es ist auffällig, daß in den Ausführungen Ittens zur expressiven Wirkung der sechs Hauptfarben der Absatz über das Orange äußerst knapp bemessen ist. (Auch unsere Überlegungen zu dieser Farbe sind das kleinste Kapitel dieses Buches geworden.) Die Ursachen eines solchen Mangels an Aussagen über das Orange sind zum Teil bereits in den Kapiteln zum »Grün« und zum »Violett« behandelt. Wenn wir auch die Dominanz der Erzeuger des Violett – Rot und Blau – sinngemäß auf die beim »Orange« beteiligten Farben Rot und Gelb übertragen können, bleibt dennoch eine große Differenz in ihrer jeweiligen Wirkung: Ist das Violett dunkel, schwermütig, traurig, so ist das Orange hell, dynamisch, heiter. Das sollte der Farbe »Orange« eigentlich ein entsprechend weites Feld an Aufmerksamkeit und wirkungsvoller Anwendung öffnen. Eva Heller weiß zu berichten, daß das Orange, statistisch ermittelt, als Farbe des »Vergnügens«, des »Lustigen« und der »Geselligkeit« an erster Stelle genannt wird. Dennoch, auf die Frage nach der Lieblingsfarbe schneidet das Orange schlecht ab.[224] Ein Widerspruch, der mit den herkömmlichen Methoden statistischer Ermittlungen offensichtlich nicht aufgelöst wird.

Für Frohsinn und Geselligkeit steht mythologisch Dionysos, der Gott des Weines und der Fruchtbarkeit, oft dargestellt in orangener Kleidung. Im Buddhismus wird das Orange als Farbe der Erleuchtung verehrt; gekennzeichnet als sonnennahe ist sie die Farbe der Ordenstracht indischer Mönche.

Die Wirkung des Orange als sonnennahe Farbe wird in der Deutungsbreite von geistiger Besinnung und religiöser Vertiefung bis hin zu heiterem Vergnügen erfahren. Hierin drückt sich doch das Herkommen des Orange sehr deutlich aus: Es vereinigt die Sonnenkraft des Gelben mit der Lebenskraft des Roten.

Die Meinungsbildung über Farben wird aus vielen Quellen gespeist und unterliegt langzeitlichen Beeinflussungen, die sich meist nur mittelbar auf Farben beziehen – wir haben das bereits zuvor bei der Behandlung anderer Farben erfahren. Die unmittelbare Wirkung einer Farbe hingegen ist der

Urteilskraft des Augenblicks überlassen; sie ist Eindruck des Prozesses sinnlicher Wahrnehmung. Die gleiche Farbe begegnet uns in immer neuen farbigen Umfeldern, in immer neuen Formgebungen, in immer neuen Sinnzusammenhängen – ihre Wirkung bleibt nie die gleiche.

Für das Ungleiche in der Gleichheit bietet uns die Natur reichlich Anschauung. Betrachten wir zum Beispiel die frühherbstliche Erscheinung eines Ahornbaumes: In ihrem Prozeß der farbigen Wandlung vom Grün über Gelb, Orange bis zum Rot zeigen die Blätter eine Vielfalt von faszinierenden Farbspielen. Kein Blatt ist in Farbe, Form und Größe wie das andere, und doch wissen wir, es sind Ahornblätter, die sich markant von den Blättern anderer Baumarten unterscheiden.

Heiter – aus tiefstem Ernst

Vergleichen wir zwei orangefarbene Bilder: Das Computerbild »Morgenorange« (*Bild 19*, S. 168a) mit dem »Strahlenden Neubeginn« (*Bild 20*, S. 168b).[225] In beiden Bildern bewirkt das Orange den Eindruck strahlender Wärme. Damit ist aber bereits das Maß der Übereinstimmung erschöpft.

Im ersten Bild, der monochromen Komposition einer runden Form in einem Rechteck, sanft getrennt durch eine verhalten gegenläufige Bewegung eines helleren zu einem etwas dunkleren Orange, bewirkt die »strahlende Wärme« eine konzentrische, also nach innen gerichtete Ruhe.

Die »strahlende Wärme« des zweiten Bildes hingegen wirkt exzentrisch, scheint in ihrer Erregung das Bildformat zu sprengen. Der lebhafte Ausdruck dieses Orange-Bildes ist einerseits durch die spontan aufgesetzten Farbflecken und deren leichte Neigung nach rechts und zum anderen durch das Mit- und Gegeneinander mit weiteren Farben begründet. Das Orange entwickelt sich von der rot-violetten Basis des Bildes zu einem lichten Gelb, das von oben dem aufwärtsstrebenden Orange entgegen zu kommen scheint. Die Kontrastfarbe Blau als schemenhaftes Kreuz wird von der Aufwärtsbewegung des Orange verdrängt, ist dennoch im unteren Teil des Bildes durch das Rotviolett mit diesem verknüpft.

Nach einer solch formalen Beschreibung des Bildes »Strahlender Neubeginn« die inhaltliche Deutung: Wenn man zunächst den Gesamteindruck des orangenen Bildes auf sich wirken läßt, so erfährt man es als aufheiternd, frohmachend. Und es bietet bei längerem Sehen eine Fülle von Assoziationen.

Mit seinen nach oben weisenden Wegen aus Orange, dem ihm entgegen-kommenden Gelb und den sparsam eingesetzten violetten und blauen Gegenfarben ist es eine »Frohe Botschaft«. Von oben her fällt Licht in diese Farbkomposition, lenkt den Blick auf die blau-violette Waagrechte und die leicht geschrägte Senkrechte im Zentrum des Bildes und weckt somit das Interesse zum Thema »Kreuz«. Das in den Kontrastfarben angedeutete Kreuz wird vom Orange eingefaßt und teilweise übermalt. Damit wird die Überwindung des Leides durch das Licht und durch das Leben ausgedrückt. Das Kreuz wird nicht verdrängt, es wird überwunden (über-Wunden).

Der Weg nach vorn ist offen. Es sind viele Wege und Wegabschnitte. Die Farbe birgt in sich nach oben ausstrahlendes Licht. Die hellblauen und wenigen dunklen Töne sind nicht tabuisiert, das Orange und Gelb nehmen sie vielmehr in die Mitte und tragen sie. Das Bild birgt die verschiedenen Töne des Lebens und färbt sie ein auf lichtspendende Dynamik.

Dieses Bild ist für die Farbenverkündigung besonders geeignet, da es weniger auf die Form, um so mehr aber auf die Wirkung der Farben Wert legt. Das Erfassen dieser hellen und eindringlichen Farben müßte entsprechend langsam, zeitlich gelassen und intensiv erschlossen werden. Vor allem das Gelb, das diesem Bild eine spezifische Prägung gibt – indem es das Orange anzieht und nach oben bewegt –, ist als Osterlicht und Osterhoffnung wahrnehmbar.

Insofern wird das Eingangszitat, daß Orange leicht und heiter, frei von jedem Ernst sei, von diesem Bild widerlegt. Das Heitere und Frohe seiner Botschaft ist ja gerade Ausfluß von tiefstem Ernst.

Gold

Das gelbe Metall

Die Merkmale und die Wirkungen der Metallfarbe Gold sind facettenreich und mitunter äußerst widersprüchlich. Die obigen Zitate lassen das erahnen. So gehen wir erst einmal darauf ein, wie Gold zur Goldfarbe wird und wie unsere visuelle Wahrnehmung auf diese Farbe reagiert.

Das Pulverisieren des Goldmetalles macht es möglich – mit einem Bindemittel versehen – die Goldfarbe beim Malen fast wie andere Farbstoffe zu behandeln. Die sogenannte Ölvergoldung wiederum bringt das Pudergold auf eine leicht klebrige Schicht auf. Die so entstehenden goldenen Flächen lassen sich nicht polieren, sie bleiben matt.

In der Technik der Blattvergoldung wird Goldblech zu hauchdünnen Goldblättchen verarbeitet; diese werden dann auf die vorgesehene und präparierte Fläche gebracht, angerieben und schließlich poliert. Die hohe handwerkliche Kunst der Herstellung und Anwendung von Blattgold kennen wir nicht nur von der Tafel- und Ikonenmalerei, sondern vor allem aus der Architektur und Plastik. Weiterhin läßt sich das Gold zu feinsten Fäden ausziehen und zu goldgewirkten Kleidern verarbeiten.[227]

Bereits im Altertum sind derartige kunsthandwerkliche Fähigkeiten des Umgangs mit Gold bekannt. Und in Bibeltexten finden wir hierzu reichlich Hinweise: In der Anordnung des Herrn zur Errichtung des Heiligtums am Sinai steht in Bezug auf dessen Gestaltung und der Herstellung der Kultgeräte: »Überzieh sie mit Gold« (Exodus 25,28) und von der Herstellung der Priestergewänder heißt es: »Sie sollen dazu Gold, violetten und roten Purpur, Karmesin und Byssus (zartes Leinen) verwenden« (Exodus 28,5). So werden Künstler und Handwerker vom Herrn gerufen, »Pläne zu entwerfen und sie in Gold… auszuführen« (Exodus 31,4).

»Man redet von der ›Farbe des Goldes‹ und meint nicht Gelb. ›Goldfarben‹ ist die Eigenschaft einer Oberfläche, welche glänzt und schimmert.«[228]

Farbe – von wechselhaftem Charakter

So angesehen und begehrt das Gold und seine Farbe auch ist und immer war, in den Augen des Malers, wie auch des aufmerksamen Betrachters, zeigt sich die Goldfarbe in einem Bild als sehr wechselhaft und unbeständig. Gegenüber den anderen Farben weiß sie zwar ihren glänzend schimmernden Reiz auszuspielen, doch ihr unbeständiger Charakter wird innerhalb einer Bildkomposition mitunter als befremdlich empfunden.

Die Goldfarbe ist in ihrer Abhängigkeit vom jeweiligen Lichteinfall und den wechselnden Positionen des Betrachters mal glänzend und hell, mal stumpf und dunkel, mal erscheint sie kühl, mal angenehm warm, mal drängt sie sich durch ihre Leuchtkraft aus dem Bilde dem Beschauer entgegen, mal wirkt sie wie ein dunkles Loch in der Bildfläche.

Farbe ist für uns zunächst und vor allem ein sinnliches Ereignis, also eine Sehempfindung. Insofern ist es nicht von Belang, ob eine solche Empfindung, die wir mit »Gold« oder »Goldfarbe« benennen, vom Metall Gold oder einer gelben, sonnenhaft glänzenden Farbe ausgelöst wird.

Eine solche gelb schimmernde Farbe kann beispielsweise auf einem Gemälde mit einer weißen, stark aufgetragenen Untermalung erreicht werden, auf der transparente gelbe und ockerfarbene Pinseltupfen gemalt sind, von grünlichen Schatten kontrastiert. So kann man mit wenigen Worten skizzieren, was den Goldeindruck des Bildes ausmacht, das wir aus der Werkstatt von Rembrandt unter dem Namen »Der Mann mit dem Goldhelm« kennen. Die meisterliche Malweise läßt den Helm als einen goldenen wirken. Mit dem Beispiel des einstmals Rembrandt zugeschriebenen Gemäldes, wird aber auch deutlich, daß eine erfahrene Farbempfindung dazu neigt, sich in einem Sinngehalt auszudrücken. Das »Gold« wird zum »Goldhelm«. Die Erfahrung der Farbe Gold ist schwerlich zu trennen von den Assoziationen zu Gegenständen aus diesem wertvollen Edelmetall. Und das Material wiederum verweist uns nur allzu oft mit seiner Kraft, Zeichen zu setzen, auf verschiedene Wahrnehmungsebenen.

Die goldene Sonne

Seinen etymologischen Grund hat »Gold« in den verschiedenen Sprachen in Begriffen wie: »gelbliches Metall«, »glänzend«, »schimmernd«, »blank«; Gold wird also vom Eindruck seiner Farbigkeit, seiner Oberflächentextur her benannt. Aufgrund dieses Eindruckes wird Gold in fast allen alten Kulturen mit der Sonne in Verbindung gebracht. Das Zeichen der Sonne steht in der Alchemie für Gold.

»Das Gold gehört zur Sonne. Nach alter Vorstellung wächst es aus ihren Strahlen. Gold ist himmlisches Feuer, das auf die Erde fiel.«[229]

So galt Gold in China als Sonnenmetall »chin«, als Inbegriff der Uressenz »Yang«, des dualen Gegenstücks zu »Yin« (Silber).[230] Drastischer fällt die Bezeichnung für Gold bei den Azteken aus: »feocuital«, was soviel heißt wie »Götterkot«. Nicht zuletzt sind es die Bibeltexte, die uns in einer Vielzahl von Bildern auf die Wirksamkeiten und Bedeutungen des Goldes aufmerksam machen – Bedeutungen von oft extremer Widersprüchlichkeit. Doch in einer Beziehung ist der Glanz des gelblichen Goldes über Zeit und Raum hinweg von gleicher sinnlicher Wirkung: wie in einem irdischen Spiegel erscheinen in ihm das Überirdische, die Strahlen der lebensspendenden Sonne, die Kraft des Göttlichen. Gottesverehrung und Sonnenverehrung kommen in den verschiedensten Kulturen in goldenen Darstellungen zum Ausdruck – auch wenn diese Kulturen unabhängig von gegenseitiger Beeinflussung existieren.

Der bedeutsamste Kulturraum, in dem Gold und Sonne gleichgesetzt, verehrt und verherrlicht werden, ist das alte Peru. Die Sonne wird als göttlicher Ahnherr des Inkageschlechts angesehen. Inka Garcilaso de la Vega (1539-1616) beschreibt den Sonnentempel der Hauptstadt Cusco: »Alle vier Wände waren von oben bis unten mit goldenen Platten und Riegeln verkleidet. Im Vorderteil (befand sich) was wir Hauptaltar nennen, (und hier) stand die Sonnenfigur, bestehend aus einer Goldplatte, doppelt so dick wie die anderen Platten, welche die Wände bedeckten. Die Figur mit ihrem runden Gesicht und ihren Feuerstrahlen und -flammen war aus einem einzigen Stück gefertigt, genauso, wie sie die Maler darstellen. Sie war so groß, daß sie den ganzen Vorderteil des Tempels von einer Wand zur anderen einnahm... Zu beiden Seiten des Sonnenbildnisses befanden sich als Söhne dieser Sonne die Körper der toten Könige, einbalsamiert – man weiß nicht auf welche Weise –, daß sie wie lebendig aussahen. Sie saßen auf ihren auf goldenen Balken stehenden goldenen Stühlen, in welchen sie zu sitzen pflegten... (Die Tempeltore) waren in der Art von Portalen mit Gold verkleidet. An den Außenseiten des Tempels befand sich ein goldener Sims...«[231]

Unter theologischen Gesichtspunkten ist einerseits die Leuchtkraft des Goldes, das Licht der Sonne spiegelnd, und andererseits die Tatsache, daß Gold das wertvollste Metall ist, zu bedenken. Damit ist zum einen die lebensschaffende Bedeutung des Lichtes angesprochen – nicht umsonst spielt der »Sonnengott« im Sinne des lebensschaffenden Prinzips in vielen Kulturen eine sinntragende Rolle. Zum anderen aber ist festzustellen: Wenn ein Bild eines Gottes bzw. von Gott hergestellt wird, dann in Gold, weil Gott als höchstes Gut aller Verehrung und Anbetung nur im wertvollsten Material dargestellt werden kann. Dies ist beispielsweise eine der Motivationen des lateinamerikanischen Goldkultes mit seinen vielen Facetten.

Gold für Gott – Gold für Götzen

Folgt man dem ersten Buch der Bibel, so ist das Gold von paradiesischer Herkunft. Es gehört zur herrlichen Ausstattung des Gartens Eden: »Das Gold jenes Landes ist gut...« (Genesis 2,12). Es kann dazu dienstbar gemacht werden, göttliche Repräsentanz auf Erden zu veranschaulichen. Im Buch Exodus gibt der Herr dem Mose Anweisungen zur Erbauung des Heiligtums, um dem Bund des Herrn mit den Israeliten eine sichtbare Heimstatt zu geben: »Macht mir ein Heiligtum! Dann werde ich in ihrer Mitte wohnen« (Exodus 25,8). Hierzu soll eine Abgabe von kostbaren Materialien erhoben werden.

Bei der Aufzählung der Kostbarkeiten, welche die Israeliten spenden sollen, wird an erster Stelle das Gold genannt. Es folgen im Text bis ins Einzelne gehende Forderungen des Herrn für die Herstellung der Bundeslade, für die sie beschirmenden Kerubim, für den Gabentisch, den Vorraum und das alles überdeckende Zelt. Von den mit purem Gold überzogenen Hölzern, den aus Gold getriebenen Kerubim, den mit Gold belegten Säulen bis hin zu Ringen, Haken und Nägeln wird immer wieder auf die Verwendung von Gold verwiesen. Dies gilt auch für die ausführlich aufgezählten Kultgeräte und die Gewänder der Priester. In oft wiederholender Weise steht neben Silber, Kupfer, Purpur und Karmesin dominierend das Gold – zur Verherrlichung Gottes.

Doch bereits einige Seiten weiter im Text entwirft das Buch Exodus ein Gegenbild zu dem Gold, das Gott als ein Zeichen seines Bundes mit den Israeliten setzte, – den »Tanz um das goldene Kalb« als Zeichen des Unglaubens. Und Gottes Zorn kommt über sein auserwähltes Volk: »Sie haben sich ein Kalb aus Metall gegossen und werfen sich vor ihm nieder« (Exodus 32,8).

Die aufeinander folgenden und so gegensätzlichen Beispiele im Exodustext zeigen deutlich, daß das Edelmetall Gold und somit auch die Goldfarbe sehr unterschiedlichen Zwecken dienlich sein kann. In Form von Schmuck wird das Gold offensichtlich von den Menschen begehrt und daran hat sich bis heute nichts geändert. Von den Israeliten wird dieser Schmuck als Opfergabe gefordert: »Nehmt euren Frauen, Söhnen und Töchtern die goldenen Ringe ab, die sie an den Ohren tragen…« (Exodus 32,2). Gold wird also sowohl zum Bau des Tempelzeltes verwandt, als auch zum Guß des goldenen Kalbes.

In zahlreichen Textstellen des Alten Testaments finden wir in vielerlei Zusammenhängen die Aufzählung der zur damaligen Zeit begehrten Metalle in der bevorzugten Reihenfolge: Gold, Silber, Bronze. So beispielsweise in der Geschichte der Eroberung von Jericho, in der die Israeliten gewarnt werden: »Hütet euch aber davor, von dem, was dem Untergang geweiht ist, etwas zu begehren und wegzunehmen; sonst weiht ihr das Lager Israels dem Untergang… Alles Gold und Silber und die Geräte aus Bronze und Eisen sollen dem Herrn geweiht sein und in den Schatz des Herrn kommen« (Josua 6,18.19).

Oder in einer Schilderung der Siege Davids heißt es: »Als Toï, der König von Hamat, hörte, daß David das ganze Heer Hadad-Esers geschlagen hatte, schickte er seinen Sohn Hadoram mit Gefäßen aus Gold, Silber und Bronze zu König David« (2 Samuel 8,9.10). Dabei wird ausdrücklich darauf hingewiesen, daß David die wertvolle Kriegsbeute wie auch die Friedensgeschenke dem Herrn weiht.

Gold für den Tempel – Gold für den Palast

Die Erwähnung des Goldes im Alten Testament findet bei König Salomon ihren Höhepunkt. Er erbaut dem Herrn den ersten Tempel in Jerusalem, dessen Maße und Ausstattung die des »Heiligen Zeltes« weit übersteigen. So heißt es: »Das Innere des Hauses ließ Salomo mit bestem Gold auskleiden, und vor der Gotteswohnung ließ er goldene Ketten anbringen. So überzog er das ganze Haus vollständig mit Gold; auch den Altar vor der Gotteswohnung überzog er ganz mit Gold« (1 Könige 6,21.22). »Er ließ die Kerubim mit Gold überziehen« (1 Könige 6,28). »Auch Fußböden des hinteren und vorderen Raumes ließ er mit Gold belegen« (1 Könige 6,30). »An den beiden Türflügeln (des Eingangs) aus Olivenholz ließ er Kerubim, Palmen und Blütenranken einschnitzen und sie mit Gold überziehen, indem er auf die Kerubim und die Palmen Gold auftragen ließ« (1 Könige 6,32).

»Damals sagte Salomo: Der Herr hat die Sonne an den Himmel gesetzt; er selbst wollte im Dunklen wohnen. Ich habe ein fürstliches Haus für dich gebaut, eine Wohnstätte für ewige Zeiten« (1 Könige 8,12). »Salomo ließ alle Geräte, die zum Hause des Herrn gehörten, anfertigen: den goldenen Altar, den goldenen Tisch, auf den man Schaubrote legte, die fünf Leuchter auf der rechten und die fünf Leuchter auf der linken Seite vor der Gotteswohnung, aus bestem Gold, dazu die goldenen Blüten, Lampen und Dochtscheren, ferner die Becken, Messer, Schalen, Schüsseln und Pfannen aus bestem Gold. Auch die Stirnseiten der Türen des inneren Raumes zum Allerheiligsten und die Stirnseiten der beiden Türflügel, die zum Hauptraum führten, waren mit Gold verkleidet« (1 Könige 7,48-50).

Diese Aufzählung der goldenen Materialien und Kultgeräte demonstrieren den Reichtum Salomons und seine Ehrfurcht vor dem Herrn, dem er diesen Tempel baut. Den Bau eines nicht weniger »fürstlichen Hauses«, den eigenen Palast, ließ er folgen. Die Ausmaße des Palastes stellen die des Tempels noch in den Schatten. Doch bei der Beschreibung des Baues im Buch der Könige hält sich der Verfasser offensichtlich zurück; das Edelmetall Gold wird nicht erwähnt.

Dennoch finden sich an späteren Stellen des Textes zunehmend Hinweise auf den Besitz von Gold. Es heißt, daß Hiram, der König von Tyros, den Tempel- und Palastbau Salomons unterstützte: »Hiram hatte dem König hundertzwanzig Talente Gold gesandt« (1 Könige 9,14). Und dann weiter von Hirams Leuten: »Sie fuhren nach Ofir, holten von

dort vierhundertzwanzig Talente Gold und brachten es dem König Salomo«
(1 Könige 9,28).

Vom Besuch der Königin von Saba steht geschrieben: »Sie kam nach
Jerusalem mit sehr großem Gefolge, mit Kamelen, die Balsam, eine gewaltige
Menge Gold und Edelsteine trugen…« (1 Könige 10,2).

»Das Gewicht des Goldes, das alljährlich bei Salomo einging, betrug
sechshundertsechsundsechzig Goldtalente« (1 Könige 10,14).

Das Kapitel, das Salomons Reichtum gewidmet ist, macht erkennbar, wie
der König die »gewaltige Menge Gold« nutzte, um Israel, aber auch seiner
persönlichen Macht, Glanz zu verleihen. Hier scheint sich ein Wertewandel
zu vollziehen. War bisher das Gold in vielfältiger Form dazu verwandt
worden, Gottes Allmacht zu symbolisieren, – der Tanz um das »goldene
Kalb« war eine Entgleisung, für die die Israeliten hart bestraft wurden – so
wird jetzt mit der Anhäufung des Reichtums in Salomons Palast das Gold
zum Symbol profaner Macht.

Mit dem Goldglanz weltlicher Macht hatte bereits David Zeichen gesetzt,
als er dem besiegten König der Ammoniter die Krone mit dem Gewicht
von einem Talent Gold abnahm. »Sie wurde nun Davids Krone« (2 Samuel
12,30). Das geschieht zwar alles mit dem Segen Gottes; doch wurde den
Königen dieser Segen, wie man weiß, zu gegebener Zeit entzogen.

Wertvoller als Gold – der Glaube

Als das Gold in die Hände der Mächtigen und Besitzenden kommt, die
damit ihrem Ansehen Glanz verleihen wollen, verliert es an himmlischer
Kraft. Den Mächtigen werden nun ethische Kategorien entgegengehalten,
an denen der Besitz des Goldes zu messen sei. Es heißt: »Besser, barmherzig
zu sein, als Gold aufhäufen« (Tobit 12,8).

Das »Gold« wird zur Metapher, mit welcher die Werte und auch Unwerte
des Lebens gemessen werden. »Die Urteile des Herrn sind wahr, gerecht
sind sie alle. Sie sind kostbarer als Gold…« (Psalm 19,10.11).

Und menschliche Tugenden werden mit Gold gewogen, so beispielsweise
der Erwerb von »Weisheit« und »Einsicht«, denn »sie zu gewinnen ist
besser als Gold« (Sprichwörter 3,14). Weiter heißt es: »Lieber Verständnis
als erlesenes Gold« (Sprichwörter 8,10) und »hohes Ansehen ist besser als
Silber und Gold« (Sprichwörter 22,1). Entscheidend ist »Klugheit«, »denn
alles Gold erscheint neben ihr wie ein wenig Sand« (Weisheit 7,9).

Der weise Lehrer Kohelet prüft seine Erfahrungen im Umgang mit dem Gold: »Ich hortete auch Silber und Gold...« (Kohelet 2,8) und kommt zu dem Schluß: »Das ist alles Windhauch und Luftgespinst« (Kohelet 2,11). So wird das Gold und seine Verwendung zum Unwert: »Die Götzen der Völker sind nur Silber und Gold, ein Machwerk von Menschenhand« (Psalm 115,4).

»Denn die Gebräuche der Völker sind leerer Wahn. Ihre Götzen sind nur Holz, das man im Wald schlägt, ein Werk aus der Hand des Schnitzers, mit dem Messer verfertigt. Er verziert es mit Silber und Gold, mit Nagel und Hammer macht er es fest, so daß es nicht wackelt. Sie sind wie Vogelscheuchen im Gurkenfeld« (Jeremia 10,3-5).

Der Weisheitslehrer Jesus Sirach urteilt so: »Wer das Gold liebt, bleibt nicht ungestraft, wer dem Geld nachjagt, versündigt sich. Viele sind es, die sich vom Gold fesseln lassen... Eine Falle ist das für den Toren, jeder Einfältige läßt sich damit fangen« (Jesus Sirach 31,5-7).

In der Ankündigung des göttlichen Gerichts durch den Propheten Ezechiel gießt der Herr seinen Zorn über das Volk Israel aus: »Das Ende nähert sich dir« (Ezechiel 7,6). »Ihr Silber und Gold kann sie nicht retten am Tag des Zornes des Herrn. Sie werden damit ihre Gier nicht sättigen und ihren Bauch nicht füllen; denn all das war für sie der Anlaß, in Sünde zu fallen. Ihren kostbaren Schmuck haben sie in ihrer Anmaßung genommen und daraus ihre abscheulichen Bilder, ihre Götzen gemacht« (Ezechiel 7,19).

Es ist also nicht das Gold an sich, das verurteilt wird, vielmehr wendet sich dieser Text gegen die menschliche Gier nach dem Gold und gegen die Lust, es als geformte Götzen anzubeten. Die Häufigkeit der Worte im Alten Testament, die das Verehren vergoldeter, falscher Götter als sündhaft anklagen, läßt folgern, daß diese auch als Metaphern zu verstehen sind. Es geht auch um das »goldene Kalb« im Innern des Menschen, um seine Gier, Gold besitzen zu wollen.

Dem Sinngehalt des Wortes »Gold« sind, wie bei dieser Betrachtung erkennbar wird, eine Vielfalt lexikalischer Äquivalenzen zuzuordnen. Doch welche Botschaft mit der Verwendung des Wortes jeweils verbunden ist, kann allein aus dem Kontext deutlich werden, in den der Schreiber dieses Wort absichtsvoll stellt und in welchem der Leser es interpretiert. Beides, Sinngebung des Senders und Sinndeutung des Empfängers, stimmen – vor allem bei zeitlicher und kultureller Distanz – nicht immer überein. In der Praxis der Kommunikation also erklärt sich das Wort im Kontext einer Botschaft.

In einem Gespräch zwischen Jesus und den Pharisäern wird ein kommunikativer Konflikt um die Bedeutung des Wortes »Gold« offenbar: »Ihr sagt: wenn einer beim Tempel schwört, so ist das kein Eid; wer aber beim Gold des Tempels schwört, der ist an seinen Eid gebunden. Ihr blinden Narren! Was ist wichtiger: das Gold oder der Tempel, der das Gold erst heilig macht?« (Matthäus 23,16.17).

Der göttliche Glanz des Goldes

Weit weniger oft als im Alten erscheint das »Gold« im Neuen Testament. Es benutzt mitunter das »Gold«, um an ihm Werte des Lebens bildhaft zu messen. So sagt beispielsweise Petrus in der Apostelgeschichte zu einem Gelähmten: »Silber und Gold besitze ich nicht. Doch was ich habe, das gebe ich dir: Im Namen Jesu Christi des Nazoräers geh umher!« (Apostelgeschichte 3,6).

Im ersten Brief an Timotheus werden »gute Werke« über Gold und kostbare Kleider gestellt (vgl. 1 Timotheus 2,9.10). Und im ersten Brief des Petrus heißt es: »Dadurch soll sich euer Glaube bewähren, und es wird sich zeigen, daß er wertvoller ist als Gold, das im Feuer geprüft wurde und doch vergänglich ist« (1 Petrus 1,7).

Ebenso wie moralische Prinzipien werden am Gold und dessen Besitz auch soziale Verhaltensweisen gemessen. Es steht im Lehrbrief des Jakobus: »Wenn in eure Versammlung ein Mann mit goldenen Ringen und prächtiger Kleidung kommt, und zugleich kommt ein Armer in schmutziger Kleidung, und ihr blickt auf den Mann in der prächtigen Kleidung und sagt: Setz dich hier auf den guten Platz!, und zu dem Armen sagt ihr: Du kannst dort stehen! oder: setz dich zu meinen Füßen!, – macht ihr dann nicht untereinander Unterschiede und fällt Urteile aufgrund verwerflicher Überlegungen?... Hat Gott nicht die Armen in der Welt auserwählt, um sie durch den Glauben reich und zu Erben des Königreichs zu machen, das er denen verheißen hat, die ihn lieben? Ihr aber verachtet den Armen. Sind es nicht die Reichen, die euch unterdrücken und euch vor die Gerichte schleppen?« (Jakobus 2,2-6). Jakobus setzt damit seine Worte nicht allein gegen die Reichen, die sich ein goldglänzendes Bild geben, »Image« sagen wir heute, sondern wendet sich gerade auch gegen die anderen, die durch ihr Verhalten ein solches Bild der Reichen verehren und verstärken. Folgt man den Worten des Jakobus, dann gehört es zu einer christlichen Ethik, sich nicht vom goldenen Glanz der Mächtigen verführen zu lassen. Ein Imperativ, der auch nach zweitausend Jahren nichts an Aktualität eingebüßt hat.

Nicht nur, daß das Gold, an den menschlichen Tugenden gemessen, als zu leicht befunden wird, es wird auch als Dekor der Untugend, der Sünde, gebrandmarkt. So in der Offenbarung des Johannes, wenn es in seiner apokalyptischen Vision vom Götzendienst heißt: »Sie hörten nicht auf, sich niederzuwerfen vor ihren Dämonen, vor ihren Götzen aus Gold, Silber…« (Offenbarung 9,20). – Oder wenn die Hure Babylon in farbigen Bildern folgendermaßen dargestellt wird: »Die Frau war in Purpur und Scharlach gekleidet und mit Gold, Edelsteinen und Perlen geschmückt. Sie hielt einen goldenen Becher in der Hand, der mit dem abscheulichen Schmutz ihrer Hurerei gefüllt war« (Offenbarung 17,4).

Hervorzuheben ist, daß das »Gold« im Neuen Testament in seiner himmlischen Bedeutung erwähnt ist: zunächst als königliche Gabe der Weisen aus dem Morgenlande für das göttliche Kind und schließlich in der Offenbarung des Johannes als Verheißung einer neuen Welt, eines neuen Jerusalems: »die Stadt ist aus reinem Gold« (Offenbarung 21,18).

Kolumbus und die Macht des Goldes

Mag auch der Glanz des »heiligen Goldes« an Strahlkraft verloren haben, die Gier des Menschen nach dem Besitz des wertvollen Metalls, sein Tanz um das »goldene Kalb«, ist, wie wir nur zu gut wissen, nicht auf die biblische Zeit beschränkt geblieben. Besonders in der Zeit der Entdeckung »Westindiens« durch Kolumbus hat das Gold eine verhängnisvolle Rolle gespielt: Des Goldes wegen wurden die Menschen der »entdeckten« Länder und ihre Hochkulturen ins Verderben gestürzt.

Zur Verteidigung dieser kolonialen Ausbeutung ließ der damalige Vizekönig von Peru, Francisco de Toledo, ein Gutachten für die spanische Krone anfertigen – das sogenannte »Parecer de Yucay« (1571). Dieses Gutachten entwickelt eine Theologie der Beschönigung. So legt es dar: »… wie gut und notwendig es ist, die Gebirge von Gold und Silber aufzubrechen, um Bergwerke anzulegen – bis heute hat man das eher als Blendwerk des Teufels betrachtet denn als begründete Sache und Wahrheit.«[232] Begründet wird das mit der bisherigen Gewaltherrschaft der Inka und deren Götzenverehrung; diese werde nun beseitigt und dafür den Indianern gegen Gold eine Christianisierung geboten. Der Gipfel des Zynismus wird mit der Inszenierung des Vergleiches mit einer »häßlichen Tochter« erreicht, die nur gegen eine hohe Mitgift vermählt werden kann. Es erscheint dem Verfasser dieses Gutachtens als durchaus rechtens und moralisch, die »häßlichen, tiefäugigen« Eingeborenen gegen eine große Mitgift an Gold und Silber mit Christus zu vermählen. Außerdem sei das Gold in den Händen der Indianer allein deren Götzen dienlich, aber dank ihres Reichtums würden sie gerettet – ein Zerrbild von Theologie! Deutlicher, allerdings auch brutaler, klingt an einer anderen Stelle des »Gutachtens« das Bekenntnis, daß in eine arme Gegend das Evangelium niemals käme, »weil in ein Land ohne diese Mitgift an Gold und Silber auch kein Soldat oder Heerführer gehen will und auch kein Verkünder des Evangeliums«[233].

Bartolomé de Las Casas, zunächst selbst zu den spanischen Eroberern Westindiens gehörend, dann durch die dortigen Verhältnisse geläutert und in den Orden der Dominikaner eingetreten, stellt hingegen fest, daß die Spanier sich um die Verkündigung des Evangeliums keinen Deut kümmerten, ebensowenig um das Dahinsterben der Indianer, welches der Preis dafür sei, an das Gold heranzukommen. Die Worte der Heiligen Schrift »wahr-nehmend« und auf die damaligen Zustände beziehend, protestiert er gegen die Unterdrückung der Indianer: »Kärglich ist der Lebensunterhalt der Armen, wer es ihnen vorenthält, ist ein Blutsauger. Ein Mörder seines Mitmenschen ist, wer ihm den Unterhalt nimmt« (Sirach 34,25.26).[234]

Diese Folgen der Entdeckung Amerikas nehmen dem Gold den farbigen Glanz, rauben ihm seine schillernde Imagination. Die »tollwütige Gier nach Gold« – Las Casas Worte – macht das Gold zu einer Materie, an welcher das Blut von Raub und Mord klebt. Las Casas: »Christus ist nicht in die Welt gekommen, um für Gold zu sterben.«[235] Und seine Hinweise auf die Worte der Bibel: »Wer das Geld liebt, bekommt vom Gold nie genug« (Kohelet 5,9). »Ihr könnt nicht beiden dienen, Gott und dem Mammon« (Matthäus 6,24). In diesem Kontext ist das »Gold« nichts weiter als ein anderes Wort für »Geld« und »Mammon«.

500 Jahre nach Kolumbus' Entdeckung Westindiens hat das Gold in der Welt wohl nicht an Wertschätzung verloren, nur verläuft dessen Inbesitznahme im allgemeinen nicht mehr derart dramatisch. Dennoch finden die Eroberer von damals auch heute noch Nachfolger, die im »Goldrausch« morden, um sich als kriminelle Goldgräber den Weg zu den verheißungsvollen Plätzen zu erzwingen. So fallen bis heute Indianer im brasilianischen Urwald dieser Gier nach dem Golde zum Opfer.

Gold – als Zierart

Heute erfreut man sich vielerorts – wie früher – an ein wenig Gold als alltäglichen Schmuck – sei es ins Haar gesteckt, am Ohr oder am Hals hängend, an den Fingern, am Arm, an den Fesselgelenken oder als Zierat am Kleid. Etwas vom Glanz des Goldes zur Schau geben ist das Anliegen vieler. Kinder und Männer sind hiervon nicht ausgenommen. »Doch nicht alles, was da glänzt, ist Gold«, heißt es in einer Redensart.

Andererseits befindet sich heute das Gold in den Safes der Banken und große Mengen in staatlichen, zuweilen auch in privaten Festungen. Man schätzt, daß sich zwei Drittel aller Goldvorräte in staatlichen Depots als Währungsrücklagen befinden. Das bekannteste dieser Depots ist das Fort Knox in den Vereinigten Staaten. So lagert der größte Teil der heutigen Goldbestände im glanzlosen Dunkel.

Gold ist aber auch ein abstrakter Wert und wird an den Börsen aller Weltstädte lauthals gehandelt, geordert oder abgestoßen. Der Wert des Goldes schlägt sich in einem fixierten Tageskurs als ein soundsoviel kg/Dollar-Preis nieder – und all das in Abwesenheit des Edelmetalles. So besitzt das Gold zwar nach wie vor »Wertschätzung«, aber kein »Ansehen« mehr – im eigentlichen Sinn beider Worte.

In diesem Zusammenhang soll nicht unerwähnt bleiben, daß das Gold zuweilen auch in biblischen Texten – frei von sinnbildhafter Erhöhung – als monetärer Gegenstand behandelt wird. So ist der »Goldschekel« eine sehr alte Währungseinheit der Israeliten, bereits unter König David erwähnt (vgl. 1 Chronik 21,25), ein Mittel der Warenbeschaffung, als eine wertvolle Geldmünze; wie auch das Gold als solches im Tauschhandel als eine begehrte Ware galt (vgl. Ezechiel 27,22).

Im Mittelalter und zu späterer Zeit zielt das Bemühen der Alchimisten darauf, den »Stein der Weisen«, den höchsten Geist in Verkörperung des Goldes zu finden. Auf der Suche nach einer Möglichkeit zur Synthetisierung des Edelmetalles gibt es manchen Zielkonflikt zwischen den Auftraggebern eines solchen Unternehmens, denen das Gold Metapher für Geld, Macht und Ansehen ist, während es dagegen vielen forschenden Alchimisten um die »goldene Erleuchtung« letzter Erkenntnis geht. Da die gewünschten Erfolge ausbleiben, wird diese Arbeit mit dem Namen »betrügerischer Goldmacherkunst«[236] belegt. Das wertvolle und somit höchst angesehene Gold ist Barometer des Sozialprestiges. Im Mittelalter wird das Tragen von Gold- und Silberbrokaten, von goldbrochierten Seiden eingeschränkt. Hohe

Preise für diese Stoffe und Erlasse zur Kleiderordnung verleihen denen, die dennoch die goldgewirkten Kleider zu tragen vermögen, die gewünschte Reputation. »Die Souveräne, die sich über die Luxusverordnungen stellen, behalten sich das Tragen ganzer Kleidungsstücke aus den begehrten ›Gold- und Silberstücken‹ vor, Stoffen, die zunächst aus dem Orient importiert und seit dem 13. Jahrhundert zunehmend in den italienischen Städten produziert werden. Zunächst ganz in Dienst der höfischen und kirchlichen Repräsentation gestellt, hat sich das städtische Patriziat seit dem 15. Jahrhundert gegenüber dem Adel zumindest den Vorteil erkämpft, seine Kleider mit den glänzenden Stoffen zu verbrämen. Es bleibt aber weiterhin Vorrecht der fürstlichen Häuser, ganze Gewänder aus den begehrten Brokaten zu tragen.«[237]

Auch im 16. Jahrhundert bemühten sich Adel und gehobenes Bürgertum um den Vorrang, gold- und silbergewirkte Kleider tragen zu dürfen – und dagegen wird immer wieder von den Höfen taktiert. So versucht in Frankreich Franz I. durch eine Verordnung im Jahre 1532, das Tragen von Gold- und Silberbrokat den Feudalherren zu untersagen und dies allein den Prinzen am Hofe zu gestatten.

In einem, wenn auch sehr mühsam fortschreitenden Prozeß der Demokratisierung in Europa gelingt es beispielsweise gegen Ende des 18. Jahrhunderts den weiblichen Dienstboten, sich das Recht zum Tragen von Goldhauben zu erstreiten. Nach Aufhebung der alten Ständeordnung im 19. Jahrhundert wird das Tragen von Goldkleidung eine Frage des Vermögens. Es beschränkte sich so für viele Frauen auf das Tragen von goldgewirkten Häubchen, sei es zur bäuerlichen Festtracht oder zur städtischen Kleidung.[238]

Ritualisierte Farbe Gold

Hat in nachbiblischer Zeit das Gold aufgehört, eine »heilige Farbe« zu sein, eine »göttliche Farbe«, wie die Schrift sie beim Auftrag des Herrn an Mose, ihm ein Heiliges Zelt zu errichten oder beim Bau des Salomonischen Tempels bezeichnet? Beim Versuch, darauf eine Antwort zu finden, ist zu berücksichtigen, daß die genannten Tempelstätten – nach biblischem Verständnis – immer auch Werke der Kunst sind, wie die Beauftragung von Künstlern und Handwerkern, das Heilige Zelt zu gestalten, zeigt: »Der Herr sprach zu Mose: Siehe, ich habe Bezalel… gerufen und ihn mit dem Geist Gottes erfüllt, mit Weisheit, mit Verstand und mit Kenntnis für jegliche

Arbeit: Pläne zu entwerfen und sie in Gold, Silber und Kupfer auszuführen…
und allen Kunstverständigen Weisheit verliehen, damit sie alles ausführen,
was ich dir aufgetragen habe« (Exodus 31,1-6).

In diesem Kontext wird das Gold als Mittel künstlerischer Arbeit verstanden,
als eine »heilige Farbe«, Gottes Willen ausdrückend und ihm zur Verehrung
dienend. Und somit ist es auch die Kunst, die dem Gold einen Platz unter
den Farben einräumt, einen dominierenden Platz. Dennoch bleibt zu
damaliger Zeit der Freiraum bildnerischer Arbeit sehr begrenzt; wurde doch
den Israeliten geboten: »Du sollst dir kein Gottesbild machen und keine
Darstellung von irgend etwas am Himmel droben, auf der Erde unten oder
im Wasser unter der Erde« (Exodus 20,4).

Es sind erst die Werke christlicher Kunst – byzantinische und mittelalterliche
Mosaiken, Tafelbilder und Ikonen –, die der »heiligen Farbe« wieder hohes
Ansehen verschaffen. Die Farben werden jetzt rituellen Ordnungen unter-
worfen: Blau und Purpur für die Gewänder Marias, Blau und Gold für die
Gewänder Christi, Weiß für das Licht der Verklärung, Purpur und Gold für
die Zeit nach der Auferstehung. Die Darstellung der Hintergründe – also
des Himmels oder des Heiligenscheins – ist allein der Goldfarbe überlassen.
Vom 6. Jahrhundert an wird somit das byzantinische Goldmosaik zum
Himmelslicht-Hintergrund. Innerhalb eines Reglements von Formen und
Farben, eines ikonographischen Codes, besteht eine christliche Symbolik,
die ein Verständnis von Himmel und Erde vermittelt, Unsichtbares sichtbar
und damit Unfaßbares sinnlich faßbar macht. Die Goldfarbe spielt hierbei
eine herausragende Rolle.

Dazu diese Ikone: »Die drei Frauen am Grabe« (*Bild 21*, S. 184a). Um das
Undenkbare auszudrücken, bedient sich der Künstler der Originalität einer
Farbkomposition. Durch die Farben der vorliegenden Ikone soll die mitzu-
teilende Botschaft in überzeugender Weise transportiert werden: Der Bild-
hintergrund ganz in Gold entrückt das Geschehen in eine Tiefe, welche
die Andersartigkeit der damit bezeichneten Wirklichkeit signalisiert. Das
Dunkel des Grabes wird aufgesprengt. Die Rottöne bilden weniger einen
Kontrast, da sie in den Gewändern der Frauen golddurchwirkt sind und
das Weiß von Leichentuch und Engelsgewand ist von filigraner Goldzeich-
nung überlagert. Das »göttliche Gold« durchdringt die Ganzheit der Darstellung. Selbst der schwere Stein, vor das Grab gerollt, hat seine Endgül-
tigkeit in der rot-gelb-goldenen Darstellung verloren.

Die Frauen sind vom Geschehen der Auferweckung erfaßt. Weniger durch
das Motiv als vielmehr in der Farbgestaltung drückt sich aus, daß die drei

Frauen die ersten Zeuginnen der Auferweckung Jesu Christi geworden sind. In der Geschichte der Kirche hat sich das leider nicht so ausgewirkt, daß Frauen in der Verkündigung als gleichwertig auch im Sinne einer Übernahme des Priester- oder Bischofsamtes gesehen wurden – bis heute noch nicht.

Diese durch und durch goldverwobene Ikone beeindruckt durch die Geheimnishaftigkeit des Geschehens. Das »ganz Andere« wird wahrnehmbar in seiner Verborgenheit. »Die drei Frauen am Grabe« intensiv und lange auf sich wirken lassen, ersetzt manch »goldene Worte« einer Predigt über die Auferweckung Jesu Christi.

Mit der Renaissance und ihrer Zuwendung zur Klassik körperlicher Diesseitigkeit werden nicht nur die Sujets profaner, auch die sakrale Malerei entzieht sich der jahrtausendealten Tradition ikonographischer Regeln. Mit dem allmählichen Abrücken von der symbolträchtigen Farbigkeit verschwindet auch das Gold von der Palette der Maler zu Gunsten anderer Farben, besonders der gelben (vgl. Kapitel »Gelb«).

So ist auch in der Heraldik zu beobachten, daß ersatzweise für Gold und Silber auf Emblemen, Wappen und Flaggen Gelb bzw. Weiß verwandt wird. Wie ein Mysterium der Geschichte muß die Parallele wirken, die zeitlich zwischen dem Verlust des »himmlischen Goldes« durch die Raubgier der Europäer im eroberten Amerika und dem Verschwinden der Goldfarbe in der Renaissance besteht.

Goldfarbe in der Malerei heute

Es ist anzumerken, daß der malerische Umgang mit dem geriebenen Metall Gold gegenüber anderen Farben seine Eigenheiten besitzt, die in der Komposition eines Gemäldes mitunter als störend empfunden werden – wie bereits eingangs dargestellt. Wenn sich heute Maler dennoch mit der Goldfarbe auseinandersetzen, gar von ihr fasziniert sind, muß das unser Interesse wecken. Im Rahmen einer unlängst veranstalteten Kunstausstellung mit dem Thema »Farbe Gold«[239] haben sich Künstler und Autoren im Ausstellungskatalog zu ihrer Motivation, auf die Farbe Gold nicht verzichten zu wollen, geäußert und dabei auch kritische Positionen nicht unterdrückt:

»Die Farbe Gold stellt für mich eine Wert-Kategorie in der Weise dar, daß sie eine außergewöhnliche und eigentümliche Leuchtkraft besitzt und mitunter auch auf religiöse Hintergründe verweist« (O.J. Hajek).

»Gold ist ein chemisches Element und ein Edelmetall von hohem Glanz, das fast allen chemischen Einflüssen gegenüber unveränderlich ist. Es ist weich, dehnbar, läßt sich hämmern, walzen, zu feinem Draht ausziehen, als Blattgold ausschlagen und pulverisieren« (B. Graf).

»Die Farbe Gold betrifft die Wertkategorien Glanz, Reichtum, Macht, aber auch ›Heiligkeit‹ und ›göttlichen Grund‹ gleichermaßen…« (A. Grunert).

»Gold ist so eng mit dem Kultischen, dem Magischen, Prächtigen und dem Mythischen verknüpft, daß sich die Auseinandersetzung mit Gold in meiner Arbeit wie von selbst ergab« (Ch. Herzog v. Berg).

»Die Verwendung von Gold in der gotischen Malerei war für mich der Ausgangspunkt, eine diametrale Entsprechung zu suchen…« (P.E. Kaufmann).

»Gold ist der metaphorische Glanz der Sonne, des Lichts« (G. Lietzow).

»Das Gold hat eine mythische und eine gegenwärtige Dimension« (M. De Stil Marcowic).

»In der Alltagswelt begegnen wir der Farbe überall dort, wo etwas Billiges aufgewertet werden soll« (M.v. Ostrowski).

»Diese mythische Koinzidenz zwischen dem unheilbaren Verfall des Inka-Reiches und der unstillbaren Gier nach Gold…« (E. Schlotter).

»Im Gold sind alle Farben als Spiegelung enthalten« (D. Weidenbach).[240]

»Gold ist keine Farbe. Gold ist ein Mythos. Gold ist das überirdische Licht. Nach alter Vorstellung wächst es aus der strahlenden Sonne, ist Sinnbild und Ausdruck des Göttlichen. Im Gold wurde die Sonne, die Schöpferkraft angebetet. – Gold ist Material. Sämtliche Farben lassen sich durch prismatische Brechung erzeugen, Gold nicht. Gold bedeutet Macht – Geld und Gold gehören zusammen.«[241]

In diesem letzten Zitat geht die Malerin Gabriele Schesselmann von zwei Thesen aus, die, bei aller Unterschiedlichkeit der subjektiven Positionen der anderen zitierten Maler, auf zwei allen gemeinsamen Erfahrungen beruhen: Zum einen wird die magische Kraft des Goldes in seiner ganzen Widersprüchlichkeit aufgezeigt, als Symbol der Entmaterialisierung, des Göttlichen und als Symbol der Materialisierung, der Gier nach Macht. Diese zwiespältige Wirkung des Goldes, so hört man aus den meisten der Künstlerworte heraus, ist weitgehend historisch bedingt. Das wiederum erweckt den Eindruck, daß die zitierten Künstler auf der Suche nach einem wertvollen Schatz sind, der zeiträumlich tief verschüttet ist. Unsere Ansicht, daß die symbolische Kraft des Goldes in unserer Zeit bläßlich geworden ist, scheint gerade durch diejenigen bestätigt, die versuchen, die Goldfarbe wieder ins Bild zu bringen.[242] Soweit der semantische Aspekt dieser Künstleraussagen.

Zum andern wird das Gold zu einer Nichtfarbe erklärt – das betrifft den syntaktischen Aspekt. Das Gold gehört nicht zum Spektrum der Lichtfarben und ist auch in keinem Modell der Malfarben unterzubringen. Gold wird nicht aus dem Farbkreis, bzw. der Farbkugel entwickelt und hat somit als Einzelgänger auch keinen komplementären Kontrastpartner.

Goethe hat im didaktischen Teil seiner Farblehre das Gold nur kurz im Abschnitt der »sinnlich-sittlichen Wirkung« der Farbe Gelb erwähnt, um die Qualität dieser Farbe an der Goldfarbe zu messen: »Das Gold in seinem ganz ungemischten Zustand gibt uns, besonders wenn der Glanz hinzukommt, einen neuen und hohen Begriff von dieser Farbe; so wie ein starkes Gelb, wenn es auf glänzender Seide, zum Beispiel auf Atlas, erscheint, eine prächtige und edle Wirkung tut.«[243] Und weiter wird dem Gelb, wenn es mit seiner ganzen Energie erscheint, »der schöne Eindruck des Feuers und Goldes« bescheinigt.[244]

Als Farbe unter anderen Farben spielt das Gold eine Außenseiterrolle.

Verführerischer Glanz

Geht es um die Wirkung der Goldfarbe, stoßen wir auf widersprüchliche Urteile. Denn bei aller Wertschätzung des Glanzes dieser Farbe – »nur 1% der Frauen und 2% der Männer nennen Gold als Lieblingsfarbe«[245]. Vielleicht ließen sich derart widersprüchlich erscheinende Ergebnisse von Befragungen nach den Lieblingsfarben der Befragten auflösen, wüßte man jeweils mehr über die Methode der Durchführung solcher Unternehmungen. Es gibt Hinweise dafür, daß bei einer ausschließlich verbalen Befragung das »Gold« oft als Edelmetall verstanden wird und nicht als Farbe; während bei Vorlage von Farbproben ganz andere Urteile – hier zu Gunsten der Goldfarbe – gefällt werden.

Soll auch heute das Gold – als wertvolles Metall und als »heilige Farbe« – an verführerischem Glanz verloren haben, so sind es die verbalen Zeichen, welche seine charakteristischen Eigenschaften analog auf entsprechende Objekte übertragen. Tiere und Pflanzen werden etwa wegen ihrer goldgelben Färbung so benannt: Goldammer, Goldfasan, Goldfisch, Goldhamster und Goldparmäne, Goldregen. Haben wir es hierbei mit einer anschaulichen, einer auf Ähnlichkeit beruhenden Semantik zu tun, so ist es die menschliche Einschätzung des Metalls »Gold« als »edel«, »wertvoll« und »glanzvoll«, die den Dingen und Ereignissen den Namen »Golden« verleiht: Glanzvolle Epochen werden zu »goldenen Zeiten«, wertvolle Maximen des Lebens zu »goldenen Regeln«, hohe Gäste tragen sich in das »goldene Buch« einer Stadt ein oder die ästhetische Regel der teilbaren Relation zweier Maße nennt man »goldener Schnitt«.

Auf banalerer Ebene, etwa der Produktwerbung, werden Spitzenerzeugnisse – oder die, welche den Eindruck als solche erwecken und verkauft werden sollen – mit »goldenen« Namen versehen.

Ist somit im sprachlichen Gebrauch das »Gold« häufig präsent, bleibt doch zu überlegen, wieweit sich derartige Metaphern von ihrem Herkommen entfernt haben, also ob überhaupt gemeinsame Merkmale mit dem Gold als Farbe und Edelmetall zu finden sind. Das Adjektiv »goldig« – eine Ableitung von »Gold« – zeigt uns sehr deutlich, daß diese Form der Verniedlichung nichts mehr von seiner edlen Herkunft spüren läßt. Synonyme, wie »nett«, »süß« und »hübsch«, lassen keine Verwandtschaft zu etwas »Goldenem« erkennen.

Beim Resümieren kann man feststellen, daß das Gold wie keine andere Farbe eine sehr zwiespältige Wirkungsgeschichte hat, in der es extrem gegensätzlichen Zwecken dient: dem Jenseitigen wie dem sehr Diesseitigen. Sucht man nach einem durchgängigen Faden in den Jahrtausenden der Geschichte des Goldes, findet sich eine gleichbleibende Hierarchie der Bewertung der edlen Metalle, die sich in der Reihenfolge Gold, Silber und Bronze bzw. Kupfer ausdrückt.

Dies gilt sicher noch heute, denkt man an die Auszeichnung der olympischen Sportler – nur wird heute dem Gewinner einer Goldmedaille der ursprünglich rein ideell gemeinte Wert einer solchen Münze durch den weltweit bekannt gewordenen Erfolg materiell »vergoldet« – durch Werbeverträge und hohe Startgelder. Mit Hilfe der Massenmedien wird die im Stadion errungene Goldmedaille vermarktet. Dies ist ein Beispiel für den Mammonismus, dem die Menschen durch ihre Art der »Wertschätzung« des Goldes verfallen.

Auch Auszeichnungen anderer Art seien genannt: so die »Goldene Rose«, die der Papst jährlich an verdienstvolle Persönlichkeiten verleiht, oder Preise wie der »Goldene Bär« oder das »Goldene Bambi«.

Der, wenn auch zaghafte Versuch, in unserer Zeit der Goldfarbe wieder einen Platz in der Kunst einzuräumen, wird sich auf Einzelereignisse beschränken. Denn die Symbolkraft der Goldfarbe ist mit dem Untergang eines bis zum ausgehenden Mittelalter verbindlichen rituellen Codes der Farben verloren gegangen. Es bleibt dem Gold – wie gesagt – nur die Außenseiterrolle im Ensemble der Farben. Der heutige »Symbolik-Mangel« erklärt einiges zur Pragmatik des Zeichens »Gold«, also zu dessen Gebrauch und Wirksamkeit.

Und wenn es im Petrusbrief heißt, daß Gold, wenn auch auf seine Reinheit geprüft, »doch vergänglich ist«, so bewahrheitet sich das in unserer Zeit in bezug auf die Kraft des Goldes, symbolische Zeichen setzen zu können.

VON DEN STRAHLEN DER SONNE ENTZÜNDET,
DEM HIMMEL UND DER ERDE ZUGEWANDT
ALS KRAFTVOLLES SYMBOL – DAS GOLD.
NUN ERMATTET HINTER GLAS IN DEN MUSEEN,
GLANZLOS RUHEN SEINE BARREN UNTERTAGE,
IN DEN HALLEN RUFT MAN SEINEN PREIS,
MIT SEINEN NAMEN PRAHLT DER MARKT,
UND GETRÄUMT WIRD NACHTS VOM – GOLD.

Grau

Im Schatten der Farbigkeit?

Das Eingangszitat ermuntert nicht gerade, sich mit der Farbe Grau näher zu befassen – noch dazu, da dieses Urteil eines Meisters der Malerei nicht unbedingt zum Widerspruch auffordert, fehlen einem dazu doch – zunächst – die geeigneten Argumente. Dennoch fordert uns dies besonders heraus, das Wirkungsspektrum der Farbe Grau eingehender zu behandeln.

Auf die Frage nach den Eigenschaften der Farbe Grau erhält man einen Katalog an Eigenschaften des Grau und seines sprachlichen Umfeldes, der so umfangreich wie unerfreulich ist – wenn es da beispielsweise heißt: gräulich, graulich, grauenvoll, grausam, grausig, vergraut, gräßlich, grämlich oder trübe, trist, langweilig, mittelmäßig, unentschieden, unsicher, angepaßt, unbestimmt, charakterlos, abhängig, alternd, blaß, farblos, unfreundlich, freudlos, ängstlich und manches mehr. Spontan fällt den Befragten wenig Angenehmes über Grau ein und was mitunter noch abwertender erscheinen muß, ist die Tatsache, daß dem einen oder anderen zu dieser Farbe gar nichts einfällt. Als stünde die Frage an, ob denn das Grau überhaupt eine Farbe sei.

Die Vielzahl der Assoziationen auf das Grau wird in der negativen Tendenz verstärkt durch den gestalterischen Ausdruck dieser Farbe in Dichtung und Malerei. So sieht sich der todgeweihte Faust den »vier grauen Weibern« fragend gegenüber: »Was schwebet schattenhaft heran?« – Die »grauen Geschwister« stellen sich vor als »Mangel, Schuld, Sorge und Not«; sie drängen auf seinen Tod und der schließlich erblindete Faust: »Die Nacht scheint tiefer tief hereinzudringen.«[247] Der graue Mangel, die graue Schuld, die graue Sorge und die graue Not beschwören Faustens Ende.

So bedient sich auch die Malerei der grauen Farbe, um das Elend der Menschen zu veranschaulichen: Picasso malt das Grauen des Krieges »Guernica« und mehr als 600 Jahre vor ihm Giotto die sieben Laster »Verzweiflung, Neid, Unglaube, Ungerechtigkeit, Zorn, Unbeständigkeit und Torheit« grau in grau. Ist das Grau Symbol für die Schattenseite menschlichen Lebens?

Da sich keine der hier behandelten Farben ausschließlich durch gute oder durch schlechte Eigenschaften auszeichnet, erwarten wir auch von der Farbe Grau ein differenzierteres Bild als das eingangs gezeichnete. Versuchen wir das zunächst mit der Beleuchtung seines Verhältnisses zu anderen Farben – also seiner syntaktischen Eigenheiten.

Als »Zugabe« zum didaktischen Teil seiner Farbenlehre gibt Goethe einen Brief des Malers Philipp Otto Runge wieder, in dem dieser unter anderem über die Farbe Grau schreibt: »Zwei reine Farben wie Gelb und Rot geben eine reine Mischung Orange. Wenn man aber zu solcher Blau mischt, so wird sie beschmutzt, also daß, wenn sie zu gleichen Teilen geschieht, alle Farbe in ein unscheinendes Grau aufgehoben ist… Wenn die drei reinen Farben sich einander aufheben in Grau, so tun die drei Mischungen, Orange, Violett und Grün, dasselbe in ihrer mittlern Stellung, weil die drei Farben wieder gleich stark darin sind… Weiß und Schwarz miteinander gemischt gibt Grau… Wenn wir die drei Rot, Gelb und Blau undurchsichtig zusammen mischen, so entsteht ein Grau, welches Grau ebenso aus Weiß und Schwarz gemischt werden kann.«[248]

Grau – Mitte und Ergebnis aller Farben

Und Goethe selbst schreibt: »Sobald wir alle Farben des Schemas (des Farbkreises) in einer gewissen Proportion zusammenmischen, so entsteht eine Unfarbe daraus,… welche auf ein Papier gestrichen uns völlig den Begriff von Grau gibt…«.[249] Um Newtons These, die Mischung der elementaren Farben ergäbe Weiß, zu widerlegen, hat Goethe diese zur »scheinbaren Mischung« gebracht. Durch die Anbringung der Farben auf einem Schwungrad und dessen schnelles Drehen kommt er zu dem (gewünschten) Ergebnis: der »Mischung aller Farben zum Grau«.[250]

Es bleibt für unsere Augen ein Rätsel, wenn sie versuchen, diese »Unfarbe« auf ihr Herkommen zu befragen: Ist es ein Produkt der Mischung aus den Primärfarben Rot, Gelb und Blau oder aus den Sekundärfarben Orange,

Violett und Grün oder aus Schwarz und Weiß? Oder ist Grau das Ergebnis einer Mischung aus den komplementären Paaren Rot-Grün, Gelb-Violett, Blau-Orange? – Herstellbar ist Grau in allen genannten Verbindungen. Sobald kein Anteil der ursprünglichen Farben mehr erkennbar ist, ist es ein Grau der farblosen Mitte, dessen Herkommen für das Auge nicht mehr rekonstruierbar ist.

Grau ist die Farbe der Mitte, der Mitte zwischen allen Farben diametralen Kontrastes. Daß dies so ist, macht uns das Modell einer Farbkugel plausibel. Dieses topologische Modell hielt der bereits zitierte Philipp Otto Runge für die anschaulichste Form, eine Farbordnung zu demonstrieren. Die Farbkugel ist als ein Globus zu verstehen, auf dessen Äquator der Farbkreis mit den drei Grundfarben Rot, Gelb und Blau und den aus diesen gemischten Sekundärfarben in gleichen Abständen plaziert ist, und dessen Mittelachse von den Polen Schwarz und Weiß begrenzt wird. Im Kern der Kugel befindet sich das Grau im Treffpunkt der Helldunkelachse mit der äquatorialen Schnittfläche – also der Mitte des Farbkreises. Das Grau ist somit im Zentrum der Kugel die Summe aller Farben. Die hier modellhaft skizzierte Zusammenführung aller Farben, einschließlich Weiß und Schwarz, zum Grau ist für das Auge nicht zurückverfolgbar.

Vom Modell zur Praxis: Versuchen wir ein Grau zu mischen und wählen wir zum Exempel die Farben Rot und Grün, die sich auf dem Farbkreis diametral gegenüberstehen; keine der beiden besitzt also Anteile der anderen. Mischen wir zum Rot nach und nach etwas Grün, so verliert das intensiv leuchtende Rot seine Kraft, es wird trübe, es wird »beschmutzt«, wie Runge diesen Zustand der Farbe benennt, ist dann noch als ein rötliches Grau erkennbar, um schließlich im Grau gänzlich aufzugehen. Erst wenn man zuviel des Grün beimischt, wird dieses in einem grünlichen Grau sichtbar.

Dieser Prozeß des Mischens ist selbstverständlich auch umgekehrt möglich, indem vom Grün ausgegangen wird, und ihm sukzessiv Rot beigegeben wird. Welche Komplementärpaare man zu einer solchen Graumischung auch immer wählt, die Abfolge des Prozesses wird immer die gleiche sein: Die Ausgangsfarbe ist zunächst rein, dann getrübt, verblassend und schließlich im Grau verschwunden; die sukzessiv zugesetzte Kontrastfarbe tritt als solche nicht in Erscheinung.

Die »Forderung der Farbe nach Totalität«[251], wie Goethe das Prinzip der Ergänzung einer Farbe durch ihre Gegenfarbe nennt, findet also im Grau seine Erfüllung; ist doch die Farbe Grau das Ergebnis einer solchen Ergänzung. Die sprachliche Wendung Runges in seinem Brief an Goethe, daß die Farben im Grau »aufgehoben« seien, ist als »unsichtbar werden« zu deuten. Erwägt man jedoch den Doppelsinn des Wortes »aufgehoben«, so kann damit auch »aufbewahren« gemeint sein. Lassen wir uns versuchsweise auf einen derartigen Gedanken ein, so kann das heißen, daß im Grau alle Farben verborgen aufbewahrt sind – für das Auge zunächst unsichtbar.

Unser Bildbeispiel will jedoch die im Grau verborgenen Farben für den Leser sichtbar machen (*Bild 22*, S. 192a). Der obere Teil des Bildes besteht fraglos aus einem mittleren Grau. Die 10fache Vergrößerung seines Rasters zeigt der untere Teil. Und sehr deutlich wird, daß dieses Raster aus roten, gelben und blauen Elementen zu gleichen Anteilen besteht. Die »optische Mischung« von drei Grundfarben zu einem Grau leistet das Auge, vorausgesetzt, die Rasterung ist dicht und klein genug und der Betrachter entsprechend entfernt. (Mit Hilfe eines Vergrößerungsglases kann der Leser die Probe auf das Exempel machen.)

Die optische Mischung von Farben durch Rasterung von Punkten oder Linien, oder, wie bereits erwähnt, durch die Bewegung eines mit Farbstreifen versehenen Schwungrades, wird vom Auge geleistet, welches auch in der Lage ist, mit oder ohne optische Hilfsmittel das Gemischte zu entmischen. Mag man mit Recht von der Aufhebung der komplementären Kontrastfarben in ihrer Mischung zum Grau sprechen, so erscheint der Begriff der »Latenz« für das Verschwinden der Farben im Grau treffend, im Sinne von »zeitweilig im Verborgenen aufbewahrt«.

Die enge Beziehung des Grau zu den drei Grundfarben mag ein weiterer Versuch verdeutlichen: Wenn wir drei etwa markstückgroße mittelgraue Papiere jeweils auf einen kräftig roten, blauen und gelben Untergrund legen, können wir beobachten, wie die Farbigkeit im Grau aktiviert wird: Auf rotem Grund erscheint jetzt das Grau etwas grünlich, auf blauem neigt es zu Orange und auf dem gelben Grund zu Violett. Jeweils wird die komplementäre Kontrastfarbe im Grau wirksam. Man spricht vom sogenannten »Simultan-Kontrast«. Hierbei verhält sich das Grau durchaus passiv. Die jeweiligen Farben des Grundes benutzen das Grau als Medium, um ihre Gegenfarbe im Grau unterzubringen.

Physikalisch bleibt das Grau bei all seinen sichtbaren Veränderungen immer dasselbe Grau; die farblichen Veränderungen sind vielmehr physiologischer Natur – unser Auge erzeugt sie.

Unser graues Rasterbild aus vielen farbigen Punkten kann in seiner Wirkung auch in der mitweltlichen Realität erfahren werden. Vereinigt sich eine

Menge von Menschen – in der Vielfarbigkeit ihrer Kleider – zu einer Masse, kann man beobachten, wie sich das Vielerlei von Farbtupfen schließlich in einer Ganzheit von Grau verliert. In Millionenstädten wie Lima, Bombay oder Sao Paulo können wir das erleben – wenn die Menschen im Gewühl der Massen, die sich durch die Straßen weiterschieben, kaum mehr persönlich wahrnehmbar sind; ihre Originalität verschwimmt. Das statische Bild des Rasters, aber noch mehr das lebendige der Menschen in einer Masse, wird fast zwangsläufig zum Sinnbild. In der »Masse« – also der Menge von Menschen, die geschlossen und dicht einem kollektiven Zweck folgen und dabei ihre individuellen Positionen zurückstellen – verlieren sich die unterschiedlichen und jeweils einmaligen »Farben« des einzelnen Menschen im Grau der Masse.

Erzeugt eine solche Metapher auch den Eindruck von Trostlosigkeit, so enthält sie dennoch Hoffnung. Hoffnung darauf, daß sich der Einzelne nur zeitweilig im Grau der Masse verbirgt und aus der Menge heraustretend die individuelle Farbigkeit zurückgewinnt.

Biblisch gesehen ist es eindeutig, daß jeder Mensch für Gott einzigartig ein Funke seiner Liebe ist: »Ich habe deinen Namen in meine Hand geschrieben« (Jesaja 49,16). »Mein bist du« hebt den Menschen heraus aus der »grauen Masse«. Seine individuelle Farbigkeit und seine unverwechselbare Biographie erhält eine göttliche Dimension. Wenn sich der Mensch als in Gott hineingraviert vorstellen darf, dann ist er nicht mehr ein »Massenmensch«, sondern ein einmaliges Original, geliebt und hineingenommen in die göttliche Existenz. Gott hat also eine andere Sichtweise und nimmt jeden Menschen in seiner originalen Farbigkeit in den Blick und behält ihn im Blick. In Lima, in den überfüllten Straßen, geht einem dies wie ein Wunder auf.

Die Hochschätzung des Individuums ist eine Idee, die sich im Christentum verdeutlicht hat: Der Mensch wird von Gott aus der Masse heraus als Individuum vergrößert, er wird von Gott bedeutsam gemacht. Gott macht die Menschen als seine Geschöpfe würdig. In der lateinamerikanischen Theologie gibt es geradezu den Begriff »Dignification« (würdig machen). Wer also in die Tiefendimension der Farbe Grau hineinschaut, sie vergrößert wahrnimmt, kann die Vielfalt der Farben neu entdecken.

Grau – als Mittler aller Farben

Sicher, auch andere Farben reagieren auf ihr Umfeld durch Veränderung, aber keine tut dies so selbstlos wie das Grau. Es ist nicht nur die Mitte aller Farben, das Grau ist auch Mittler aller Farben. In Runges Modell der »Farbkugel« fällt dem Grau diese Rolle auf eine anschauliche Weise zu. Seine neutrale Haltung kommt in diesem Modell durch die jeweils gleiche Distanz zu allen elementaren Farben, einschließlich dem Schwarz und Weiß, zum Ausdruck.

Eine entsprechende Veränderung des Grau erfahren wir, wenn es sich in einem Umfeld von Schwarz und Weiß befindet. So wird das »unscheinende« Grau auf einem dunklen Grund heller und leuchtend, also »scheinend« (*Bild 23*, S. 198 oben). Während es auf weißem Grund dunkler und schwerer wirkt (*Bild 24*, S.198 unten). Goethe merkt hierzu an: »Ein graues Bild auf schwarzem Grunde erscheint viel heller als dasselbe Bild auf weißem. Stellt man beide Fälle nebeneinander, so kann man sich kaum überzeugen, daß beide Bilder aus einem Topf gefärbt seien... Wie dem Auge das Dunkle geboten wird, so fordert es das Helle; es fordert Dunkel, wenn man ihm Hell entgegen bringt...«[252]

Diese Veränderungen der Farberscheinung im sogenannten »Simultan-Kontrast« werden vielfach als »optische Täuschung« abgehandelt. Eine derartige Bezeichnung vermittelt jedoch einen gänzlich falschen Eindruck von diesem Phänomen. Vielmehr ist es gerade der Effekt solcher Farbveränderungen, durch Kontrastverstärkungen dem Auge verläßliche Daten über die Umwelt zu liefern und somit differenziertes und räumliches Sehen zu unterstützen. Eine derartige Kontrastverstärkung erzeugt das Grau, wenn es in einem farbigen oder schwarzweißen Umfeld die Kontrastfarbe des Umfeldes simuliert, und damit die Umfeldfarbe in ihrer optischen, aber auch ästhetischen Wirkung verstärkt. Das erklärt beispielsweise den Effekt eines farbigen Beiwerks zu einer grauen Bekleidung. So ist das Grau als modische Farbe zu manchen Zeiten äußerst geschätzt. Kombiniert mit einer reinen Farbe hält der Chemiker und Farbtheoretiker Wilhelm Ostwald es für »ungewöhnlich schön«.

Zwischen »schön« und »schmutzig«

Doch gegen solche zustimmenden Äußerungen zu modischen Kompositionen mit Grau werden auch immer wieder abwertende Urteile über diese Farbe in der Kleidermode laut: »schmutzig«, »dreckfarbig«, »regenwetterisch«. Das »Unscheinende« der Farbe Grau findet A. Bühler auch bei seinen Zeitgenossen ausgedrückt: »Grau innen und außen, so sieht der zeitungslesende Mensch von heute aus.«

Und Günter de Bruyn berichtet in »Zwischenbilanz« aus den Kriegstagen von einem Individualisten in Uniform: »Er haßte die Leute, die, ihrem Herdentrieb folgend, das Grau, in das man sie steckte, in ihr Inneres eindringen ließen.«[253] Die kriegsbedingte äußere Anpassung, die feldgraue Uniform, wird zum sinnbildlichen Grau der geistigen und seelischen Verfassung der Soldaten. Die Nähe von Farbe und ihrer Metapherbildung kann kaum dichter erfahren werden.

Die Widersprüchlichkeit der Aussagen zu einer Farbe, besonders aber derer gegenüber dem Grau, läßt Zweifel an den Ergebnissen von Meinungsbefragungen zur »Lieblingsfarbe« und den daraus ermittelten statistischen Mittelwerten aufkommen. Was besagt es denn, wenn nicht einmal 1% der Befragten Grau als ihre Lieblingsfarbe bezeichnen, die gleichen Menschen aber, die das Grau mit äußerst negativen Eigenschaften belegen, andererseits einen grauen Anzug sehr elegant und ein graues Abendkleid schick finden. Ein graulackiertes Auto, ein grauer Einrichtungsgegenstand oder ein graues Haushaltsgerät wird mitunter als besonders schön empfunden.

Wer also die Fragen nach individueller Bevorzugung und Bewertung von Farben in sehr einfacher Weise stellt, wird auch nur sehr einfache Antworten erhalten – zu einfache. Denn die Einstellung zu Farben ist sehr komplex und wird aus den verschiedensten Quellen gewonnen. Wir nennen hier einige:

☐ Die Empfindung. Ein bestimmter Wellenlängenbereich des Lichts, den das Auge empfängt und den wir »grau« nennen.

☐ Die unmittelbare Erfahrung. Die Erfahrung von Farben aus direkter sinnlicher Wahrnehmung der natürlichen wie künstlichen Umwelt, besonders als charakteristisches Merkmal von Dingen und Sachverhalten: Das »Grau-in-Grau« eines trüben Tages.

☐ Die konventionelle, unmittelbare Erfahrung. Die sinnliche Konfrontation mit dem Kanon von Farben, die jeweils in Mode sind, auf den verschiedensten Gebieten der Konsumgüter – von der Bekleidung, dem Auto bis zur Brillenfassung.

☐ Die mittelbare Erfahrung. Der Gebrauch sprachlicher Farbbezeichnungen, besonders die Sinnbilder, die Urteile über Farben zum Ausdruck bringen: Die Trostlosigkeit des »grauen Alltags«.

☐ Die mittelbare Erfahrung durch Personen. Urteile von Individuen, etwa von Experten, die durchaus auch Vorurteile sein können: Das »unscheinende Grau« (Ph.O. Runge).

☐ Sprachlicher Gleichklang. Begriffe, die mit dem Wortstamm Grau übereinstimmen, aber von anderem Herkommen und anderer Bedeutung sind: Der Begriff des »Grau-en«.

Diese Faktoren der individuellen Einstellung zu Farben sind auf vielfältige Weise miteinander verknüpft, mit Übereinstimmungen und mit Widersprüchen. Daß die Einstellung zu einer Farbe auch modischem Wandel unterliegt, versteht sich von selbst. Entscheidend bei derartigen Befragungen ist jedoch, daß sie gewöhnlich auf verbale Weise geschehen. Hierbei hat das Grau sicher keine Chance, weil es, wie bereits dargestellt, im sprachlichen Gebrauch als »Unfarbe« benutzt wird, um metaphorisch oder symbolisch Unliebsames zu bezeichnen.

Im Laufe der Geschichte von der Antike bis hin in das vergangene Jahrhundert sind das Grau, das Braun und Farbtöne aus beiden – als Naturfarben von Tierfellen, Häuten und Textilien – die Kleiderfarben der Armen. Nur die Bessergestellten konnten sich gefärbte Stoffe leisten und damit ihren Stand kenntlich machen. Verständlich, daß das Grau in diesem Zusammenhang als nicht sehr »ansehnlich« galt.

Als die Manufakturen der Neuzeit farbige Stoffe zu erschwinglichen Preisen herstellen konnten, verlor diese Art des Sozialprestiges an Bedeutung.

Aus dem Blickwinkel des Geheimen Rats von Goethe schlägt dieses Zurschaustellen des Standes durch Farben ins Gegenteil um; zurückhaltende Farben und somit auch das Grau gewinnen Ansehen. Goethe schreibt im Kapitel »Pathologische Farben«: »Endlich ist noch bemerkenswert, daß wilde Nationen, ungebildete Menschen, Kinder eine große Vorliebe für lebhafte Farben empfinden, daß Tiere bei gewissen Farben in Zorn geraten, daß gebildete Menschen in Kleidung und sonstiger Umgebung die lebhaften Farben vermeiden und sie durchgängig von sich zu entfernen suchen.«[254]

Wahrnehmen im Kontext

Wer nun den Versuch unternimmt, die Wirkung der Farbe Grau so zu beurteilen, daß man daraus einen allgemeingültigen Schluß ziehen könnte, wird mit entstehenden Widersprüchen rechnen müssen. Das Grau scheint sich, wie kaum eine andere Farbe, einer solchen ästhetischen Beurteilung von allgemeiner Gültigkeit zu verschließen. Denn wenn wir diese Farbe in unserem Blickraum beobachten, so geschieht dies jeweils in einer bestimmten Situation, in der sich sowohl der Betrachter als auch das Objekt der Betrachtung befindet.

Grau ist die konkrete Farbe der Oberfläche bestimmter Gegenstände oder ein Grad geminderter Helligkeit, der etwa in der Dämmerung einen weißen Gegenstand grau erscheinen läßt. So steht das Grau, wie jede andere Farbe, in einem bestimmten zeiträumlichen Zusammenhang, in dem der Beobachter es interpretiert. Und »interpretieren« heißt auch immer, die persönlichen Erfahrungen mitsprechen zu lassen.

So kann das Grau des verwitterten Gemäuers eines Hinterhofes durchaus im Farbton mit dem Grau der Marmorfassade eines Schlosses übereinstimmen. Oder das Grau der Bekleidung eines armen Menschen gleicht dem Grau des Anzugs eines Bonvivants. Der Kontext im jeweiligen Fall macht das gleiche Grau einmal zu einer »unansehnlichen« Farbe, während es das andere Mal als »vornehm« oder gar als »edel« eingeschätzt wird.

Wie wir einerseits Veränderungen des Grau in wechselnden farbigen Umfeldern beobachten können, so wirkt diese Farbe andererseits an verschiedenen Gegenständen, in verschiedenen sozialen und kulturellen Räumen sehr verschieden. Auch hier wird das Grau zum Medium seines jeweiligen Umfeldes.

Geht es um die sinnliche Erfahrung einer Farbe, so prägt diese Erfahrung unser Urteil über die entsprechende Farbe. Wo begegnen wir also dem Grau auf eine eindrucksvolle Weise, etwa in der Natur? Eine totale Konfrontation mit Grau entsteht bei dichtem Nebel, mit der Wirkung einer bis zur Hilflosigkeit führenden Situation.

Die eingeschränkte Sicht, die visuelle Orientierungslosigkeit, der Mangel an helldunkler und farbiger Formulierung des Umfeldes läßt den Befund, alles sei »grau in grau«, als äußerst unangenehm erfahren. Nicht nur auf die natürliche, auch auf die künstliche Umwelt kann eine solche Beschreibung des »grau in grau« gemünzt sein – etwa auf die Farblosigkeit und Monotonie der Großstädte. Damit wird eine derartige sinnliche Erfahrung zu einer abwertenden, negativen Redensart geformt.

Metaphorisches Grau

Jemand beschreibt sinnbildlich seine persönliche Situation als »grau in grau«, wenn er im Augenblick für seine Zukunft keinen »Horizont« sieht. Die sinnliche Erfahrung von einem dominierenden Grau in der Umwelt prägt sich offensichtlich als »undurchsichtig«, »monoton« und »trist« ein. So verwundert es nicht, daß derartige Empfindungen und Gefühle zur Bildung von sprachlichen Sinnbildern führen. In den Zitaten aus dem Brief an Goethe verwendet Runge für das Grau die Bezeichnung »unscheinend«. Interpretiert man dieses Urteil im Sinn von »unauffällig« und »unscheinbar«, so wird man an die Metapher von der »grauen Maus« erinnert, die einen Mitmenschen mit diesen Eigenschaften charakterisieren soll. Eine einflußreiche Persönlichkeit, die jedoch nach außen nicht in Erscheinung tritt – insofern also nur nach außen unscheinbar ist – wird als »graue Eminenz« bezeichnet. Auf dem »grauen Markt« werden undurchsichtige Geschäfte in einer »Grauzone« der Legalität gemacht. In »grauer Vorzeit« wiederum besagt, daß diese Zeit für den Betrachter nicht mehr »einsichtig« ist und daß die Verhältnisse dieser Zeit ungewiß scheinen. Vergleichbares deklamiert Mephisto im »Faust«: »Grau ist alle Theorie«. In den genannten Fällen steht das Grau für Ungewißheit und Uneinsichtigkeit. Die Redensart vom »grauen Alltag« soll nicht nur das »Trübe« und »Farblose« der Umwelt, sondern auch eine menschliche Grundstimmung bezeichnen, wie das bereits erwähnte »grau in grau«. So wird Grau als Sinnbild des »Unscheinenden« in vielerlei Varianten benutzt. Da ist manch einer versucht, die Last des »grauen Alltags« vergessen zu machen, indem er diesen Alltag mit Hilfe der sprichwörtlichen »rosa-roten Brille« umfärbt. Die Vorstellungskraft soll eine geschönte Welt vermitteln.

Will man durch eine konkrete rosa-rote Brille dieses Sinnbild in die Tat umsetzen, um so bei trübem, grauem Wetter die Umwelt auf das angenehmste eingefärbt zu sehen, wird diesem Vorhaben, genau wie dem gedanklichen, kein anhaltender Erfolg vergönnt sein: Zwar schlägt zunächst das trist empfundene Grau in eine rosa-rote Stimmung von Sonnenaufgang um; doch ist das nicht von langer Dauer; das Auge verweigert nach und nach diese monochrome Reizung und läßt schließlich nur Helldunkel-Sehen zu. Die Verdrängung der Wirklichkeit gelingt nicht; auch mit rosa-roter Brille sieht man die Umwelt wieder wie zuvor – grau.

Im Drang zur Vereinfachung von Urteilen, und dies besonders bei moralischen, findet das Grau zwischen dem lichten Gut und dem dunklen Bösen zunächst keinen Platz. In der Bewertung seiner Mitmenschen fällt man nur zu leicht in eine »Schwarz-Weiß-Malerei«. »Das Licht kam in die Welt, und die Menschen liebten die Finsternis mehr als das Licht, denn ihre Taten waren böse« (Johannes 3,19).

Wird jedoch zwischen Schwarz und Weiß ein differenzierteres Urteil gesucht, so kommt der als »grau« Bezeichnete auch nicht ungeschoren davon: Er ist der »Unscheinende«, der »Kraftlose«. So ist das Grau in der moralischen Werteskala die Farbe der »Lauheit«.

Die Vereinnahmung des Grau durch Abstraktion in Sprache und Gedanken scheint mit den genannten sinnlichen Erfahrungen eines beherrschenden Grau in unserer Umwelt in festem Zusammenhang zu stehen. Doch beobachten wir das Grau da, wo es uns in einem wechselnden Kanon von Farben begegnet, wird sein Ausdruck ebenfalls wechselnd sein. Das Urteil über die Wirkung des Grauen – im Verein mit anderen Farben etwa durch seine Anwendung in der Mode, in Malerei, Grafik und Design – bleibt weitgehend abhängig von der Situation, in der wir es antreffen. Demzufolge fallen diese Urteile mal positiv, mal negativ aus.

So kann man sich durchaus an einem grauen Gegenstand erfreuen oder an der Kontraststeigerung durch das Grau zu Gunsten einer anderen Farbe. Diese Verdienste der Farbe Grau reichen wohl nicht aus, um seinen negativen Eindruck zu verwischen, wenn es beherrschend in der Umwelt auftritt. Der sprachliche Gebrauch des »Grauen« mit all seinen abwertenden Beitönen läßt danach fragen, ob die Farbe das »verdiene«. Verargen wir es dem Grau, daß es uns die Farbigkeit und somit die Erfüllung unserer Wunschvorstellung von einer farbigen Welt vorenthält?

»Die Menschen empfinden im allgemeinen eine große Freude an der Farbe. Das Auge bedarf ihrer, wie es des Lichtes bedarf. Man erinnre sich der Erquickung, wenn an einem trüben Tage die Sonne auf einen einzelnen Teil der Gegend scheint und die Farben daselbst sichtbar macht.« (Goethe)[255]

Grautöne für eine farbige Welt

Doch werden wir dem Grau nicht gerecht, wenn wir, wie bislang, nur von dem »einen monochromen Grau« sprechen, dem Mittelpunkt der eingangs behandelten Farbkugel, in der sich alle Farbigkeit unerkennbar verborgen hält. Auf der Schwarz-Weiß-Achse dieser Kugel finden wir jedoch eine reichhaltige Skala vom hellen bis zum dunklen Grau. Man sagt, das Auge könne zwischen Schwarz und Weiß 30 bis 40 Tonstufen unterscheiden, die wir alle als »grau« bezeichnen. Sie sind es, die uns als ein differenziertes Helldunkel die Umwelt wahrnehmen lassen, die bis in alle Feinheiten eine dreidimensionale ist. Diese Grauskala beschreibt uns Licht und Schatten, Raum und Körper, die Beschaffenheit der Oberflächen und damit die Materialität der Körper. »Das Helldunkel macht den Körper als Körper erscheinen, indem uns Licht und Schatten von der Dichtigkeit belehrt.«[256]

Die Totalität des Grau durch dichten Nebel ist gegenüber dem tagtäglichen Helldunkelsehen die Ausnahmesituation. Das Erleben einer gestuften Palette von Grautönen hingegen kann uns auf das Höchste erfreuen: Etwa wenn wir in einer Gebirgslandschaft nach Sonnenuntergang, wenn alle Farbigkeit verschwunden ist, eine wohlgeordnete Skala von Grautönen erleben, von dunklen Schatten der uns nächstliegenden Bergsilhouette bis hin zur Helligkeit des im abendlichen Dunst liegenden Horizonts und dazwischen von Berg zu Berg, von Dunkel nach Hell die fein abgestimmten Graustufen.

Der Versuch, ein solches Bild der Natur zu analysieren, führt leicht dazu, daß wir von einer Skala von »Helligkeiten« sprechen und nicht von »Grautönen«. Obwohl damit das gleiche gemeint ist, verweist dieser Sprachgebrauch auf Präferenzen, die nachdenklich machen.

So werden auch die »unfarbigen« Bilder – wie Autotypien der Tageszeitung, Fotografien, Grafiken, Radierungen, Lithografien oder Reproduktionen von Gemälden – bevorzugt als »schwarz-weiße« Bilder bezeichnet und nicht als »graue«. Schlüssig begründet scheint das »Schwarz-Weiß« nur für diejenigen Bilder, die mit Hilfe eines Rastersystems »Schwarz auf Weiß« gedruckt sind und deren Grauwerte erst im Auge entstehen. Das heißt, daß ein Rastersystem von schwarzen Punkten, gedruckt auf weißem Papier, in bestimmter Größe und Dichte und bei entsprechender Entfernung vom Auge zu einem Grau verschmolzen wird. Das ist für uns insofern von Interesse, als durch Annäherung des Betrachters oder durch Benutzung eines Vergrößerungsglases das Grau wieder entmischt werden kann – zu einer Anordnung von schwarzen Punkten auf weißem Grund. (Vgl. hierzu *Bild 22*, S. 192a).

Die modernen Medien – Fotografie, Film, Fernsehen – haben eine Entwicklung vom schwarz-weißen zum farbigen Bild durchgemacht. Sicher hat dieser technologische Fortschritt den Spielraum der Gestaltung erweitert. Dennoch wird niemand ernsthaft behaupten, daß die heutigen Film- oder Fernsehproduktionen ihr künstlerisches Niveau der Entwicklung zum farbigen Bild verdanken. Vielmehr läßt sich die Ansicht vertreten, daß die Beschränkung auf das schwarz-weiße Bild mitunter allen Beteiligten, den Gestaltern wie den Empfängern, einen größeren Raum an schöpferischer Phantasie beläßt. Denn je dichter ein hochentwickeltes Medium mit seinen Möglichkeiten den Bedingungen der konkreten Umwelt nahe kommt, um so mehr verfällt es der Versuchung, diese nur zu imitieren.

In der Übersetzung der farbigen Welt in ein Bild aus Grautönen, in der sogenannten Schwarz-Weiß-Fotografie, läßt sich diese Welt durchaus ohne spürbare Mängel erkennen. Man wird in diesem Zusammenhang an die erwähnte Formulierung »im Grau sei die ganze Farbigkeit verborgen« erinnert. Es ist die Leistung des visuellen Gedächtnisses, beim Sehen der Grautöne eines solchen Fotos, die ursprünglichen Farben nicht zu vermissen. Und diese Leistung wird nicht dadurch gemindert, daß das Auge die Welt zuerst als eine Welt der Gegenstände interpretiert, in der die Form die Dinge erklärt. Doch die Farbe bestimmt die Form, insofern sie deren Begrenzungen markiert. Und das leisten wiederum stellvertretend die Grautöne für die Farbe.

Im übrigen, unsere Netzhaut ist darauf eingestellt, bei mangelhafter Beleuchtung das neuronale Helldunkel-System so zu aktivieren, daß die nicht mehr arbeitenden Farbrezeptoren ausreichend vertreten werden. Zwar sind bei Dämmerung, wie man sagt, »alle Katzen grau«, doch finden wir uns in einer »grau in grauen« Umwelt durchaus zurecht.

Von welch hoher Qualität diese Sehleistung ist, zeigt eine Untersuchung, die wir vor Jahren machten: Vorgelegt werden zwei gleichgroße rechteckige Bilder. Das erste besteht aus drei waagrecht angeordneten Streifen, von oben nach unten schwarz, mittelgrau und hellgrau; und das zweite Bild aus drei senkrechten Streifen, etwas kompakter als die ersten, von links nach rechts dunkelgrau, weiß und mittelgrau. Alle Befragten erkennen spontan die Vorlagen als Nationalflaggen, das erste Bild ohne Zweifel als die »schwarz-rot-goldene« Deutschlands. Das zweite Bild wird fast zu gleichen Teilen den Flaggen Frankreichs, Italiens und Belgiens zugeordnet. In der Tat sind die Grauwerte des belgischen Schwarz-Gelb-Rot und des italienischen Grün-Weiß-Rot dem Blau-Weiß-Rot der französischen Trikolore ähnlich, von welcher der Versuch ausgegangen ist.[257]

Das visuelle Gedächtnis verbindet mit einer jeden Farbe auch deren Grad an Helligkeit. So zeigt auch dieses Beispiel in überzeugender Weise die mediale Kraft des Grau, Farbe ausdrücken zu können.

Die Logik, mit der wir in einem »grauen Bild« die farbige Umwelt wiedererkennen, ist also nicht zuletzt in der Tatsache begründet, daß unsere

Augen mit dem Licht zweierlei Daten empfangen: Die Daten der Farbigkeit der Dinge um uns und die Daten ihres Helldunkels. So ist es bei der bildlichen Darstellung der Umwelt möglich, das Helldunkel von der Farbe zu trennen. Eine Minderung an Information kann dabei von Fall zu Fall eintreten. Der Verzicht auf Farbe kann jedoch auch zu einer Verdichtung der Aussage führen.

Ein weiteres Beispiel: Auf einem Schwarz-Weiß-Foto sind ein älterer und ein junger Mann wiedergegeben und die Haare der beiden sind von gleichem Hellgrau. Dennoch sind wir geneigt zu sagen, der Junge sei »blond« und der Alte »grauhaarig«. Es ist also nicht nur die Erfahrung der Haarfarbe uns bekannter Personen, sondern es ist vor allem die Erfahrung der Haarfarbe von Menschen generell, die das visuelle Gedächtnis farbbe-

grifflich geordnet speichert. Doch jegliche Bilddeutung ist eben eine »Deutung«, die in diesem Fall plausibel erscheinen läßt, daß ein Grau diese oder jene Farbe bezeichnet; Gewißheit gibt sie nicht.

Das graue »Guernica«

Die Malerei beweist, daß sich die Ausdrucksfähigkeit des Grau nicht nur auf eine stellvertretende Funktion im Dienste der Farben beschränkt. Für den Maler ist das Grau selbst eine Farbe, eine Farbe eigenen Ausdrucks. Eines seiner ganz großen Werke – groß an Bedeutung und groß in seinen

Ausmaßen – hat Pablo Picasso in Grautönen geschaffen: »Guernica« (1937).

Angesichts dieses erschütternden Bildes läßt sich nachempfinden, daß Picasso seinen ganzen Haß, seine ganze Auflehnung und seine ganze schöpferische Kraft gegen den Spanischen Bürgerkrieg Francos in Grau, Schwarz und Weiß zum Ausdruck bringt. Jegliche weitere Farbe bleibt ausgeschaltet, um die Dramatik des Werkes nicht durch Farbgenuß zu mindern. Ein Aufschrei alles Kreatürlichen mit einer Palette von Grautönen.

»Man kann wohl sagen, daß Picasso mit ›Guernica‹ zum ersten und vielleicht zum einzigen Mal seinem Expressionismus einen geschlossenen Ausdruck verliehen und damit ein Problem gelöst hat, das unlösbar schien: Ein Werk in eine klassische Form zu gießen, die zugleich von diesem Werk durch seine Dynamik an Inhalt und Form gesprengt wird.«[258]

Aus diesem großformatigen Werk Picassos (349,3 cm x 776,6 cm) haben wir einen Ausschnitt gewählt, der den schmerzvollen Aufschrei der gequälten Kreatur zeichenhaft zu verdichten vermag (*Bild 26,* S. 209).

Betrachten wir eine Zeitlang die verfremdete Figur in der erschreckend ausweglos erscheinenden Enge eines finsteren schwarzgrauen Raumes, so fällt auf, daß zwei weißgraue Flächen unseren Blick anziehen: Die Darstellung des Schreies und die lukenhafte Öffnung in diesem Zellenraum. Eine Öffnung, die den Blick in eine unbestimmte Ferne zu führen scheint. Die räumliche Darstellung der Zellenluke und die Richtung des Schreies deuten gen Himmel. Es mag sein, daß sich der Ruf der Verzweiflung nach oben gegen das Inferno der Bomben richtet. Aber auch – und gleichzeitig – kann der Aufschrei gegen Gott gerichtet sein – klagend und anklagend: »Mein Gott, mein Gott, warum hast du mich verlassen, bist fern meinen Schreien, den Worten meiner Klage?« (Psalm 22,2).

Das Bild kann den Sinn des Leides nicht »erklären«. Auch das Hiobbuch bringt kein »Lösung« dieser Frage. Alle Versuche der Freunde, Hiob zu erklären, warum seine Frau und seine Kinder gestorben sind und er Hab und Gut verloren hat, sind lediglich menschliche Projektionen: Weil Du gesündigt hast. Leid ist eben nicht Strafe Gottes für Sünde. Die zentrale Aussage des Hiobbuches ist vielmehr: Gerade im Leid bleibe in der Gottesbeziehung. Klage Gott dein Leid und klage ihn an – auch dabei erfährst du Gott. Der Satz am Ende der existentiell anrührenden Auseinandersetzung Hiobs mit Gott drückt die eigentliche Weisheit dieses alttestamentlichen Buches in Worten aus: »Vom Hörensagen nur hatte ich von dir vernommen; jetzt aber hat mein Auge dich geschaut« (Hiob 42,5).

Das Bild Picassos kann den klagenden, den Gott anklagenden Menschen, der in seinem Schreien Gott von Angesicht zu Angesicht sieht, aus dem Grau ins Licht holen. Ob die »Grau«-töne mit »grausam« oder mit »grau« zu tun haben, »Guernica« bringt durch die Grautöne seine unverwechselbare Botschaft.

Ein anderes Bild Picassos zeigt uns, daß die Ausdruckskraft der grauen Farbe nicht darauf beschränkt ist, Grausames darzustellen. In einem extremen Kontrast zu »Guernica« entsteht elf Jahre zuvor ein Bild von ausschließlich grauer Palette, das Picasso »Das Atelier einer Modistin« nennt. Wie der Titel es signalisiert, ist diese Komposition durch ein zartes Miteinander vielfältiger Graunuancen von froher Leichtigkeit. In der Spannung schwingender stofflicher Rhythmen mit den eingebundenen Formen weiblicher Figuren strahlt das Bild »grau in grau« eine sanfte Ruhe aus. Auch das vermag der Meister seiner Palette von grauen Farben zu entlocken.

Grau-sam

Sagt man, in »Guernica« werde die Grausamkeit des Krieges angeklagt, so wird einem die Zweideutigkeit des Wortes »grau-sam« bewußt. Fraglos ist »grau« polysemantisch geladen; so steht »gräulich« für »leicht grau«, aber auch im Sinne von »grauenhaft«. Oder wir finden die Aussagen wie »es graut der Tag« und »mir graut vor dem Tag« gleichklingend, dennoch sind sie sinnverschieden. Geht man dieser Mehrdeutigkeit des Wortstammes »grau« in einem etymologischen Wörterbuch nach, kann man feststellen, daß all die verwandten Worte, wie »Grauen«, »graulich«, »graulen«, »grausam«, ihrer Herkunft nach mit »Grausen« und »Greuel« in Verbindung stehen, aber nicht mit dem Farbadjektiv »grau«.
Ist also nachweislich die Herkunft unserer Farbbezeichnung »grau« unbelastet von allem »Grauenhaften«, so bleiben doch Zweifel, daß dieser Farbname gänzlich unberührt von dem negativen Gleichklang geblieben ist. Diese Zweifel lassen sich hier weder begründet belegen, noch lassen sie sich ausräumen. Ein jeder von uns mag nachsinnen, ob ihm beim Sehen oder Sprechen von »grau« Assoziationen kommen, die der Farbe Grau abträglich sein können.
Auf der Suche nach den historischen Wurzeln des Wortes »grau« stoßen wir auf eine andere gemeinsame Abstammung als die ursprünglich erwartete.

Das mittelhochdeutsche »gris« und das niederländische »griis« haben zugleich den Sinngehalt von »grau« und »alt« und finden sich in unserem heutigen Sprachgebrauch einerseits in der Farbbezeichnung »grau« und andererseits im Wort »Greis«. Die Erscheinung des im Alter ergrauten Haares gibt uns Hinweis auf die frühere Sinngemeinschaft.

Auch heute verbindet sich mit »Grau« ein hohes Lebensalter; das schlägt sich beispielsweise in Redensarten, wie »in Ehren grau geworden« nieder. Weiterhin läßt sich im Mittelhochdeutschen ein gemeinsamer Sinngehalt von »grau« mit »fahl« und »blaß« nachweisen und dieser ist heute noch gebräuchlich in der Redewendung »fahlgrau«, um etwa das Aussehen eines kranken, alten Menschen zu beschreiben. In diesem Sinne wird verständlich, daß die krankhafte Trübung der Augenlinsen »grauer Star« genannt wird. Nachzutragen ist, daß im etymologischen Wörterbuch unter den Vorstellungen, die das Adjektiv »grau« hervorruft, u.a. »öde« und »elend« genannt werden.

Auf der Suche nach Sinnverwandtschaften werden wir mit einer ganzen Palette von Begriffen konfrontiert, die unserem »Grau« nicht gerade ein vorteilhaftes Image verleihen. Bedenkt man die Verdienste dieser Farbe, welche sie in Theorie und Praxis des Malens auszeichnet – als Mitte und Mittlerin im Dienste aller Farben und nicht zuletzt als Farbe eigenen Ausdrucks –, so muß die »fahlgraue« Rolle, die sie im Verbalen zu spielen hat, nachdenklich machen.

Biblisches Grau

Was sagen biblische Texte mit »Grau« und über »Grau« aus? Wir finden »Grau« dort ausschließlich im Zusammenhang mit der Sinnverwandtschaft zu »Greis«, also mit der Haarfarbe des Alters, wieder: »Du sollst vor grauem Haar aufstehen, das Ansehen eines Greises ehren und deinen Gott fürchten. Ich bin der Herr« (Levitikus 19,32). »Auch unter uns sind Alte, sind Ergraute, die älter sind an Tagen als dein Vater« (Hiob 15,10). »Graues Haar ist eine prächtige Krone, auf dem Weg der Gerechtigkeit findet man sie« (Sprichwörter 16,31). »Fremde zehren an seiner Kraft, ohne daß er es merkt. Auch werden seine Haare grau, ohne daß er es merkt« (Hosea 7,9). Hier bezeichnet das Grau des Alters nicht allein – als sinnbildliches Grau – die Hinfälligkeit und das Vergängliche. Es wird auch zur »prächtigen Krone« eines gerechten Lebens und mahnt zur Ehrfurcht vor dem Alter.

Charakterloses Grau?

Kann man denn sagen, daß eine Farbe einen Charakter hat? Und woraus bestünde ein solcher? Vielleicht aus denjenigen Eigenschaften, über welche diese Farbe verfügt, und an denen es anderen Farben mangelt. Wenn aber Beständigkeit der Eigenschaften ein weiteres Merkmal für den Charakter einer Farbe ist, fällt es einem schwer, beim Grau derartige Eigenschaften auszumachen.

Ist also die vorgeführte Anpassungsfähigkeit des »Grau« an sein Umfeld und der damit verbundene Wechsel seines Ausdrucks ein Anzeichen von Charakterlosigkeit? Wir vermuten zunächst, daß die Frage nach dem Charakter einer Farbe eine falsche Frage ist; eine falsche Frage in Bezug auf die visuelle Wahrnehmung von Farben.

»Was leuchtend aussieht, sieht nicht grau aus. Alles Graue sieht beleuchtet aus«. (L. Wittgenstein)[259]

Diese These folgt der begrifflichen Logik, daß eine »geschwärzte« Farbe ihre Leuchtkraft verliert und somit das Grau als Mischung aus Weiß und Schwarz nicht leuchtend gesehen werden kann. Das gilt entsprechend für die Aussage »Grau ist farblos«, denn wenn die primären Farben in ihrer Mischung ihre Farbigkeit aufgeben und zu einem Grau werden, dann ist folglich das Grau farblos.

Doch die sinnliche Wahrnehmung unterliegt offensichtlich diesem kausalen Denken nicht. Denn ist das Grau von etwas umgeben, das keinerlei Leuchtkraft besitzt, beispielsweise dem Schwarz, so opponiert es und beginnt selbst zu leuchten. (Vgl. die *Bilder 23* und *24*, S. 198). Dann kann »Grau« nicht mehr als »unscheinend« bezeichnet werden. Und wenn das Grau in Nachbarschaft zu einer reinen Farbe steht, etwa Rot, so opponiert es und erscheint grünlich.

Das Grau ist also nicht »charakterlos«, wenn es einerseits leuchtend, andererseits nichtleuchtend gesehen wird und wenn es mal als farblos, mal als farbig erscheint. Die visuelle Wahrnehmung einer Farbe, hier des Grau, ist immer die Bewertung einer Relation, bezieht sich immer auf die Wirkung der Farbe in ihrer Relation zum Umfeld. Und unter den Farben ist die Kontextbindung beim Grau besonders ausgeprägt; ist das Grau doch Mitte und Medium aller Farben und des Helldunkels.

Grau – als Farbe der natürlichen wie der künstlichen Umwelt läßt die Menschen den Mangel an Farbigkeit erfahren:

EIN WETTER »GRAU IN GRAU«
DECKT DURCH WOLKEN, REGEN, NEBEL ALLES ZU,
WAS DER UMWELT FARBE GIBT.
VERMISST WIRD DAS BLAU DES HIMMELS.
DAS GRAU DER STÄDTE,
SO SIE BEHERRSCHT WERDEN VON DEN FARBEN
DER STEINE, DES BETONS, DES ASPHALTS,
VERSAGT IHREN BEWOHNERN DAS GRÜN DER NATUR.

GRAU –
DIE FARBE DES ÜBERGANGS ALS ANZEICHEN
DES VERGÄNGLICHEN.

DAS GRAU DER ABENDDÄMMERUNG
LÄSST DIE FARBEN DES TAGES, DES LICHTES VERSIEGEN,
GRAU IST DER ÜBERGANG ZUM SCHWARZ DER NACHT.

DAS GRAU DES SPÄTEN WINTERS
ZEIGT SICH IN SEINER BLASSEN KARGHEIT,
IM ÜBERGANG DER NATUR VOM WEISSEN WINTER
ZUM FRISCHEN GRÜN,
DEN ERSTEN FARBEN DER FRÜHLINGSBLÜTEN.

DAS GRAU, DAS FAHLE GRAU DER HAUT,
ALS ANZEICHEN VON KRANKHEIT UND ALTER,
VERLIERT DURCH MANGELNDE DURCHBLUTUNG
DIE NATÜRLICHE FARBE.

DAS ERGRAUTE HAAR
WIRD ALS ANZEICHEN DES ALTERNS ERFAHREN,
DURCH DEN VERLUST SEINER URSPRÜNGLICHEN FARBE –
SEI ES BLOND, BRAUN ODER SCHWARZ.

DAS GRAU DES STAUBES
VERDECKT JEDE FARBVIELFALT DER DINGE,
DIE SELBST MIT DER ZEIT ZU STAUB WERDEN.
DAS GRAU DES STAUBES IST AUSDRUCK
DES VERGÄNGLICHEN.

Diese verschiedenen Erscheinungen der Farbe Grau gehören zu den Grunderfahrungen des Menschen. Grunderfahrungen dieser Art sind das Material
aus denen Sinnbilder geformt werden, die dem Grau ein so ungünstiges
Image verleihen. Dazu kommt, daß die aus der unmittelbaren Wahrnehmung
entstehenden Metaphern einen Bumerang-Effekt auslösen. Denn die negativ
besetzten Grau-Sinnbilder beeinflussen wiederum die Bewertung der sinnlichen Wahrnehmung des Grau. Dieses Wechselspiel der Beeinflussung
von Wahrnehmung und Sprache bekommt keiner anderen Farbe so schlecht
wie dem Grau.
Zum Beispiel: Das Erlebnis des Morgengrauens, des Übergangs vom nächtlichen Dunkel zum Licht und zur Farbigkeit des Tages, mag uns überwiegend
als angenehm erscheinen. Dennoch kann eine solche Empfindung von der
Doppeldeutigkeit des Begriffs »Morgen-Grauen« unterschwellig begleitet
werden.

Die Farbe Grau

Soweit das Re-agieren auf die Farbe Grau. Das Agieren mit ihr läßt diese
Farbe in einem ganz anderen Licht erscheinen. Mit Agieren meinen wir:
ein bewußtes Beobachten, Analysieren, Differenzieren, Auswählen, kreati-
ves Umgehen mit dem Grau. Beispiele hierfür haben wir bereits genannt.
Es bleibt zu ergänzen, daß auf der Palette des Malers das Grau gegenüber
den anderen Farben seine Gleichberechtigung hat. Es ist Material der
Gestaltung – ohne jede negative Vorbelastung.
So kann das Grau im Ensemble anderer Farben dienende Funktion haben,
es kann zwischen diesen vermitteln, kann deren Intensität stärken oder
mindern, es kann sich dem farbigen Umfeld anpassen, es kann aber auch
simultane Kontraste erzeugen. Und was das Grau in besonderer Weise
auszeichnet, es besitzt keinen komplementären Partner des Gegensatzes.
»Das Grau ist eine Farbe ohne Gegenspieler.«[260] Denn es ist die Mitte
oder, wenn man so will, die Summe aller Farben.
Studiert man gerade die vielseitige Eigenständigkeit des Grau im kreativen
Einsatz, so fällt es einem schwer, sich mit der sprachlichen Benachteiligung
des »Grau« abzufinden. Auf der Palette des Malers jedenfalls hat es
gleichberechtigt mit den anderen Farben seinen Platz. Hier steht es nicht
im Schatten der Farbigkeit.

Gott in Farben sehen

»WIR HABEN IN UNSEREM LEBEN KEINE ANDERE AUFGABE,
ALS DAS AUGE DES HERZENS GESUNDEN ZU LASSEN,
MIT DEM WIR GOTT SEHEN KÖNNEN.«
Augustinus[261]

Das Urphänomen Farbe

Die Farben als Mittel der Verständigung bauen nicht wie die sprachlichen Zeichen auf eine festgefügte Konvention; sie besitzen keine grammatikalischen Gesetze und keine semantischen Regeln. Dennoch sind Farben als Zeichen von Botschaften verständlich, wenn sie dem, was sie bezeichnen, ähnlich sind, wenn sie mit dem Bezeichneten Gemeinsamkeiten haben.

So haben wir bei aller Ambivalenz und Widersprüchlichkeit von Farbdeutungen doch in den einzelnen Kapiteln erkennen können, daß wir über einen Grundkonsens der Bedeutung der Farben verfügen. Es sind besonders zwei Kriterien, welche die Farbe zu einem verständlichen Zeichen machen: Die Gemeinsamkeit der sinnlichen Erfahrung von Farben bei denen, die miteinander kommunizieren, und der Kontext, in welchem die Farbe als Zeichen gedeutet wird.

Farben, die weitgehend unabhängig von Zeit und Raum immer wieder einen Gegenstand oder einen Zustand charakterisieren, sind als Archetypen den Menschen verfügbar. Das umso mehr, wenn derartige Grunderfahrungen von Farben allgemein in bildliche wie sprachliche Darstellungen eingehen. Das trifft, wie wir sehen konnten, im besonderen Maße zu, wenn es um die elementaren Dinge der Schöpfung geht – auch um die Empfindungen, die diese beim Menschen auslösen und eine symbolische Wirkung entstehen lassen:

WEISS – das Licht des Tages, so auch des ersten Tages der Schöpfungsgeschichte, die Grundlage allen Lebens und Zeichen himmlischer Erleuchtung.

SCHWARZ – das Nichtlicht der Nacht, als Finsternis Ausdruck seelischer Verlassenheit und Not und Zeichen der Trauer.

WEIß UND SCHWARZ – kein farbiges Kontrastpaar wird so intensiv als sich gegenseitig bedingende Polarität erfahren wie diese beiden: als Tag und Nacht, als Licht und Schatten, sowohl als Erlebnis der natürlichen Umwelt als auch des seelischen Zustands.

ROT – die Farbe des Blutes und somit des Lebens, der Wärme, der Erregung und des Herzens. Als Farbe des Feuers wird das Rot wie auch das Orange erlebt.

BLAU – die farbige Erscheinung Himmel und die damit empfundene Ferne und Tiefe des Alls, aber auch die Farbe des Wassers. Obwohl Himmel wie Wasser als Objekte farblos sind, läßt uns die Eigenheit des Lichts das Mysterium des »blauen Himmels« und des »blauen Wassers« wahrnehmen.

GELB – die hellste der Spektralfarben steht dem Licht der Sonne am nächsten.

GRÜN – ist die Farbe des natürlichen Wachstums und wird generell als lebensspendende Natur erfahren. Es wird zum Zeichen der Naturbewahrung, der Hoffnung.

BRAUN – von uns nicht ausdrücklich als Kapitel behandelt – ist die Farbe der Erde, aus der selbst eine Reihe brauner Farbstoffe gewonnen werden. So drückt die Farbe das, was als Teil der Schöpfung materiell ist, aus.

GOLD – ebenfalls aus der Erde gewonnen, gilt als Farbe des Edelmetalles in den Augen der Menschen als etwas besonders Wertvolles. Sie findet als »heilige Farbe« in den byzantinischen Mosaiken, den Ikonen und Gemälden des Mittelalters ihre Verehrung.

GRAU – die Farbe des Überganges zwischen Tag und Nacht, auch die des farblosen Tages unter verhangenem Himmel. Das »Grau in Grau« der Umwelt kann auch als Zustand des Gemüts empfunden werden.

Damit haben wir eine breite Palette von Farben behandelt, die seit eh und je von den Menschen in natura wahrgenommen werden. Als Zeugnisse der Schöpfung haben diese farbigen Ereignisse auch immer auf den Schöpfer selbst verwiesen. Das heißt, die sichtbare Wirklichkeit wird zum Zeichen für den Unsichtbaren. Folglich scheinen farbige Zeichen, die sich auf eine solche farbige Wirklichkeit beziehen, wie geschaffen, über Gott zu sprechen: »Denn Gottes unsichtbares Wesen, das ist seine ewige Kraft und Gottheit, wird ersehen seit der Schöpfung der Welt wahrgenommen in seinen Werken« (Römerbrief 1,20).

Um mit diesem archetypischen Fundus an sinnlicher Wahrnehmung und deren Gestalt als farbige Zeichen unmißverständlich kommunizieren zu können, ist auch das zweite Kriterium der Verständigung mit dem Mittel der Farben zu berücksichtigen: Der Kontext, in dem diese benutzt werden.

Sinndeutung der Farben im Kontext

Unter »Kontext« verstehen wir ganz allgemein den Zusammenhang, in welchem Farben als Verständigungsmittel benutzt werden können. Solche Zusammenhänge bestehen in der Beziehung einer Farbe zu anderen Farben oder zu verbalen Zeichen, der Beziehung zu ihrer Bedeutung (die wir gerade behandelt haben) und ihrer Beziehung zu den Menschen, die miteinander kommunizieren, zu deren Vorverständnis und deren Motivation.

Für die Verknüpfung solcher Zusammenhänge ist bereits ein Zeichen eingeführt: Die bestimmte Anordnung der sechs Farben des Spektrums in einem kreisförmigen Bogen stellt das Bild eines Regenbogens dar – kraft seiner Ähnlichkeit mit der menschlichen Erfahrung des wirklichen Ereignisses. Die Farben des Regenbogens können den Menschen, die über den Sinn des Zeichens meditieren, Eingang zu dem Urerlebnis der Schöpfung verschaffen: Der Schöpfung der Farben aus dem farblosen Licht.

Damit soll gesagt sein, daß ein farbiges Zeichen, wie andere Zeichen auch, selten isoliert erscheint. Vielmehr wird erst aus einem Ensemble von Farben und Formen eine Botschaft formuliert. Diese Farben und Formen verfügen über ein mehr oder weniger großes Maß an Ähnlichkeit mit dem Dargestellten und das dargestellte Objekt – hier das Naturphänomen »Regenbogen« – ist wiederum ein Teil der visuellen Erfahrung der Menschen, die mit dieser Darstellung umgehen.

Soll das Zeichen »Regenbogen« dazu dienen, den Bogen der Verständigung zwischen Gott und den Menschen zu thematisieren, so muß erwartet werden, daß die Beteiligten religiös motiviert sind und daß ihnen der Ausdruck farbiger Zeichen nicht völlig fremd ist.

Das Beispiel der farbigen Massai-Bibel der Sr. Katharina Kraus (Kapitel »Rot«, S. 80a) unterstreicht sehr eindringlich, daß diese beiden Voraussetzungen – das Vertrautsein mit farbigen Zeichen und das Interesse an den durch diese vermittelten Inhalte – die verbal-sprachlichen Barrieren über-winden. Darüber hinaus zeigt dieses Beispiel, daß die Künstlerin selbst in der Schaffung dieser Bilder eine neue Dimension ihrer Gottesbeziehung gewinnt.

Zum Umgang mit farbigen Zeichen

Die Berichte des Neuen Testamentes sind angereichert mit einer Fülle bedeutungstiefer »Sinnbilder«, die, wenn wir sie hören oder lesen, »Vor-stellungsbilder« in uns wecken. Diese Bilder unserer Vorstellungskraft werden wiederum oft von uns bekannten biblischen Darstellungen – also von konkreten Bildern – beeinflußt. Es sind nicht zuletzt die Worte der Bibel, die in uns so zu Bildern werden.

Diese Wechselwirkung von Wort und Bild ist uns bekannt aus der vielfältigen Geschichte der Malerei religiöser Motive. Wir haben hiervon einige Bei-spiele wiedergegeben (Bilder von Grünewald, Rembrandt, Chagall, van Gogh, Nolde). Bilder bestehen – materiell gesehen – aus Kompositionen von Farben und wir versuchen, die Ausdruckskraft der Farbe zu nutzen, um somit für das Gespräch über Gott eine zusätzliche, eine vertiefende Dimension zu finden. Um dafür eine anschauliche Grundlage zu bieten, haben wir die Ganzheit der genannten Bilder auf einen Ausschnitt, einen sinntragenden Farbklang reduziert (vgl. die *Bilder* auf den Seiten 24a, 54, 104b, 112b, 120b, 209).

Bei der Rezeption eines Bildes tritt die Übersetzung ins Verbale zurück. Das Bild ist nicht mehr ein Werk bildhafter Erzählung, es wird vielmehr zum Gegenstand der Farbempfindung, der sinnlichen Wahrnehmung. Das reduzierte Bild fordert auf, uns für unsere Empfindungen zu öffnen, sie zu deuten und die spezielle Botschaft zu empfangen.

Doch gehen wir einen Schritt weiter: Die Aussagekraft der Farbe, ihre archetypische, ihre symbolische, aber auch ihre konventionell verursachte Wirkung zu erfahren, will durch eigenständigen Umgang mit der Farbe erprobt werden. So empfiehlt es sich, in Gruppen ein bestimmtes Thema mit unterschiedlichen Materialien in Farbe auszudrücken und nach getaner Arbeit darüber zu sprechen.

Materialanregungen können dazu einige unserer Bildbeispiele geben: Das Malen mit Pinsel und Farbe oder Farbstiften (vgl. *Bild 9,* S. 88a und *Bild 20,* S. 168b) oder Kleben von gerissenen bzw. geschnittenen Farbpapieren zu einer Bildcollage (vgl. *Bild 18,* S. 160a). Verfügt man über einen Farbcomputer, kann auch in einer Gruppe an einem Computerbild gemeinsam gearbeitet werden, wobei jeder Beteiligte den Prozeß der Gestaltung mit beeinflussen kann. Auch mit Hilfe der Elektronik können wir malend über Gott und seine Schöpfung reden (vgl. *Bild 19,* S. 168a).

Man mag einwenden, daß einem für solche gestalterischen Vorhaben die Kenntnisse fehlen. So benötigen doch unsere Kinder eine Reihe von Jahren, um die Kulturtechniken des Schreibens und Lesens zu erlernen, und auch das Erlernen des Umgangs mit Farben benötigt eine entsprechende Zeit. Doch besteht zwischen den beiden Mitteln der menschlichen Verständigung ein wesentlicher Unterschied: Die Schrift besteht aus willkürlich gewählten und konventionalisierten Zeichen, die mit dem, was sie bezeichnen, keinerlei Gemeinsamkeit haben; hingegen besitzt das Zeichen Farbe eine Ähnlichkeit mit dem, was es darstellt. Vermittelt doch unser Sehsystem mit Hilfe farbiger Lichtsignale die »Bilder der Welt«, wie auch die Bilder von diesen Bildern.

Das Farbensehen und -deuten ist bereits mit der Geburt angelegt und der gestalterische Umgang mit Farbe ist dem Kind geläufig. Die spontan geäußerte Farbenpracht in den Bildern, die in Kindergärten und Vorschulen entstehen, beweisen das. Später jedoch wird die bildlich-visuelle Kommunikation durch die verbale überlagert. Die Vernachlässigung der Ausbildung der sinnlichen Wahrnehmungskapazitäten des jungen Menschen und seiner kreativen Anlagen ist allenthalben zu beobachten. Das stellt auch eine Arbeitsgruppe der Deutschen Bischofskonferenz in Bezug auf die theologische Aus- und Weiterbildung fest. Der Bericht darüber trägt einen Titel, den man als Appell verstehen kann: »Sensibilisieren«.[262]

Eine solche Mobilisierung der Sinne fordert bereits vor mehr als 300 Jahren Johann Amos Comenius als elementares Anliegen schulischen Lehrens und Lernens – auch als Grundlegung »zu allen klugen Lebensverrichtungen«: Wissen, Tun und Reden setze voraus, daß »die sichtbaren Sachen den Sinnen recht vorgestellt werden…«. »Es ist nichts im Verstand, wo es nicht zuvor im Sinn gewesen… was von den Schulen insgemein vernachlässigt wird.«[263]

Vor dem Erlernen also des Lesens und Schreibens steht die sinnliche Erfahrung der sichtbaren Welt – nach Comenius ist hierbei das Unsichtbare einbezogen. Die Vertiefung der Fähigkeit zu unmittelbarer Wahrnehmung der Welt, zur mittelbaren durch Bilder dieser Welt und das eigenhändige Malen solcher Bilder sind das »Vorspiel« zum »Verstand-Schulen«. Diese »Vorschul-Didaktik« des Comenius hat bis heute nichts an Aktualität eingebüßt.

Hat man sich erst einmal darauf eingelassen, die im Inneren verborgene Farbvorstellung auch nach außen malend auszudrücken, wird man die

Erfahrung machen können, daß sich damit wiederum die bildhafte Vorstellungskraft verstärkt. In dieser Wechselwirkung von Farbvorstellung und ihrer Verwirklichung bildet sich das Ausdrucksvermögen, um »Gott in Farben sehen« zu können.

Wir hoffen, dazu Anregungen und Einblicke vermittelt zu haben, wenn auch die Vermittlung unseres Anliegens durch die Zwänge des Mediums Buch überwiegend in Worten abgefaßt ist.

Und nochmals: Der Regenbogen

Wie spröde, wie arm an Sinn und Sinnlichkeit steht das Wort »Regenbogen« und dagegen sein Anblick wie »überaus schön und herrlich ist er« (Sirach 43,11). Vom Standpunkt des jeweiligen Betrachters gesehen: ein immer anderer Regenbogen. Doch seine Merkmale sind immer die gleichen: Der kreisförmige Bogen mit den Streifen der Spektralfarben in immer derselben Anordnung bestätigt von Mal zu Mal seine Identität. Das Mysterium Regenbogen – vom himmlischen Licht gezeugt, aber erst im Kopf des Menschen verwirklicht – ist kein konkretes Objekt und dennoch ein ästhetisches Ereignis, das den Menschen etwas mitteilt.

So die göttliche Botschaft: »Das ist das Zeichen des Bundes« (Genesis 9,11). Haben wir eingangs die aus dem farblosen Licht vermittelten Farben des Regenbogens einzeln entfächert, so fügen wir sie jetzt wieder zusammen: zu farblosem Licht. Bei aller schillernden Gegensätzlichkeit fügen sich die Spektralfarben dem optischen Gesetz der Physik, sie werden eins unter Aufgabe ihrer Eigenheiten in der Helligkeit des Lichts.

»Das Licht sehen – das ist eine Methapher für das Anschauen des Unsichtbaren im Sichtbaren.«[264]

DAS LICHT WURDE AM ANFANG.

DAS LICHT BIRGT JEGLICHE FARBE

UND FARBE ZU FARBE WIRD LICHT.

DAS LICHT SETZT SCHATTEN,

DIE DER WELT KONTUREN GEBEN.

DAS LICHT BRINGT UNS ERLEUCHTUNG.

UND

»ALLES ERLEUCHTETE ABER IST LICHT« (EPHESER 5,14).

Ausblick:
Glaubenlernen
in Farben

Die Möglichkeiten des Menschen, »Gott in Farben zu sehen« und zu erfahren, stellen für religiöse Bildungsprozesse eine grundlegende Herausforderung dar.

In diesem Ausblick wollen wir einen von vielen möglichen praktischen Wegen, Gott in Farben zu sehen, aufzeigen.

Katechese ist Antworthandeln auf das vorgängig bereits geschehene kommunikative Handeln Gottes mit den Menschen, sie ist als Dialoggeschehen zu definieren. Johann Baptist Hirscher hat in seiner »Katechetik« 1836 großen Wert darauf gelegt, daß Katechese einerseits »Mitteilung des Wortes« und andererseits »Vollziehen des Wortes« sei. Die Gestaltung dieser Mitteilung des Wortes Gottes ist eine Aufgabe der Katechese. Sie darf sich dabei keineswegs allein auf die Verbalisierung des »Wortes« beschränken, sondern sie muß die vielgestaltigen Wahrnehumungsmöglichkeiten des Menschen realisieren.

Beispielhaft für eine über die Verbalisierung hinausgehende Mitteilung des Wortes sind die mittelalterlichen Kirchenfenster, die oft auch als »Bibel der Armen« bezeichnet werden.

Die Bedeutung der visuellen Fassungskraft und Symbolfähigkeit für die »Mitteilung des Wortes«, sowie die Reaktion darauf, wird in der Religionspädagogik hoch eingeschätzt. So sind Bildmeditationen und -predigten nicht unüblich. Oft werden Bilder bei besonderen Anlässen mit thematischen Zuspitzungen wie etwa Hochzeit, Beerdigung, Erstkommunion oder Konfirmation gewählt. Im Gegensatz zu Farbenpredigten geht es jedoch bei solchen Bildinterpretationen um Bildgestalten, während es den Farbpredigten vielmehr auf die Wirkung der Farbe oder der Farben eines Bildes ankommt.

Diese Konzentration auf Farben geht über die übliche Bildbetrachtung,

Bildmeditation, Bildbeschreibung usw. insofern hinaus, als dieser Weg spezifisch für die Farbsymbolik sensibel machen möchte.

Daß Farben aus sich selbst wirken, ohne daß sie in konturenhafte Zeichnungen integriert sein müssen, zeigt sich an den Beispielen, die wir für die einzelnen Farben ausgewählt haben. Für die Erschließung solcher Bilder kommt es also – und das ist das Entscheidende – auf die Wahrnehmung der Ausdruckskraft und der Symbolisierung der Farben an, ohne die Gesamtkomposition und einzelne Gestalten des Bildes deswegen auszublenden.

Farbenpredigten wollen nicht andere Wege der Bildpredigt verdrängen, sie setzen jedoch einen anderen Schwerpunkt: Entscheidend ist an ihnen die authentische und spezifische Farbwirkung, die bei den einzelnen Betrachterinnen und Betrachtern Erkenntnisprozesse auslöst.

Praktische Probleme, die sich aus diesem Weg des Farbensehens in Gottesdiensten oder in Gruppen ergeben, stellen sich vor allem im Bereich der Darstellung der Bilder. In großen Kirchen ist auf eine Projektionswand zurückzugreifen, die von der Rückseite her bestrahlt werden kann. Denkbar ist langfristig aber auch, daß sich Gemeinden ein Heft mit Farbtafeln zusammenstellen, das für einzelne Teile des Gottesdienstes oder für spezifische Themen aufgeschlagen wird.

Die Erfahrung zeigt, daß nicht nur in der Predigt, sondern in allen Bereichen religiösen Lehrens und Lernens Farben tiefe Eindrücke hinterlassen und die Bilder den Alltag weiterbegleiten. Genauso wie ein Text aus der Bibel für Menschen zum Lebensprogramm werden kann, so gibt es auch Farbbilder, die den Alltag begleiten.

Farbsymbole in der Praxis

Eine eindrucksvolle Anleitung zur Wahrnehmung von Farben haben M. Blechschmidt, E. Kaufmann und M. Fackler entwickelt, auf die wir uns im folgenden beziehen:[265]

Eine Palette farbiger Tücher – braune, gelbe, grüne, weiße, rote, blaue und schwarze – sowie weiße Seile werden ausgelegt.
Ich sitze mit 16 Eltern, die ihre Kinder zur Erstkommunion begleiten in einem großen Kreis.
Es geht um das Thema »Wer ist dieser Jesus?«
Wir legen braune Tücher zu einem TOR, durch das Jesus kommt. Die Grunderfahrung TOR taucht in brauner Farbe auf.

Wo stehen Tore? Wohin kommen wir? Durch welche Türen und Tore gehen wir? Haben Tore für unsere Kinder eine Bedeutung? Geburt – Tor in diese Welt; Tod – das Tor, das uns ängstigt: Ich muß die Welt verlassen; Kinder entdecken Türen, um hinaus zu gehen, dahinter zu schauen. Im symbolischen Vollzug »braunes Tor« wird die Erfahrung des Hauses vorbereitet.

Wir legen ein gelbes Tuch in den Kreis, es symbolisiert das Haus.

Das helle Haus erzählt uns von der Gemeinschaft, dem Frieden, der Familie und der Gastfreundschaft, vom Teilen und Füreinander-dasein. Es erzählt uns von der Tischgemeinschaft. Das wurde am ersten Abend angesprochen. Nochmals müßte behutsam und einfühlsam erinnert werden, daß unsere Häuser nicht immer so sind; und dennoch ist die Sehnsucht danach in uns.

Mit einem braunen und einem grünen Tuch entsteht ein Baum im großen Kreis der Eltern.

Der BAUM spricht uns anders an als das TOR und das HAUS. Er ist lebendig. Er spricht vom Leben, vom Wachsen und Reifen, vom Fruchttragen und vom Sterben. Einen kleinen Baum muß man schützen. Er kann Generationen überdauern und erzählt von jenen, die ihn gepflanzt haben, ein Zeichen der Erinnerung und Hoffnung. Kinder klettern gern auf Bäume, sie wollen größer werden, hoch hinaus; sie zeigen ihre Lebenskraft. Das bekannte Wort: »Was würdest Du tun, wenn Du heute sterben müßtest?« »Ich würde einen Baum pflanzen.«

Das TOR, der BAUM, das HAUS in unserem Kreis sind Zeichen und Stationen unseres Lebens.

Wir legen mit den weißen SEILEN einen Weg. Es ist der Weg Jesu in die Stadt und es ist der Weg des Zachäus zu Jesus.

Die *Jesuskerze*, das helle Licht wird entzündet und in das TOR gestellt.

Zachäus hat von Jesus schon gehört. Er möchte gern sehen, wer dieser Jesus ist. Doch da er klein ist, kann er nicht über die vielen Menschen hinweg sehen. Denn um Jesus sind viele Menschen, eine ganze Menschenmenge. Das sind jene, die Jesus gesund gemacht hat und die ihm jetzt folgen. Jesus macht die Traurigen froh. Von Jesus geht eine gute Kraft aus. Seine Worte geben den Menschen Freude und Mut. Alle wollen ihn sehen, hören und anrühren.

So versucht auch Zachäus, Jesus zu sehen. Wer ist dieser Jesus? Doch da er klein ist, vermag er ihn wegen der vielen Menschen nicht zu sehen. So läuft Zachäus voraus und klettert auf einen Baum am Weg, wo Jesus vorbei kommen muß. In Zachäus ist ein großer Wunsch aufgewacht, eine Sehnsucht, die wächst wie ein Baum: Ich möchte Jesus sehen! Er streckt sich dem Licht entgegen. Er wartet – wie der Baum. Er schaut nach Jesus aus. Da kommt er.

Die *Jesuskerze* wird zum BAUM getragen.

Als Jesus an die Stelle kommt, schaut er hinauf und ruft: »Zachäus, komm schnell herunter, denn heute muß ich in Deinem Haus zu Gast sein!« Da steigt Zachäus schnell vom Baum herunter und nimmt Jesus mit Freude in sein Haus auf.

Die *Jesuskerze* wird ins HAUS getragen.

Wir können alle unsere Arme öffnen; wie ein offenes Haus. Zachäus öffnet sein Haus, er nimmt Jesus bei sich auf. Jesus kehrt bei ihm ein. Zachäus und Jesus, sie sitzen zusammen am Tisch. Brot auf einem weißen Tuch wird in das HAUS getragen. Sie haben Tischgemeinschaft miteinander.

Das Brot auf dem Tuch wird geteilt und so gebrochen hingelegt. Und wo ich zuviel genommen habe, gebe ich es vierfach zurück; da sagt Jesus zu ihm: »Heute ist diesem Haus das Heil geschenkt worden, weil auch er ein Sohn Abrahams ist. Heute ist es in Deinem Haus hell geworden.« »Denn ich bin gekommen, um zu suchen, was verloren war.« »Ich bin gekommen; um Dich zu suchen.«

Die biblische Szene formt sich in den farbigen Tüchern. Die biblische Situation gibt der jeweiligen Farbe einen symbolischen Gehalt. Die biblische Szene erhält visuelle Wahrnehmung mit hoher Sinnlichkeit; wieder und wieder fangen die Menschen bei einer solchen Katechese an, gerührt und offen über ihr eigenes Verhältnis zu Gott zu sprechen, und sogar ihre Farbeindrücke in Gebete zu fassen.

Gott in Farben malen

Die intensiven Lehr- und Lernprozesse, die zustande kommen, wenn Menschen ihren eigenen Glaubensweg malen, haben wir schon in vielen Kursen, Schulklassen und Seminaren sehen können. Wenn Menschen beginnen, das, was sie als Gottesbeziehung in sich selbst spüren, in Farben auszudrücken, dann kommen überraschende, bisweilen sehr beeindruckende Farbkompositionen zustande. Es zeigt sich, daß die entsprechenden individuellen Zugänge zu Bildern für persönlich bedeutsames Glaubenslernen ganz besonders wichtig sind.

Die Gestaltung von Farbkompositionen als Ausdruck der Gottesbeziehung ist in verschiedenen Handlungsfeldern möglich. Wenn eine Gruppe die Möglichkeiten der Farbgestaltung nutzt, machen Menschen in der Regel intensive Erfahrungen, die über die Rezeption von Farben in Bildern hinausreichen; durch selbstgestaltete Farbkompositionen kommt persönliche Betroffenheit zustande. Dieser Weg der Farbgestaltung und Farberfahrung in Gruppen eignet sich als Beginn eines Lernprozesses, aber auch als Verdichtung und Höhepunkt oder als Zusammenfassung. Da es dabei immer auch um die Aktivierung von psychischen Tiefenschichten geht, die in solche Gestaltungen mit Farbe eingehen, sollten entsprechende Prozesse nicht mit Menschen, die psychisch instabil sind, unternommen werden.

In der Regel sind aber die in Schulklassen, in der Jugendarbeit oder in der Erwachsenenbildung gegebenen Möglichkeiten nicht so intensiv, daß Gefahren entstehen. Wenn man von vornherein solche Lernprozesse nur unter dem Aspekt der Gefährdung sieht, würde dies solche Prozesse stören und letztlich unmöglich machen.

Anhang

Anmerkungen

1 J.W.v. Goethe, Zur Farbenlehre – Didaktischer Teil, Einleitung, 14.
2 H. Biedermann, Art. Regenbogen, in: Knaurs Lexikon der Symbole, 358.
3 J.W.v. Goethe, Zur Farbenlehre – Didaktischer Teil, § 896.
4 Ebd. § 810.
5 Ebd. § 814. Könnte man die beiden Streifen auf der Außen- und auf der Innenseite des Regenbogens, das Rot und das Violett, zueinanderführen, so würde fraglos in dem Bereich des Übergangs zwischen den beiden Farben auch das Purpurrot erscheinen. Goethes Problem des mangelnden Purpurs im Regenbogen haben wir heute nicht.
6 R.L. Gregory, Auge und Gehirn, 16. Nach diesem Zitat geht Gregory offensichtlich von 5 Spektralfarben aus.
7 Aus Heisenbergs Vortrag ›Zur Geschichte der physikalischen Naturerklärung‹.
8 Hierzu Carl Friedrich von Weizsäcker: »Newton läßt die Farbe im Licht enthalten sein, während Goethe sie erst aus der Polarität von Licht und Dunkel hervorgehen läßt.« (aus dem Geleitwort zu E. Heimendahl, Licht und Farbe.) Der Farbenphysik Newtons unterlegen, hat man die Metaphysik der Farbenlehre Goethes auch als »Farbentheologie« bezeichnet – so A. Schöne, Goethes Farbentheologie.
9 J.W.v. G., Geschichte der Farbenlehre, 1. Teil, 154.
10 J.W.v. Goethe, Zur Farbenlehre – Didaktischer Teil, Einleitung, 14.
11 Vgl. St.W. Hawking, Eine kurze Geschichte der Zeit, 227f.
12 J. Itten, Kunst der Farbe, 8.
13 Ebd.
14 Immanuel Kant, Kritik der reinen Vernunft, 120.
15 Zit. nach A. Schöne, Goethes Farbentheologie, 8.
16 Ebd. 22.
17 Ebd. 88.
18 Eine repräsentative Ausstellung seiner Bilder war 1981 in der Nationalgalerie Berlin zu sehen.
19 Zit. nach H. Denzer, Christliche Religion – Zeichen unter Zeichen, 43.
20 Das große Lexikon der Malerei, 271.
21 Zit. nach H. Küppers, Harmonielehre der Farben, 231.
22 Vgl. E. Heimendahl, Licht und Farbe, 42.
23 Die Polarität von Schwarz und Weiß und die These, die von Aristoteles bis zu Goethe vertreten wurde, daß diese beiden die Urheber aller Farbigkeit seien, hat die Verfasser bewogen, beide Farben als ein Paar den anderen, im einzelnen zu behandelnden Farben, voranzustellen.
24 J.W.v. Goethe, Zur Farbenlehre – Didaktischer Teil, § 38.
25 Ebd. § 16.
26 J.W.v. Goethe, Geschichte der Farbenlehre, 2.Teil, 40.
27 J.W.v. Goethe, Zur Farbenlehre – Didaktischer Teil, Einleitung 14.
28 Vgl. das Kapitel ›Visuelles Denken‹ in: G.Braun, Grundlagen der visuellen Kommunikation, 178-184.
29 L. Wittgenstein, Bemerkungen über die Farben, 78.
30 J.W.v. Goethe, Zur Farbenlehre – Didaktischer Teil, § 3.

31 Vgl. das Kapitel ›Blickraum‹, in: G.Braun, Grundlagen der visuellen Kommunikation, 188f.
32 J.W.v. Goethe, Zur Farbenlehre – Didaktischer Teil, 150.
33 Ebd. § 151.
34 Vgl. E. Heller, Wie Farben wirken, 89 ff. und 145 ff.
35 Zit. nach I. Riedel, Farben in Religion, Gesellschaft, Kunst und Psychotherapie, 160.
36 Zit. nach: B. Klie, Der große Konkurrent, Sendung des Deutschlandfunks, 15.5.1994.
37 J. Klepper, in: J. Zink, Die Mitte der Nacht ist der Anfang des Tages, 33.
38 H. Nixdorf/H. Müller, Weiße Westen – Rote Roben, 87.
39 J.W.v. Goethe, Zur Farbenlehre – Didaktischer Teil, § 843.
40 Diesen aufschlußreichen Brief Runges – gezeichnet Wolgast den 3.Juli 1806 – gibt Goethe zum Abschluß des ›Didaktischen Teils‹ seiner Farbenlehre als ›Zugabe‹. J.W.v. Goethe, Zur Farbenlehre – Didaktischer Teil, 192f.
41 Aus seinem Buch mit gleichnamigem Titel, 9.
42 J. Zink, Die Mitte der Nacht ist der Anfang des Tages, 33.
43 Großer Sonntags-Schott für die Lesejahre A-B-C, 214-216.
44 Vgl. W. Groß, K.-J. Kuschel, Ich schaffe Finsternis und Unheil, 11-60, bes. 214-218.
45 W. Kandinsky, Über das Geistige in der Kunst, 96.
46 Ebd. 98.
47 Zit. nach B. Klie, Der Große Konkurrent, Sendung des Deutschlandfunks, 15.5.1994.
48 Nelly Sachs, Fahrt ins Staublose, 309.
49 Andrzej Szczypiorski, Den Schatten fangen, 22f.
50 Nach B. Klie, Der Große Konkurrent, Sendung des Deutschlandfunks, 15.5.1994.
51 J.W.v. Goethe, Zur Farbenlehre – Didaktischer Teil, § 865.
52 Ebd. § 862.
53 Ebd. § 841.
54 Farbig lavierte Feder-und Kreidezeichnung, Haarlem, Teyler-Museum.
55 H. Biedermann, Art. Rot, in: Knaurs Lexikon der Symbole, 367.
56 E. Heller, Wie Farben wirken, 51.
57 Die dargestellte Analogiekette von Begriffen ist beispielhaft für die Bildung eines Symbols.
58 Vgl. das Buch III des Romans, Kapitel VIII.
59 Vgl. H. Küppers, Theoretische Grundlagen der Farbgestaltung, 20f.
60 E. Drewermann, Schneeweißchen und Rosenrot – Psychoanalytische Deutung, 25.
61 Ebd.
62 Ebd.
63 J.W.v. Goethe, Zur Farbenlehre – Didaktischer Teil, § 774.
64 Ebd. § 776.
65 Ebd. § 775.
66 Vgl. E. Heller, Wie Farben wirken, 20.
67 J.W.v. Goethe, Zur Farbenlehre – Didaktischer Teil, § 798.
68 Vgl. I. Riedel, Farben in Religion, Gesellschaft, Kunst und Psychotherapie, 41.
69 Theologisches Wörterbuch zum Alten Testament, Bd. II, 249.
70 Vgl. ebd. 250.
71 Ebd. 249.
72 Ebd. 252.
73 Vgl. ebd. 253.
74 Lexikon der Ägyptologie, 124.
75 E. Wunderlich, Die Bedeutung der roten Farbe im Kultus der Griechen und Römer, 8.
76 Theologisches Wörterbuch zum Alten Testament, Bd. II, 254.
77 Vgl. ebd. 255.
78 Ebd. 261f.
79 Vgl. H. Nixdorf/H. Müller, Weiße Westen – Rote Roben, 112.
80 Vgl. ebd. 114.
81 Ebd. 187.

82 Vgl. ebd. 115.
83 J.W.v. Goethe, Zur Farbenlehre – Didaktischer Teil, § 797.
84 Ebd. § 791.
85 Ebd. § 796.
86 E. Heimendahl, Licht und Farbe, 75.
87 E. Heller, Wie Farben wirken, 61f.
88 J.W.v. Goethe, Zur Farbenlehre – Didaktischer Teil, § 75.
89 Im Kapitel ›Grün‹ wird das Spannungsverhältnis Rot-Grün weitergehend behandelt.
90 Solche Versuche sind deswegen nicht zur Nachahmung empfohlen, weil das Sehsystem dadurch stark belastet wird.
91 Vgl. J.W.v. Goethe, Zur Farbenlehre – Didaktischer Teil, Einleitung, 14.
92 Übersetzung von F. Stier.
93 J.W.v. Goethe, Geschichte der Farbenlehre, 1. Teil, 29.
94 Die Massai-Bibel, Tafel 16.
95 Die Massai-Bibel, 12f (Text von G.Miller).
96 Ebd. 13.
97 M. Chagall/K. Mayer, Ich stelle meinen Bogen in die Wolken, Bd. 2, 16.
98 J. Itten, Kunst der Farbe, 88.
99 B.L. Whorf, Sprache, Denken, Wirklichkeit, 9.
100 Novalis, Ausgewählte Werke, 138ff.
101 Zit. nach: Der Schleier vor der Welt – Blau, Sendung des Deutschlandfunks, 8.5.1994.
102 G. Braun, 1994.
103 Vgl. M. Chagall/K. Mayer, Der Gott der Väter, Bd.1, 20.
104 J.W.v. Goethe, Zur Farbenlehre – Didaktischer Teil, §§ 780f.
105 Ebd. § 782.
106 Vgl. M. Chagall/K. Mayer, Ich stelle meinen Bogen in die Wolken, Bd.2, 18.
107 F. Elgar, Picasso – Sein Werk, 29.
108 M. Chagall/K. Mayer, Ich stelle meinen Bogen in die Wolken, Bd.2, 18.
109 Concilium Quinisextum, can. 82. Vgl. G.D.Mansi, Sacrorum Conciliorum Nova, Bd.11, 1765 (Nachdruck: Leipzig 1901), 979.
110 M.C. Lacoste, Kandinsky, 29.
111 H. Nixdorf/H. Müller, Weiße Westen – Rote Roben, 144.
112 Ebd. 145.
113 Vgl. ebd. 144.
114 H. Biedermann, Art. Blau, in: Knaurs Lexikon der Symbole, 64.
115 J.W.v. Goethe, Zur Farbenlehre – Didaktischer Teil, § 136.
116 M. Alonso/E.J. Finn, Physik, 586.
117 J.W.v. Goethe, Zur Farbenlehre – Didaktischer Teil, § 3.
118 Ebd. § 486.
119 Vgl. E.Heller, Wie Farben wirken, 20. Die von uns geäußerte Skepsis gegenüber der Gültigkeit farbpsychologischer Tests und ihrer Verallgemeinerung findet in den Worten der Psychologin und Soziologin Eva Heller Bestätigung: »Was sagt die Lieblingsfarbe eines Menschen über seinen Charakter aus? Jeder kennt wohl einen der sogenannten tiefenpsychologischen Farbtests, bei denen man Farbkärtchen von der Lieblingsfarbe zur unbeliebtesten Farbe gruppiert. Vielen ist es unheimlich, daß die Abfolge einiger Farben das ganze Spektrum der Persönlichkeit aufdecken können soll, wie es diese Tests verheißen. Tatsache ist: Alle Gefühle, alle Charaktereigenschaften lassen sich mit Farben verbinden. Die vielschichtige Symbolik der Farben gibt Bezugspunkte zu allen Lebensfragen. Tatsache ist aber auch – und das ist für manche enttäuschend: Von der wissenschaftlichen Psychologie werden Farbtests nicht mehr anerkannt, die Ergebnisse gelten als nicht zuverlässig. Weil es viel mehr Gefühle, Charaktereigenschaften, Lebensprobleme als Farben gibt, werden bei diesen Tests zu jeder Farbe zu viele Deutungen angeboten. Und das heißt: Ein und dieselbe Abfolge von Farben kann von verschiedenen Testern völlig unterschiedlich interpretiert werden. Die Ergebnisse sind zu vage, um wissenschaftliche Aussagen zuzulassen.« Ebd. 16.

120 W. Kandinsky, Über das Geistige in der Kunst, 92.
121 M. Chagall/K. Mayer, Ich stelle meinen Bogen in die Wolken, Bd.2, 16.
122 M. Chagall/K. Mayer, Der Gott der Väter, Bd.1, 19.
123 Ebd. Bd.1, 20.
124 Zit. nach I. Riedel, Farben in Religion, Gesellschaft, Kunst und Psychotherapie, 72f.
125 Zit. nach: I.F. Walther, Vincent van Gogh, 48.
126 Ebd. 34.
127 Ebd. 49.
128 W. Uhde, Van Gogh, 11.
129 Zit. nach I. Riedel, Farben in Religion, Gesellschaft, Kunst und Psychotherapie, 91.
130 Ebd.
131 Zit. nach I.F. Walther, Vincent van Gogh, 44.
132 Ebd. 80.
133 I. Riedel, Farben in Religion, Gesellschaft, Kunst und Psychotherapie, 97.
134 Zit. nach B. Klie, Im Herzen eine gelbe Schlange, Sendung des Deutschlandfunks, 27.3.1994.
135 J.W.v. Goethe, Zur Farbenlehre – Didaktischer Teil, § 150.
136 Ebd. § 154.
137 Ebd. § 769.
138 Ebd. § 765.
139 Ebd. § 766.
140 Ebd. § 770.
141 Ebd. § 771.
142 W. Kandinsky, Über das Geistige in der Kunst, 60f.
143 Ebd.
144 Ebd. 88.
145 J.W.v. Goethe, Geschichte der Farbenlehre, 1. Teil, 28.
146 I. Riedel, Farben in Religion, Gesellschaft, Kunst und Psychotherapie, 83f.
147 Vgl. Handwörterbuch des deutschen Aberglaubens, Bd.III, 572.
148 vgl. O. Lauffer, Farbensymbolik im deutschen Volksbrauch, 24.
149 Ebd. 24 f.
150 Ebd. 24.
151 H. Nixdorf/H. Müller, Weiße Westen – Rote Roben, 109.
152 C. Neutsch, Gelb-Tradition der Post? 21.
153 Ebd. 28.
154 Bundesministerium für das Post- und Fernmeldewesen, 1984.
155 Zit. nach B. Klie, Im Herzen eine gelbe Schlange, Sendung des Deutschlandfunks, 27.3.1994.
156 Ebd.
157 Vgl. E. Heller, Wie Farben wirken, 132.
158 W. Kandinsky, Über das Geistige in der Kunst, 91.
159 Wörtliche Übersetzung nach: Das Neue Testament, Interlinearübersetzung griechisch-deutsch von E. Dietzfelbinger.
160 Zit. nach D. Sölle, O Grün des Fingers Gottes, 4, 6, 30.
161 J.W.v. Goethe, Zur Farbenlehre – Didaktischer Teil, § 60.
162 Vgl. O.J. Grüsser/U. Grüsser-Cornehls, Physiologie des Sehens, 196.
163 Zit. nach D.Sölle, O Grün des Fingers Gottes, 30.
164 R.Seitz, Schöpferische Pausen, 143.
165 L. Wittgenstein, Bemerkungen über die Farben, 68.
166 J.W.v. Goethe, Zur Farbenlehre – Didaktischer Teil § 810.
167 Ebd. § 801.
168 Ebd. § 802.
169 M. Lüscher, Der 4-Farben-Mensch, 208. Einige historische Daten sind von uns korrigiert.
170 Ebd. 13.

171 H. Nixdorf/H. Müller, Weiße Westen – Rote Roben, 46.
172 Vgl. ebd. 154.
173 W. Kandinsky, Über das Geistige in der Kunst, 94f. Man kann also nicht davon ausgehen, daß ein Experte der Malkunst prädestiniert ist, objektive Urteile über die Wirkung von Farben zu fällen, wie wir das vergleichsweise von wissenschaftlichen Sachverständigen erwarten. Künstler verfügen vielmehr über besonders ausgeprägte, also subjektive, Erfahrungen im Umgang mit Farben.
174 J.W.v. Goethe, Zur Farbenlehre – Didaktischer Teil, § 802.
175 L. Wittgenstein, Bemerkungen über die Farben, 28.
176 E. Heimendahl, Licht und Farbe, 212.
177 Zit. nach I. Riedel, Farben in Religion, Gesellschaft, Kunst und Psychotherapie, 103.
178 J.W.v. Goethe, Geschichte der Farbenlehre, 1. Teil, 31.
179 E. Heller, Wie Farben wirken, 74.
180 Ebd. 73.
181 Zit. nach H. Biedermann, Art. Grün, in: Knaurs Lexikon der Symbole, 171f.
182 Lexikon christlicher Kunst, 112.
183 Vgl. dazu auch H. Frieling, Das Gesetz der Farbe, v.a. 81.
184 Thomas Young, britischer Naturforscher, 1773-1829.
185 Vgl. O.J. Grüsser/U. Grüsser-Cornehls, Physiologie des Sehens, 196.
186 L. Wittgenstein, Bemerkungen über die Farben, 10.
187 Syntax = Beziehung der Zeichen untereinander. Semantik = Beziehung der Zeichen zu den bezeichneten Objekten. Pragmatik = Beziehung der Zeichen zu ihren Benutzern.
188 J. Itten, Kunst der Farbe, 89f.
189 Ebd.
190 E. Heller, Wie Farben wirken, 167.
191 Ebd. 166.
192 Vgl. A. u. F. Rother, Die Kanarischen Inseln, 12.
193 J.W.v. Goethe, Zur Farbenlehre – Didaktischer Teil, § 792.
194 Ebd. § 612.
195 H. Nixdorf/H. Müller, Weiße Westen – Rote Roben, 46f.
196 H. Biedermann, Art. Violett, in: Knaurs Lexikon der Symbole, 462.
197 J. Braun, Liturgisches Handlexikon, 105f.
198 Ebd.
199 N. Gihr, Das heilige Meßopfer, 277.
200 Ebd., Anm. 1.
201 Vgl. W. Schöneis, Antike Färbung und liturgische Farben, 140.
202 J.W.v. Goethe, Zur Farbenlehre – Didaktischer Teil, 840.
203 Zit. nach I. Riedel, Farben in Religion, Gesellschaft, Kunst und Psychotherapie, 136.
204 A. Rosenberg, Zeichen am Himmel, 184.
205 J. Itten, Kunst der Farbe, 89.
206 W. Kandinsky, Über das Geistige in der Kunst, 102.
207 J.W.v. Goethe, Zur Farbenlehre – Didaktischer Teil, § 610.
208 Zit. nach B. Klie, Drang nach Versöhnung, Sendung des Deutschlandfunks, 17.4.1994.
209 H. Küppers, Theoretische Grundlagen der Farbgestaltung, 23.
210 Vgl. I. Riedel, Farben in Religion, Gesellschaft, Kunst und Psychotherapie, 133.
211 Zit. nach. I. Riedel, Farben in Religion, Gesellschaft, Kunst und Psychotherapie, 134.
212 Ebd. 139f.
213 G.Braun, 1994.
214 E. Heimendahl, Licht und Farbe, 201.
215 G. Braun/D. Skorupa, 1994.
216 Vgl. A. Portmann (Hg.), Die Welt der Farben, 3.
217 H. Biedermann, Knaurs Lexikon der Symbole.
218 Vgl. H. Nixdorf/H. Müller, Weiße Westen – Rote Roben.
219 Vgl. J.W.v. Goethe, Zur Farbenlehre – Didaktischer Teil, 764.

220 Ebd. § 773.
221 Vgl. H. Braem, Die Macht der Farben, 211.
222 J.W.v. Goethe, Zur Farbenlehre – Didaktischer Teil, § 772.
223 J. Itten, Kunst der Farbe, 89.
224 Vgl. E.Heller, Wie Farben wirken, 259ff.
225 G.Braun, 1994.
226 J.W.v. Goethe, Geschichte der Farbenlehre, 1.Teil, 28.
227 Vgl. Künstlerhaus Berlin, Ausstellungskatalog ›Farbe Gold‹, 77-80.
228 L. Wittgenstein, Bemerkungen über die Farben, 18.
229 E. Heller, Wie Farben wirken, 187.
230 Vgl. H. Biedermann, Art. Gold, in: Knaurs Lexikon der Symbole, 166.
231 Ebd., Art. Sonne, 409.
232 Zit. nach G. Gutiérrez, Gott oder das Gold, 131.
233 Zit. nach ebd. 141.
234 Zit. nach ebd. 172.
235 Zit. nach ebd. 198.
236 Vgl. H. Biedermann, Art. Alchemistische Symbole, in: Knaurs Lexikon der Symbole, 24.
237 H. Nixdorf/H. Müller, Weiße Westen – Rote Roben, 26.
238 Vgl. ebd. 27.
239 Obere Galerie, Berlin, 1992.
240 Vgl. Künstlerhaus Berlin, Ausstellungskatalog ›Farbe Gold‹, 94-124.
241 Ebd. 112.
242 Daß auch namhafte Maler der Neuzeit, wie Runge, Makart, Klinger, Klimt, Dix, Schlemmer, Pollok, Warhol, Beuys, mitunter Goldfarbe oder Goldimitate in ihren Werken verwenden, ändert nichts an dieser Aussage.
243 J.W.v. Goethe, Zur Farbenlehre – Didaktischer Teil, § 767.
244 Ebd. § 771.
245 E. Heller, Wie Farben wirken, 181.
246 W. Kandinsky, Über das Geistige in der Kunst, 96.
247 Vgl. J.W.v. Goethe, Faust, zweiter Teil, fünfter Akt, ›Mitternacht‹.
248 J.W.v. Goethe, Zur Farbenlehre – Didaktischer Teil, 192f.
249 Aus einem Brief Goethes an Lichtenberg, 1793.
250 J.W.v. Goethe, Zur Farbenlehre – Didaktischer Teil, § 561. Goethes posthumer Streit mit Newton um die Gültigkeit der Farbenlehre wird an der Fragestellung anschaulich, ob die Mischung der Grundfarben weiß oder grau ergäbe. Insofern hat Goethe durch die optische Mischung der Grundfarben mit Hilfe des Schwungrades (bzw. Farbkreisels) bestenfalls ein helles Grau erreicht und kein Weiß. Heute wissen wir, daß beide etwas anderes meinten, wenn sie von ›Farbmischung‹ sprachen: Newton die dem Licht innewohnenden Spektralfarben, deren Zusammenbringung wieder zum Weiß oder besser, zur farblosen Helligkeit des Lichts führt; Goethe hingegen geht von der materiellen Mischung der Farbpigmente aus und der optischen Mischung, die das Auge leistet.
251 Vgl. J.W.v. Goethe, Zur Farbenlehre – Didaktischer Teil, §§ 803-815.
252 Ebd. § 38.
253 Günter de Bruyn, Zwischenbilanz, 186.
254 J.W.v. Goethe, Zur Farbenlehre – Didaktischer Teil, § 135.
255 Ebd. § 759.
256 Ebd. § 852.
257 Vgl. G. Braun, Grundlagen der visuellen Kommunikation, 141f.
258 F. Elgar, Picasso – Sein Werk, 193.
259 L. Wittgenstein, Bemerkungen über die Farben, 193.
260 H. Frieling, Sprache der Farben, 48.
261 Zit. nach A. Zajonc, Die gemeinsame Geschichte von Licht und Bewußtsein, 384.
262 Vgl. Herder-Korrespondenz, 47 (1993) H.12, 600f.

263 Aus dem Vortrag zu Orbis sensualium pictus.
264 Zajonc, Die gemeinsame Geschichte von Licht und Bewußtsein, 399.
265 Vgl. M. Blechschmidt, E. Kaufmann, M. Fackler, Heute noch muß ich in Deinem Haus zu Gast sein, 45-47.

Literaturverzeichnis

Alonso, Marcelo/*Finn*, Edward J.: Physik, Bonn u.a. 1977.

Das große Lexikon der Malerei, Braunschweig 1982.

Biedermann, Hans: *Knaurs Lexikon der Symbole,* München 1989.

Blechschmidt, M./*Kaufmann*, E./*Fackler*, M.: Heute noch muß ich in Deinem Haus zu Gast sein. Einführungen – Elternarbeit, Landshut 1989.

Braem, H.: Die Macht der Farben, München 1985.

Braun, Gerhard: Design Medium Unterricht, in: BDG Dokumentation 9/1975, hg. vom Bund Deutscher Grafik-Designer (BDG), Düsseldorf 1975, 1-32.

Braun, Gerhard: Grundlagen der visuellen Kommunikation, München 1993.

Braun, J.: Liturgisches Handlexikon, 2. verb. Auflage, Regensburg 1924.

Bruyn, Günter de: Zwischenbilanz, Frankfurt/Main 1994.

Chagall, Marc/*Mayer*, Klaus: Ich stelle meinen Bogen in die Wolken. Chagall-Fenster zu St. Stephan in Mainz, 4 Bde., Würzburg 1990.

Comenius, J. Amos: Orbis sensualium pictus, 1685.

Das Neue Testament, Interlinearübersetzung griechisch-deutsch von E. Dietzfelbinger, Neuhausen – Stuttgart ^{2}1987.

Denzer, H.: Christliche Religion – Zeichen unter Zeichen, in: *Engemann*, W./*Volp*, R. (Hg.): Gib mir ein Zeichen, Berlin/New York 1992.

Die Massai-Bibel, Stuttgart/Zürich 1985.

Drewermann, Eugen: Schneeweißchen und Rosenrot – Psychoanalytische Deutung, Olten/Freiburg i.Br. 1984.

Elgar, F.: Picasso – Sein Werk, München/Zürich 1956.

Frieling, H.: Das Gesetz der Farbe, Göttingen 1968.

Frieling, H.: Sprache der Farben, München 1939.

Gihr, N.: Das heilige Meßopfer (= Theologische Bibliothek, Zweite Serie), Freiburg i.Br. $^{7+8}$1902.

Goethe, Johann Wolfgang: Geschichte der Farbenlehre, München 1963.

Goethe, Johann Wolfgang: Zur Farbenlehre – Didaktischer Teil, München 1963.

Gregory, Richard L.: Auge und Gehirn, München 1966.

Groß, Walter/*Kuschel*, Karl-Josef: »Ich schaffe Finsternis und Unheil«: Ist Gott verantwortlich für das Übel?, Mainz 1992.

Großer Sonntags-Schott für die Lesejahre A-B-C. Originaltexte der deutschsprachigen Altarausgabe des Meßbuchs und des Lektionars ergänzt mit den lateinischen Texten des Missale Romanum. Mit Einführungen herausgegeben von den Benediktinern der Erzabtei Beuron, Freiburg u.a. 1975.

Grüsser, O.J./*Grüsser-Cornehls*, U.: Physiologie des Sehens, in: *Grundriß der Sinnesphysiologie*, Berlin/Heidelberg/New York 1980.

Gutiérrez, Gustavo: Gott oder das Gold. Der befreiende Weg des Bartolomé de Las Casas, Freiburg u.a. 1990.

Handwörterbuch des deutschen Aberglaubens, hg. v. Hanns Bächtold- Stäubli, 10 Bde., Berlin u.a. 1927-1941.

Hawking, St.W.: Eine kurze Geschichte der Zeit, Reinbek 1988.

Heimendahl, Eckart: Licht und Farbe, Berlin 1961.

Heller, Eva: Wie Farben wirken, Reinbek 1989.

Itten, Johannes: Kunst der Farbe, Studienausgabe, Ravensburg 1970.

Kandinsky, Wassily: Über das Geistige in der Kunst, Bern-Bümpliz 1952.

Kant, Immanuel: Kritik der reinen Vernunft, Stuttgart 1975.

Keller, Gottfried: Der grüne Heinrich, Erste Fassung, München 1978.

Künstlerhaus Berlin, Ausstellungskatalog ›Farbe Gold‹, Berlin 1992.

Küppers, H.: Harmonielehre der Farben, Köln 1989.

Küppers, H.: Theoretische Grundlagen der Farbgestaltung, Köln 1989.

Lacoste, M.C.: Kandinsky, Bindbach 1993.

Lauffer, O.: Farbensymbolik im deutschen Volksbrauch, Hamburg 1948.

Lexikon christlicher Kunst: Themen, Gestalten, Symbole, Freiburg u.a. 1980.

Lexikon der Ägyptologie, Wiesbaden 1977.

Lüscher, M.: Der 4-Farben-Mensch, Düsseldorf 1977.

Neutsch, C.: Gelb-Tradition der Post? In: Diagonal, 1992.

Nixdorf, Heide/*Müller*, Heide: Weiße Westen – Rote Roben, Berlin 1983.

Novalis, Ausgewählte Werke, Essen, o.J.

Portmann, A. (Hg.): Die Welt der Farben, Leiden 1974.

Riedel, I.: Farben in Religion, Gesellschaft, Kunst und Psychotherapie, Stuttgart [2]1983.

Rosenberg, Alfons: Zeichen am Himmel. Das Weltbild der Astrologie, München 1984.

Sachs, Nelly: Fahrt ins Staublose, Frankfurt/Main 1961.

Schöne, A.: Goethes Farbentheologie, München 1987.

Schöneis, W.: Antike Färbung und liturgische Farben, in: Liturgisches Jahrbuch 8 (1958), hg. v. Liturgischen Institut Trier 1958.

Szczypiorski, Andrzej: Den Schatten fangen, Zürich 1993.

Seitz, R.:Schöpferische Pausen, München 1993.

Sölle, D.: O Grün des Fingers Gottes, Wuppertal 1989.

Theologisches Wörterbuch zum Alten Testament, hg. v. G.J. Botterweck u.a., Band II, Stuttgart u.a. 1977.

Vollmar, K.: Das Geheimnis der Farbe Schwarz, Fulda 1988.

Uhde, W.: Van Gogh, London 1956.

Walther, I.F.: Vincent van Gogh, Köln 1986.

Whorf, Benjamin Lee: Sprache, Denken, Wirklichkeit, Reinbek 1963.

Wittgenstein, L.: Bemerkungen über die Farben, Frankfurt/Main 1979.

Wunderlich, E.: Die Bedeutung der roten Farbe im Kultus der Griechen und Römer, Giessen 1925.

Zajonc, A.: Die gemeinsame Geschichte von Licht und Bewußtsein, Reinbeck 1994.

Zink, J.: Die Mitte der Nacht ist der Anfang des Tages, Stuttgart u.a. 1986.